全国检察机关培训参考教材

新刑事诉讼法适用指导丛书

总主编｜孙　谦　童建明

检察机关贯彻新刑事诉讼法学习纲要

孙　谦　童建明／主编

中国检察出版社

《检察机关贯彻新刑事诉讼法学习纲要》
编　委　会

主　　　编　　孙　谦　　童建明

编委会委员　　万　春　　彭　东　　陈连福
　　　　　　　李文生　　袁其国　　王晓新
　　　　　　　穆红玉　　陈国庆　　王　晋
　　　　　　　王洪祥　　叶　峰

序　言

孙　谦[*]

2012年3月14日，十一届全国人大五次会议审议通过了《全国人民代表大会关于修改〈中华人民共和国刑事诉讼法〉的决定》。这是刑事诉讼法继1996年之后的又一次重大修订，以国家立法的形式体现了近十几年来司法改革的成果，在更高层次和水平上实现了控制犯罪与保障人权的平衡、司法公正与司法效率的统一，在前所未有的深度和广度上完善和创新了我国刑事诉讼制度，对于建设公正高效权威的刑事司法制度具有重要而深远的意义。全国检察机关要准确理解、全面贯彻新刑事诉讼法，忠实履行法律监督职责，保证新刑事诉讼法的统一正确实施。

准确理解和全面把握新刑事诉讼法的内容和意义。首先，要从我国社会主义民主法治进程上把握新刑事诉讼法的历史方位。这次修改是我国刑事诉讼制度发展的重大成果，也是充分反映我国国情和刑事司法实践要求的一个阶段性成果。随着我国经济社会发展和民主法治的推进，刑事司法制度必将进一步发展和完善。其次，要从立法原则上把握新刑事诉讼法的精神，自觉地更新执法理念。这次修改工作，秉持中国特色社会主义法治理念，坚持实事求是，从国情出发，总结司法实践经验，循序渐进地推进我国刑事诉讼制度的完善；坚持分工负责、互相配合、互相制约的原则，完善刑事诉讼中各司法机关的权力配置，以适应诉讼活动的需要；坚持贯彻宽严相济的刑事政策，惩罚犯罪与保障人权并重，既注意及时、准确地惩罚犯罪，维护公民、社会和国家利益，又注意对刑事诉讼参与人包括犯罪嫌疑人、被告人合法权利的保护。把握这些原则，是我们全面理解新刑事诉讼法立法精神的基本点。最后，要从"改了什么"、"为什么改"、"为

---

[*] 最高人民检察院副检察长，法学博士、教授、博士生导师。

什么这样改"三个方面理解和把握新刑事诉讼法各条款的内涵和要求。新刑事诉讼法内容丰富，涉及面广，不仅有大量条款的修改，而且有许多新条款，特别是增设了一些新程序、新制度。我们既要理解和把握各条款的内涵和要求，又要了解各条款的前因和后果，还要从程序和制度的整体上把握各条款的定位和意义。检察职能贯穿刑事诉讼始终，每个条款都与检察工作直接或者间接相关，不仅要熟悉并严格执行直接规范检察活动的条款，而且要熟悉规范其他执法和司法机关活动的条款，全面履行法律监督职责。

首先，要把贯彻落实好新刑事诉讼法作为当前的一项重要任务。新刑事诉讼法与检察工作关系密切，能否贯彻落实好新刑事诉讼法直接关系到检察工作的全局。我们一定要高度重视，结合实际，认真谋划，扎实做好准备。其次，要按照新刑事诉讼法的要求，尽快建立健全检察工作机制和执法规范，譬如，证人的保护制度和强制出庭制度，侦查程序中的技术侦查和秘密侦查措施，以及逮捕、监视居住和取保候审条件的细化和完善，犯罪嫌疑人、被告人辩护权的扩大和强化，简易程序适用范围的扩大和完善等。最后，要组织好新刑事诉讼法的培训和学习，把自学与培训、交流结合起来，以高度的责任感、使命感把新刑事诉讼法贯彻好、执行好。

为了配合广大检察人员全面深入地学习贯彻新刑事诉讼法，最高人民检察院组织编写了《新刑事诉讼法适用指导丛书》。这套丛书共有8本，即《新刑事诉讼法理解与适用》、《检察机关贯彻新刑事诉讼法学习纲要》、《新刑事诉讼法与诉讼监督》、《新刑事诉讼法与职务犯罪侦查适用》、《新刑事诉讼法强制措施解读》、《新刑事诉讼法证据制度解读与适用》、《新刑事诉讼法适用疑难问题解答》、《中华人民共和国刑事诉讼法·中华人民共和国刑法》。这套丛书的内容基本能够满足广大检察人员学习掌握新刑事诉讼法内容的需要。

贯彻落实新刑事诉讼法是提高检察工作水平的重要契机。广大检察人员要以深化社会矛盾化解、社会管理创新、公正廉洁执法三项重点工作为着力点，以开展"忠诚、为民、公正、廉洁"政法干警核心价值观教育实践活动为动力，深入学习掌握新刑事诉讼法，全面提升检察工作水平，为促进经济平稳较快发展、维护国家安全和社会和谐稳定作出新贡献。

2012年3月16日

目 录

关于贯彻新刑事诉讼法的几个问题 …………… 孙 谦 童建明（1）
  一、关于实现犯罪控制与人权保障的动态平衡与理性协调
     问题 …………………………………………………………（1）
  二、关于充分发挥刑事诉讼制度在加强和创新社会管理中
     的作用问题 ………………………………………………（3）
  三、关于刑事诉讼制度的中国特色问题 ……………………（4）

新刑事诉讼法对侦查监督工作的影响及其应对
    ………………… 最高人民检察院侦查监督厅厅长 万 春（7）
  一、"尊重和保障人权"写入刑事诉讼法，对侦查监督工
     作理念将产生深远影响 …………………………………（7）
  二、逮捕条件的调整、逮捕程序的完善以及证据制度等新
     的规定，对提高审查逮捕质量提出了新要求 …………（9）
  三、关于规范侦查措施和完善相关救济监督机制的新规定，
     对强化侦查监督提出了新任务 ………………………（20）
  四、关于完善辩护制度的规定，对侦查监督工作提出了新
     期待 ………………………………………………………（25）

刑事诉讼法修改后公诉部门面临的挑战及应对
    ………………………… 最高人民检察院公诉厅厅长 彭 东（28）
  一、刑事诉讼法中涉及公诉工作的立法修改 ……………（28）
  二、新刑事诉讼法给公诉工作带来的挑战 ………………（37）
  三、公诉部门贯彻实施新刑事诉讼法的措施 ……………（41）

新刑事诉讼法对反贪工作的影响及对策
    ……………… 最高人民检察院反贪污贿赂总局局长 陈连福（50）
  一、刑事诉讼法中涉及反贪工作的条文修改情况 ………（50）
  二、刑事诉讼法修改对反贪工作产生的影响 ……………（58）

三、反贪工作落实新刑事诉讼法的措施 …………………………（61）
四、修改、新增条文适用中应注意的问题 ………………………（65）

新刑事诉讼法对渎职侵权犯罪侦查工作的影响及其应对
………………最高人民检察院渎职侵权检察厅厅长　李文生（69）
一、与渎职侵权犯罪侦查工作有关的刑事诉讼法条文修改
情况 …………………………………………………………（69）
二、刑事诉讼法修改对渎职侵权犯罪侦查工作带来的影响及
应对措施 ……………………………………………………（72）
三、检察机关反渎职侵权部门执行新刑事诉讼法应当重点
做好的工作 …………………………………………………（77）

新刑事诉讼法对监所检察工作的影响及应对措施
………………最高人民检察院监所检察厅厅长　袁其国（79）
一、刑事诉讼法中涉及监所检察工作的有关条文修改情况 ………（79）
二、刑事诉讼法修改对监所检察工作的影响和应对措施 …………（88）
三、刑事诉讼法修改和新增条文适用中应当注意的问题 …………（94）

新刑事诉讼法对控告检察工作的影响及应对措施
………………最高人民检察院控告检察厅厅长　王晓新（97）
一、刑事诉讼法中有关控告检察工作的条文修改情况 ……………（97）
二、新刑事诉讼法对控告检察工作的影响 …………………………（99）
三、贯彻实施新刑事诉讼法控告检察部门应采取的举措 …………（106）

刑事诉讼法修改后刑事申诉检察工作面临的挑战及应对措施
………………最高人民检察院刑事申诉检察厅厅长　穆红玉（116）
一、刑事诉讼法中涉及刑事申诉检察工作的条文修改情况 ………（116）
二、刑事诉讼法修改对刑事申诉检察工作的影响 …………………（119）
三、刑事申诉检察部门贯彻实施新刑事诉讼法应采取的举措 ……（119）

认真贯彻新刑事诉讼法　全面强化刑事诉讼法律监督
………………最高人民检察院法律政策研究室主任　陈国庆（123）
一、正确理解和把握刑事诉讼法律监督的立法精神 ………………（123）
二、全面强化检察机关对刑事诉讼活动的法律监督 ………………（127）
三、加强对检察机关执法活动的监督制约，提高司法公信力 ……（131）

四、完善诉讼监督机制，强化诉讼监督措施 …………………（135）
　　五、制定相关司法解释，保证检察机关刑事诉讼法律监督
　　　　工作依法顺利进行 ………………………………………（139）

大力加强案件管理工作　切实保障新刑事诉讼法正确贯彻执行
　　……………… 最高人民检察院案件管理办公室主任　王　晋（142）
　　一、充分认识刑事诉讼法修改给案件管理工作带来的新挑战、
　　　　新要求、新任务 …………………………………………（142）
　　二、刑事诉讼法修改对案件管理工作的主要影响 ……………（149）
　　三、大力加强案件管理工作，切实保障新刑事诉讼法的
　　　　正确贯彻执行 ……………………………………………（154）

强化执法办案内部监督　确保刑事诉讼中检察权的正确行使
　　……………………… 最高人民检察院监察局局长　王洪祥（159）
　　一、检察机关执法办案内部监督的功能与作用 ………………（159）
　　二、刑事诉讼法修改后检察机关内部监督工作面临的新机遇、
　　　　新挑战 ……………………………………………………（165）
　　三、与时俱进，强化内部监督，确保检察权的正确行使 ……（170）

贯彻实施新刑事诉讼法　深化死刑复核法律监督
　　……………………… 最高人民检察院死刑复核检察工作办公室（175）
　　一、检察机关开展死刑复核法律监督的重要意义 ……………（175）
　　二、死刑复核检察工作的现状 …………………………………（177）
　　三、贯彻落实新《刑事诉讼法》第240条的构想 ……………（179）
　　四、贯彻落实新刑事诉讼法的相关准备工作 …………………（180）

附　录 ……………………………………………………………（182）

　　关于《中华人民共和国刑事诉讼法修正案（草案）》的说明
　　……………… 全国人民代表大会常务委员会副委员长　王兆国（182）
　　全国人民代表大会关于修改《中华人民共和国刑事诉讼法》
　　　　的决定 ……………………………………………………（192）
　　中华人民共和国刑事诉讼法 ……………………………………（220）

关于贯彻新刑事诉讼法的几个问题

孙 谦 童建明

2012年3月14日，第十一届全国人民代表大会第五次会议审议通过了《全国人民代表大会关于修改〈中华人民共和国刑事诉讼法〉的决定》。修改后的新刑事诉讼法完善了证据制度、强制措施、辩护制度、侦查措施、审判程序和执行程序，增设了未成年人刑事案件诉讼程序、特定案件的和解程序、没收程序和强制医疗程序等。这是继1996年刑事诉讼法修改后的又一次重大而系统的修改，对于完善中国特色社会主义刑事诉讼制度，优化司法职权配置，提高司法机关有效惩治犯罪的能力和效率，贯彻宽严相济刑事政策，保障当事人合法权益，进一步提升我国诉讼文明、司法民主和人权保障水平，都具有重要意义。从准确把握和全面贯彻新刑事诉讼法、切实加强和大力改进检察工作的需要出发，就新刑事诉讼法实施中的相关问题，谈一下我们的几点思考。

一、关于实现犯罪控制与人权保障的动态平衡与理性协调问题

犯罪控制与人权保障，是现代刑事诉讼的直接目的。在法哲学层面和司法活动中，二者既对立又统一。一方面，要实现犯罪控制首要要确保查明案件真相，这一过程应当受到严格的规制，要按照法定的程序和规则进行，不能"不择手段"。另一方面，加强人权保障需要考量现实基础和诉讼情况，不可能脱离犯罪控制而绝对化、简单化。刑事领域的人权保障水平是与国家犯罪控制的能力相适应的，犯罪控制的能力决定了提高人权保障水平的空间，人权保障的水平也间接反映了犯罪控制的能力。二者的动态平衡和理性协调是刑事诉讼的长远课题。

犯罪控制与人权保障的平衡，是动态渐进发展的。"这种平衡并不是绝

对的均衡或等量，也不是静止不变的，而是历史的和相互作用的。"随着国家经济社会的发展、民主法治的进步、司法人员素质的不断提高，犯罪控制与人权保障的平衡标准会随之不断提升。我国刑事诉讼法从1979年颁布到1996年的首次修正，再到这次的新刑事诉讼法，反映出国家对犯罪控制的程序规制越来越理性，对人权保障越来越重视。我们所面临的挑战和任务，是按照新刑事诉讼法的规定，在司法实践中实现二者在更高层次和水平上的动态平衡和理性协调。

我们认为，现阶段推动犯罪控制与人权保障的平衡发展，一方面，要注重两者的协同推进，既要提高犯罪控制的能力，也要提高人权保障的水平。在实施新刑事诉讼法的过程中，既不能像过去那样以打击犯罪为重，专政色彩强烈，也不宜从一个极端走到另一个极端，出现放纵犯罪和惩治不力的局面。另一方面，要加强对司法权的科学规制。既要严格规制公权力行使，也要充分利用法律赋予专门机关控制犯罪的必要手段。为适应同各种犯罪特别是新型犯罪作斗争的实际需要，法律赋予有关专门机关相应的侦查手段，完善相应的诉讼程序，符合我国的司法实际需要，也为提升人权保障水准创造了条件。

当前我国仍处于刑事犯罪高发期和社会矛盾凸显期。刑事犯罪总量仍在高位运行，犯罪分子采取极端暴力行为滥杀无辜、报复社会的恶性案件时有发生，黑恶势力犯罪活动仍然比较活跃，侵财犯罪和涉众型经济犯罪持续增多，反腐败任务仍然艰巨。当下的犯罪形势对我国刑事司法控制犯罪的能力提出了更高的要求，新刑事诉讼法在一定程度上强化了侦查机关的侦查手段，完善了强制措施体系，发展了证据制度，尽管有些规定本身还有待进一步完善，我们认为这一立法趋势符合现实需要，应当进一步坚持和发展。与此同时，新刑事诉讼法关于辩护制度的规定，关于侦查讯问程序、羁押制度等内容的新规定也充分反映了进一步提升诉讼中的人权保障水平，加强诉讼制度的法治化和民主化水平的客观需要。我们应当通过贯彻新刑事诉讼法，全面推进刑事司法的平衡发展，努力使惩罚与保障两者之间达到一个新的、更高层次的平衡状态。

二、关于充分发挥刑事诉讼制度在加强和创新社会管理中的作用问题

加强和创新社会管理,是以胡锦涛同志为总书记的党中央正确把握国内外形势新变化、新特点,从党和国家事业发展全局出发确定的一项重大战略任务。加强和创新社会管理涉及方方面面,刑事司法的功能是发现、证实和惩罚犯罪,保障人权,它既是制裁侵犯和危害社会行为的活动,也是保护法律确认的社会关系,解决社会矛盾和冲突,维护社会稳定和秩序的重要手段,因而是社会管理的重要组成部分。新刑事诉讼法优化了刑事诉讼程序制度,充分体现了加强和创新社会管理的要求,在贯彻新刑事诉讼法的过程中,如何发挥其在社会管理方面的功能与作用是需要高度重视、深入研究和论证的一个重要问题。

现代刑事司法已经远远超越了简单地为了实现国家的刑罚权而实施的报复性司法。在域外已有多年历史的恢复性司法,其关注点不在报复和惩罚,而是着眼于治疗创伤和恢复破裂的社会关系,是在寻求抚慰、宽容与和解中伸张正义。在有效地控制、打击犯罪的同时,我们还应当更多地考虑如何实现定分止争、案结事了、息诉罢访,如何更好地修复关系、化解矛盾、恢复平衡,如何通过教育矫治促使犯罪人更好地回归社会,如何关注被害人的诉求并帮助其摆脱犯罪侵害的困境,弥补伤痕,以减少冲突对抗,促进社会和谐,彰显社会公平正义。这既是刑事司法的更高境界,也是为大局服务、构建社会主义和谐社会的必然要求。对此,既需要解放思想,创新理念,在理论上深入研究,又需要与时俱进,把丰富的实践经验与新刑事诉讼法中的制度创新有机地结合起来,把新刑事诉讼法中的恢复性司法的理念和制度充分发挥出来,转化为生动的司法实践。

在贯彻新刑事诉讼法中注重加强和创新社会管理,需要着力关注以下几点:

一是落实好体现宽严相济刑事政策的程序制度。宽严相济是指导当前刑事司法的一项重要政策。首先,要把握新刑事诉讼法中有关程序设计的宗旨,保障刑法的相关规定得到正确实施。例如,为了落实《刑法修正案(八)》相关规定,鼓励犯罪嫌疑人真诚悔罪,如实供述自己的罪行,在讯问程序中就相应地增加了侦查人员在讯问犯罪嫌疑人时,应当告知犯罪嫌疑

人如实供述自己罪行可以从宽处理的规定；与刑法规定增加对未成年人判处5年有期徒刑以下刑罚免除前科报告义务相衔接，在程序制度上就建立了犯罪记录封存制度。同时，新刑事诉讼法展示了自身所具有的独特价值，在相关程序中设定了体现宽严相济刑事政策导向和要求的制度，例如，对危害国家安全犯罪、恐怖活动犯罪、黑社会性质组织犯罪等严重刑事犯罪的追诉和审判，在相关的程序设计上就与普通刑事犯罪有所区别；对于因民间纠纷引起的轻微刑事案件或除渎职犯罪以外的轻微过失犯罪，犯罪嫌疑人、被告人自愿真诚悔罪，向被害人赔偿损失、赔礼道歉，取得被害人谅解，并对此达成和解协议的，可以作出从宽处理。全面落实这些制度，对于刑事司法更好地贯彻宽严相济刑事政策，促进社会和谐稳定，将起到重要的推动和保障作用。

二是落实好对刑事诉讼中的特殊人群所设置的具有针对性的专门程序制度。针对未成年人犯罪这一特殊群体，根据其身心特点，为了体现教育为主、惩罚为辅的原则和教育、感化、挽救的方针，新刑事诉讼法设立了专门的未成年人刑事案件诉讼程序。新刑事诉讼法确立的对未成年人犯罪的附条件不起诉制度，既是刑事诉讼的一个重要制度创新，也是对未成年人这个特殊群体加强和创新社会管理的重要手段。此外，在新刑事诉讼法中，设立了社区矫正制度和对实施暴力行为的精神病人的强制医疗程序。这两项特别程序都是为了在刑事司法中加强对特殊人群的管理而作出的制度安排。落实这些制度创新，将有利于提高社会管理的法制化、规范化、程序化水平。

三是落实好群众权益保障机制。以人为本、服务群众，维护群众权益，是社会管理创新的根本出发点和落脚点。为了体现建立科学有效的利益协调机制、诉求表达机制、矛盾调处机制、权益保障机制的要求，新刑事诉讼法在刑事诉讼的相关环节设置或者完善了诉讼程序，充分保障诉讼参与人的参与权、知情权、表达权、监督权，以及对诉讼活动中违法行为的控告申诉权。这既是实现司法公正的必然要求，也是提升刑事诉讼中的司法文明、人权保障水平，进一步彰显司法民主、人文关怀，体现和谐司法的要求。落实好这些程序和制度，才能做好当前的群众工作。

三、关于刑事诉讼制度的中国特色问题

现代社会的法制建构，深受特定社会的文化、传统、民众法律意识等因

素影响。孟德斯鸠《论法的精神》试图在法律之外，从历史、生活、风俗、习惯、地理、气候、人种、宗教信仰、人口、商业等诸多方面去探究法律的"精神"，从社会的演进去探求这种力量在政制、法律方面所起的作用和一般规律。我们说，一国所拥有的"法的精神"，必然受到其自身具有的各种条件的影响和约束，其所可能实现的、能够成为其可行的目标的法治图景必然是建立在其"本土资源"之上的。正如有学者所言，本土资源不仅仅是一种影响和约束，同时也是一种创造性的东西，是一种资源；是人们接受和认可法律制度的有效基础。借助本土资源，可以使法律制度在变迁的同时获得人们的接受和认可、进而能有效运作的一条便利的途径，是获得人们下意识认同的一条有效途径。中国刑事诉讼制度的形成和发展历程证明了这一点。

我国是中国共产党领导的、以人民代表大会制度为根本政治制度的社会主义国家，正处于并将长期处于社会主义初级阶段。从这个基本国情出发，中国特色的刑事司法制度的存在和发展必须有利于坚持共产党的领导，有利于坚持社会主义道路，有利于坚持人民代表大会制度。

新中国成立60多年来特别是改革开放30多年来，我国经济建设和社会发展取得了举世瞩目的成就。但是，社会主义市场经济体制还处于发展完善的过程之中，经济发展整体上还不平衡，人均GDP还比较低，各种社会矛盾凸显，犯罪高发的态势在一定时期内还会存在。刑事诉讼法的修改正是在此前提下，改革和完善了我国的司法制度。我们在理解和把握新刑事诉讼法的过程中，也必须正视这些问题，既要考量诉讼制度发展的客观制约，也要着眼于有效改善和解决相关问题，自觉地贯彻符合我国国情的刑事司法制度，努力提升我国刑事司法的文明水平。

中国是有着几千年历史的文明古国，在长期的发展过程中，孕育和保持了其固有的政治法律文化传统。无论是国家权力实行一元化的统一权力结构，还是设置诸如御史制度负责监察律令的遵行，以及国家权力的分工协作等，作为一种深厚的历史文化渊源，始终对现实的政治法律制度，包括刑事诉讼制度发挥着重要影响。中国特色社会主义法律体系离不开作为实然性基础的本土资源，中国特色社会主义司法制度，无论是在程序设计上还是在司法实践中，都要依其政治、经济、历史和文化基础进行，任何脱离、忽视本土资源的设计，都将导致制度失灵。当然，继承本土资源，是辩证的继承，是开放性的继承，是在不断吸收外来优秀文化，总结和推动本国文化进步的基础上的继承。这正是我国司法制度保持其旺盛生命力的原因和基础。司法制度作为人类的文明成果之一，既有不同国家独有的特点，又有其普遍共通性。我国刑事诉讼法的修改，既注重巩固和发展本国的经验和制度，同时也充分吸收和借鉴了各国各地区的先进经验和做法。

秉持中国特色社会主义法治理念，坚持实事求是，从国情出发，认真总结司法实践经验，积极吸收借鉴其他国家和地区刑事诉讼制度，循序渐进地推进我国刑事诉讼制度的完善，这是我国刑事诉讼制度发展的根本理念，也是此次刑事诉讼法修改的基本思路之一。我们看到，新刑事诉讼法在很多内容上反映了对这一理念的确认和坚持。如在新刑事诉讼法中，为加强犯罪控制的力度，吸收借鉴了《联合国反腐败公约》、《联合国打击跨国有组织犯罪公约》及有关国家立法，赋予公安机关、检察机关可以采取技术侦查、隐匿身份侦查、控制下交付等措施的权力，同时对采取这些措施的范围、程序、执行进行了严格限制；为严厉打击腐败犯罪、恐怖活动犯罪，对犯罪所得及时采取冻结追缴措施，并与我国已加入的《联合国反腐败公约》及有关反恐怖问题决议的要求相衔接，规定了犯罪嫌疑人、被告人逃匿、死亡案件违法所得的没收程序；等等。这些都表明，我国刑事诉讼立法在理念上既立足于构建凸显本土考量的中国特色司法制度，又充分吸收借鉴人类法治文明的有益成果。当然，在这一过程中，我们还面临许多新课题，必须充分认识相关诉讼制度的正当性，理解其程序设计的原理，切实为新制度的有效施行打牢思想和实践基础，积极推动我国刑事司法实践和诉讼制度实现更大的发展。

新刑事诉讼法对侦查监督工作的影响及其应对

最高人民检察院侦查监督厅厅长 万 春

第十一届全国人民代表大会第五次会议审议通过了《全国人民代表大会关于修改〈中华人民共和国刑事诉讼法〉的决定》,将于 2013 年 1 月 1 日起施行。这是继 1996 年之后对刑事诉讼法的再次重大修改,是我国民主法治建设和依法治国进程中的里程碑事件,是完善我国刑事司法制度、推动我国法治文明、民主法制进步的重大举措。

本次刑事诉讼法修改的内容广泛,其中,有关侦查措施、强制措施、证据制度、辩护制度、特别程序的新规定与侦查监督工作关系密切,特别是有关逮捕条件的调整、逮捕程序的完善,以及强化对侦查活动的监督等新规定,对侦查监督工作的影响是重大而深远的。认真学习领会和全面贯彻落实这些规定,对于巩固和发展侦查监督改革成果,强化侦查监督职能,加强惩治犯罪和保障人权,促进公正廉洁执法,意义重大。下面拟结合对新刑事诉讼法相关规定的学习理解,就新刑事诉讼法对侦查监督工作的影响及其应对,谈几点认识。

一、"尊重和保障人权"写入刑事诉讼法,对侦查监督工作理念将产生深远影响

2004 年,第十届全国人民代表大会第二次会议通过了宪法修正案,将"国家尊重和保障人权"确定为宪法原则,本次刑事诉讼法修改将"尊重和保障人权"写入刑事诉讼法,并通过一系列相关条文的修改增删,进一步加强了对犯罪嫌疑人、被告人基本人权和诉讼权利的保护,体现了我国刑事诉讼制度在保障人权方面向前迈进了一大步,标志着我国刑事诉讼制度价值

取向的深刻调整和文明进步，意义十分重大，必将对侦查监督理念和工作方式产生深远影响。

（一）它要求侦查监督人员牢固树立惩治犯罪与保障人权并重、实体公正与程序公正并重、监督制约与配合协作并重的执法理念

"尊重和保障人权"作为刑事诉讼法的任务之一写入总则，成为必须遵照执行的刚性法律要求，反映出我国刑事诉讼的目的从强调打击犯罪发展到打击犯罪与保障人权并重。侦查监督人员在执法过程中要彻底摒弃片面注重打击犯罪而轻视保障人权，重实体轻程序的错误观念，充分认识到保障人权已经成为与惩罚犯罪同等重要、不可偏废的诉讼价值目标，将打击犯罪与保障人权是否得力均作为评价侦查监督工作成效的重要方面。在审查逮捕工作中要严格把关，不仅要保障无罪的人不受刑事追究，也要注重保障犯罪嫌疑人、被告人的人格尊严、诉讼权利和其他合法权利；既要加强与侦查机关（部门）的配合，保证准确有效地打击犯罪，又要深化对侦查活动的监督，保证公正执法。

（二）它要求侦查监督人员既要依法保障犯罪嫌疑人的人权，又要维护被害人和其他诉讼参与人的人权

人权是每一个公民都享有的基本权利，平等对待是法治的内在要素和重要价值。在刑事司法中谈保障人权，既应当包括对犯罪嫌疑人、被告人权利的保障，也应当包括对被害人和其他诉讼参与人权利的保障，忽视任何一个方面都背离了刑事诉讼法的宗旨，不利于构建社会主义和谐社会。一方面，刑事诉讼中两造的强弱对比关系决定了保障犯罪嫌疑人人权的必要性。面对强大的国家公权力机关的追诉，犯罪嫌疑人处于弱势地位，容易被公权力机关侵权，要防止公权力机关出于追诉需要而过度采取强制性措施、恣意侵犯人权乃至发生错误追诉，就必须关注犯罪嫌疑人的人权，防止其合法权利受到公权力的侵害。另一方面，被害人的人身权、财产权受到犯罪的侵害，寻求公力救济，请求国家权力排除侵害、实现权利，作为秩序和法益维护者的公检法机关必须承担追诉和惩治犯罪的职责，切实保护被害人权益，匡扶社会正义。此外，其他诉讼参与人的合法权利也应得到有效维护与保障，这不仅为保证刑事诉讼依法顺利进行所必需，也是尊重和保障人权的重要方面。检察机关侦查监督部门要通过认真履行侦查监督职责，切实维护和保障犯罪

嫌疑人、被害人和其他诉讼参与人的合法权利。

（三）它要求侦查监督人员坚持理性、平和、文明、规范执法，把尊重和保障人权原则自觉贯穿于执法办案始终

侦查监督人员要按照最高人民检察院曹建明检察长在第十三次全国检察工作会议上提出的"六观"的要求，坚决摒弃那些不符合依法治国基本方略和尊重与保障人权原则的传统办案理念和执法方式，以维护和实现公平正义为己任，遵循检察官的客观性义务，切实做到理性、平和、文明、规范执法，严格依据法律规定和法定程序办案，尊重犯罪嫌疑人的人格，切实保障其各项合法权益。要审慎、客观、全面、细致地审查案件事实与证据，坚决依法排除非法证据，正确适用法律条文，贯彻落实宽严相济刑事政策，有效防止和坚决纠正错误逮捕，减少不必要的羁押，及时发现和纠正侦查活动中的违法行为，把尊重和保障人权原则落到实处。

二、逮捕条件的调整、逮捕程序的完善以及证据制度等新的规定，对提高审查逮捕质量提出了新要求

当前全国审查逮捕案件质量总体是好的。2008年至2011年的统计数据显示，捕后无罪判决率分别为0.013%、0.01%、0.009%、0.007%，不批捕率分别为10.1%、11.5%、13.5%、14.2%，复议复核改变原不捕决定的比率分别为0.26%、0.18%、0.18%、0.17%。这表明，现行审查逮捕制度总体上是合理、有效的，各级检察机关侦查监督部门对逮捕条件的审查把关总体上是严格的，案件质量总体上是比较高的，属于错捕、错不捕的比率极低，涉及人数不多。但也应当看到，我国的逮捕率仍然在80%以上的高位运行，年逮捕人数90余万人，其中有相当一部分人因涉嫌罪行较轻，捕后被不起诉或者被判处徒刑缓刑以下轻刑。从构建社会主义和谐社会来看，捕人仍然过多，减少不必要的逮捕还有较大空间。当前逮捕率之所以居高不下，究其原因，主观方面在于办案人员受传统执法观念的影响，存在着构罪即捕的思维定式；客观方面主要在于采取取保候审、监视居住等非羁押性措施的成本高、风险大、适用率低，同时法律赋予侦查机关的手段有限，侦查队伍的素质和能力也有待提高，通过羁押获取口供进而突破案件的传统侦查模式一时间还难以扭转。另外，1996年刑事诉讼法关于"逮捕必要性"

条件的规定过于原则，司法实践中难以准确把握，以及法律规定的审查逮捕程序缺乏基本诉讼构造，不利于兼听则明和及时发现纠正违法、排除非法证据也是重要原因。本次修改刑事诉讼法，直面司法实践中的上述问题，一方面完善了取保候审、监视居住和相关侦查措施，以增强利用非羁押措施控制犯罪嫌疑人和进行侦查取证的能力，为减少羁押提供了空间；另一方面则进一步明确了逮捕的适用条件，完善了审查逮捕的程序，为检察机关更加客观、全面地审查案件和作出逮捕与否的决定提供了具有可行性和可操作性的依据。

（一）逮捕条件的调整，使审查逮捕工作标准更加明确，更具有可操作性

新《刑事诉讼法》第79条延续了1996年《刑事诉讼法》第60条关于逮捕需考虑疑罪、可能处刑和有社会危险性（必要性）三方面条件的基本思路。其中，对"有证据证明有犯罪事实"、"可能判处徒刑以上刑罚"两个条件没有作出修改，但在充分总结吸收司法实践经验的基础上，修改细化了逮捕的第三个条件。具体修改是：

1. 新《刑事诉讼法》第79条第1款作为逮捕条件的一般规定，删除了以往司法实践中难以裁量把握的逮捕第三个条件中"有逮捕必要"的表述，而对采取取保候审不足以防止发生的"社会危险性"作了具体列举，即：（1）可能实施新的犯罪的；（2）有危害国家安全、公共安全或者社会秩序的现实危险的；（3）可能毁灭、伪造证据，干扰证人作证或者串供的；（4）可能对被害人、举报人、控告人实施打击报复的；（5）企图自杀或者逃跑的。该款明确规定，在具备逮捕疑罪条件和可能处刑条件的同时，犯罪嫌疑人又具有这五种"社会危险性"情形之一的，即符合逮捕的条件要求，"应当予以逮捕"。

2. 新《刑事诉讼法》第79条第2款在第1款一般逮捕条件之外，又明确了三种"应当予以逮捕"的特殊情形：一是有证据证明有犯罪事实，可能判处10年有期徒刑以上刑罚的；二是有证据证明有犯罪事实，可能判处徒刑以上刑罚，曾经故意犯罪的；三是有证据证明有犯罪事实，可能判处徒刑以上刑罚，身份不明的。符合这三种情形之一的犯罪嫌疑人，或者主观恶性较大，或者犯罪恶习较深，或者缺乏不予羁押的基本条件，均具有较大的

人身危险性，因此，审查逮捕时不需要再另行审查是否具有新《刑事诉讼法》第79条第1款规定的五种社会危险性情形，即应当予以逮捕。

上述两类"应当予以逮捕"的规定，已基本涵盖了以往司法实践中遇到的各类必须采取逮捕措施的情形，因此，凡是符合上述条件的，均应当依法批准或者决定逮捕。同时，由于新刑事诉讼法并没有设置"应当予以逮捕"的兜底条款，因而，对于不符合上述规定条件的犯罪嫌疑人，应当理解为不得适用逮捕措施。

3. 新《刑事诉讼法》第79条第3款还规定了一种"可以予以逮捕"的情形，即被取保候审、监视居住的犯罪嫌疑人、被告人违反取保候审、监视居住规定，情节严重的，可以予以逮捕。

应当说，新刑事诉讼法关于逮捕条件的规定比1996年刑事诉讼法的规定更加明确、具体，可操作性更强。特别是将原"有逮捕必要"的原则性规定细化为若干具体情形，有利于司法实践中进行审查、衡量和认定，为准确适用逮捕提供了可行性。但是，实践中具体案件是复杂的，法律规定的有关社会危险性的"可能"、"现实危险"、"企图"等情形，仍需要办案人员根据事实和证据进行审查判断。由于法律关于逮捕条件的规定不仅是检察机关审查逮捕的依据，同时也是侦查机关提请逮捕的依据。侦查机关之所以提请逮捕，是因为其有理由和依据认为犯罪嫌疑人具有符合逮捕条件的情形。因此，应当在认真总结近年来检察机关大力推行且行之有效的逮捕必要性证明制度的基础上，根据新刑事诉讼法的规定，进一步会同侦查机关研究建立"社会危险性"证明制度，即侦查机关在提请逮捕时，除了要向检察机关移送证明已涉嫌犯罪、可能判处徒刑以上刑罚的证据外，还应移送证明犯罪嫌疑人具有法定的社会危险性情形的证据材料。检察机关应当对是否符合逮捕的各方面条件进行全面审查，综合判断犯罪嫌疑人是否具有社会危险性和应否予以逮捕。侦查机关不移送相关证据的，检察机关应当要求其补充移送，经认真审查，认为现有证据不能证明犯罪嫌疑人具有社会危险性的，应当不予批准逮捕，并按照《关于加强侦查监督说理工作的指导意见（试行）》的相关规定，向侦查机关阐明不捕的理由和依据。

(二) 关于审查逮捕中讯问犯罪嫌疑人、询问诉讼参与人和听取律师意见的规定，增强了审查逮捕工作的诉讼性

1996年刑事诉讼法关于审查逮捕程序的规定，没有检察机关可以讯问犯罪嫌疑人、听取律师意见等的规定，使本应是司法程序的审查逮捕带有明显的内部行政化审批色彩，不利于切实有效地保障人权。近年来，在深化司法体制与工作机制改革中，按照中央确定的改革任务，最高人民检察院会同公安部联合下发了《关于审查逮捕阶段讯问犯罪嫌疑人的规定》（以下简称《规定》），明确提出了检察机关在审查逮捕时要有重点地讯问犯罪嫌疑人，必要时应听取律师意见的工作要求。新刑事诉讼法吸收并发展了这一工作机制改革成果，不仅明确检察机关审查逮捕可以讯问犯罪嫌疑人，听取辩护律师的意见，而且明确可以询问证人等诉讼参与人。这些规定，使原先检察机关单方面审查侦查机关报捕材料、内部行政化审批的审查逮捕程序，向侦、辩、检三方诉讼化构造推进了一大步，增加了审查逮捕工作的司法审查色彩；有利于检察机关加强证据审查，全面获取犯罪嫌疑人罪重、罪轻、无罪的证据，更加全面地了解案件情况，及时发现和纠正侦查程序的非法取证行为，准确适用逮捕措施，切实防止错捕漏捕，实现客观公正、保障人权。

新《刑事诉讼法》第86条对审查逮捕程序作出了一般规定，第269条则就未成年犯罪嫌疑人的审查逮捕程序作出了特殊规定。综合这些规定，关于审查逮捕程序有以下新的要求：

1. 人民检察院审查批准逮捕，可以讯问犯罪嫌疑人。这属于一般授权性规定，即检察机关审查批准逮捕，只要认为有必要，都可以讯问犯罪嫌疑人。从以往审查逮捕工作实践来看，需要讯问的主要是那些已经拘留了的犯罪嫌疑人，对于未采取拘留措施的犯罪嫌疑人，进行讯问必须做好办案安全风险评估预警工作，并事先征求侦查机关的意见，切实防止因讯问不当发生办案安全事故或者妨碍诉讼事件。此外，按照新《刑事诉讼法》第116条第2款的规定，讯问已被拘留的犯罪嫌疑人，应当在看守所内进行。

2. 明确规定有以下四种情形之一的，人民检察院应当讯问犯罪嫌疑人：（1）对是否符合逮捕条件有疑问的；（2）犯罪嫌疑人要求向检察人员当面陈述的；（3）侦查活动可能有重大违法行为的；（4）犯罪嫌疑人是未成年人的。这四项属于刚性的义务性规定，即检察机关审查逮捕时，凡具有上述四种情形之一的，都必须进行讯问，没有选择余地。应当说，这四种法定情

形与《规定》第 2 条规定的五种应当讯问的情形是基本对应的。《规定》中"应当讯问"的第一种情形是犯罪嫌疑人是否有犯罪事实、是否有逮捕必要等关键问题有疑点,第二种情形是案情重大疑难复杂,这两者总体上说都属于对是否符合逮捕条件有疑问;后三种情形与新刑事诉讼法规定的后三种情形除字面表述不尽相同外,内容是一致的。按照新刑事诉讼法的上述规定,四种情形之外的犯罪嫌疑人,检察机关不是必须讯问,但也可以讯问。目前一些地方检察机关要求每案必讯,并不与新刑事诉讼法的规定相冲突。此外,按照《规定》,对已拘留的犯罪嫌疑人不予讯问的,应当送达听取犯罪嫌疑人意见书,这是弥补未做到每案必讯可能存在的漏洞的必要措施,因此,新刑事诉讼法实施后仍应执行。

3. 规定人民检察院审查批准逮捕,可以询问证人等诉讼参与人。1996 年刑事诉讼法没有审查逮捕时询问诉讼参与人的规定,《人民检察院刑事诉讼规则》、《人民检察院审查逮捕质量标准(试行)》等规范性文件中有办理审查逮捕案件,认为证据存有疑问的,可以询问证人的规定。新刑事诉讼法从完善审查逮捕诉讼构造的角度出发,明确规定可以询问证人,并将询问范围扩大到其他诉讼参与人。审查逮捕阶段询问证人等诉讼参与人的目的,主要在于复核证据,及时发现和纠正侦查活动中的违法行为,依法排除以暴力、威胁等非法方法收集的证人证言、被害人陈述等非法证据,严把逮捕适用关。

4. 规定人民检察院审查批准逮捕,可以听取辩护律师的意见;辩护律师提出要求的,应当听取辩护律师的意见。由于律师具备专门的法律知识,对犯罪嫌疑人是否涉嫌犯罪、有无社会危险性、侦查取证活动是否违法等能够从不同于侦查机关的角度提出专业性意见,特别是新刑事诉讼法明确了律师在侦查阶段的辩护人身份并完善了相应的诉讼权利,为律师发挥辩护作用提供了更大的空间,因此,检察机关审查逮捕时听取律师意见,就显得尤为重要。新刑事诉讼法的上述规定,既有对检察机关"可以听取"的授权规定,为检察机关根据案件具体情况决定是否听取律师意见提供了可能性;又有在特定情况下"应当听取"的义务要求,以充分发挥律师在审查逮捕阶段的辩护作用。应当指出的是,新刑事诉讼法关于"辩护律师提出要求的,应当听取辩护律师的意见"的规定,比《规定》中"必要时,可以当面听取受委托律师的意见"更具有刚性,即将是否应当听取的决定权授予律师。

这一规定，充分体现了尊重与保障人权的精神。

（三）关于有条件地延长职务犯罪案件审查逮捕期限的规定，有利于缓解"上提一级"办案时限紧张的压力

为解决职务犯罪案件侦查权、逮捕权、公诉权集中在同一检察院内，不利于对自侦工作的监督制约的问题，根据中央确定的深化司法体制和工作机制改革方案，最高人民检察院报经中央批准，于2009年9月起实行职务犯罪案件审查逮捕"上提一级"的工作机制改革，取得了明显成效，得到了社会各界的充分肯定。但是，由于改革后多数地方实行异地报捕，增加了报送、审批案件以及讯问犯罪嫌疑人的路途时间，各地普遍反映1996年刑事诉讼法规定的14天的拘留期限过短，影响了案件的侦查和审查逮捕工作。为了解决这一问题，新《刑事诉讼法》第165条规定："人民检察院对直接受理的案件中被拘留的人，认为需要逮捕的，应当在十四日以内作出决定。在特殊情况下，决定逮捕的时间可以延长一日至三日……"即原则上对被拘留的犯罪嫌疑人应当执行现行规定，在拘留后14日内作出逮捕决定；实行"上提一级"的案件，确因异地报捕审查时限不够的，可以最迟延期到拘留后17日内作出逮捕决定。这样，将可缓解落实"上提一级"改革办案时限紧张的压力，切实把好职务犯罪案件的审查逮捕和监督制约关。

（四）关于完善证据制度的一系列规定，对审查逮捕时强化证据审查提出新要求

1. 正确把握逮捕的证明标准。新刑事诉讼法对逮捕的疑罪条件即"有证据证明有犯罪事实"没有作出修改。在以往的审查逮捕实践中，一般是以证据所证明的事实已经构成犯罪作为认定"有证据证明有犯罪事实"的证明标准；同时，对于极少数符合一定条件的重大案件，在现有证据所证明的事实已经基本构成犯罪的情况下，探索实行"附条件逮捕"。应当说，上述适用于不同案件的证明标准，都是"有证据证明有犯罪事实"的具体体现，属于对这一法定逮捕条件的分层次把握，既能够保证对绝大多数案件从严把关，防止错捕，减少不必要的羁押，又可以保障对极少数严重犯罪案件的侦查工作需要，体现了宽严相济刑事政策在逮捕措施上的具体适用。

需要指出的是，逮捕作为侦查过程中所采用的一种强制措施，其证明标准与侦查终结、提起公诉和作出有罪判决应有所区别。1996年刑事诉讼法

在表述上也是不同的，逮捕为"有证据证明有犯罪事实"，侦查终结、提起公诉和作出有罪判决均为"犯罪事实清楚，证据确实、充分"。那么，审查逮捕时一般以证据所证明的事实已经构成犯罪为标准来把握"有证据证明有犯罪事实"，是否如有些同志所质疑的，是以起诉标准来把握逮捕标准呢？新刑事诉讼法的相关规定回答了这一问题。新《刑事诉讼法》第53条第2款对于何为"证据确实、充分"，作了如下解释：（1）定罪量刑的事实都有证据证明；（2）据以定案的证据均经法定程序查证属实；（3）综合全案证据，对所认定事实已排除合理怀疑。而按照现行规范性文件的规定，所谓"有证据证明有犯罪事实"，是指同时具备以下情形：（1）有证据证明发生了犯罪事实，该犯罪事实可以是单一犯罪行为的事实，也可以是数个犯罪行为中任何一个犯罪行为的事实；（2）有证据证明犯罪事实是犯罪嫌疑人实施的；（3）证明犯罪嫌疑人实施犯罪行为的证据已有查证属实的。显然，无论是需要证明的案件事实的范围还是对证据属实性的查证程度，二者都有明显区别，适用逮捕措施无须达到"定罪量刑的事实都有证据证明"、"证据均经查证属实"和"排除合理怀疑"的证明程度，这体现了不同诉讼阶段对证明标准的不同要求，符合刑事诉讼的认识规律。由此可见：

其一，以证据所证明的事实已经构成犯罪作为"有证据证明有犯罪事实"的一般证明标准，既有利于防止错捕和减少国家赔偿，又未混淆逮捕与起诉的诉讼阶段，不存在以起诉标准来衡量是否逮捕的问题。

其二，对于已批准逮捕的案件，侦查机关必须继续开展侦查工作，检察机关应当积极引导取证，以使案件达到"犯罪事实清楚，证据确实、充分"的程度，进而依法作出侦查终结、提起公诉决定和有罪判决。

其三，对于逮捕时符合"有证据证明有犯罪事实"的条件，但由于捕后侦查机关未再继续进行侦查取证或者侦查取证不力，导致案件因达不到"犯罪事实清楚，证据确实、充分"的条件而被不起诉或判决无罪的，依法应当进行国家赔偿，但并不意味着发生了错误逮捕。

2. 加强对证据合法性的审查。新刑事诉讼法进一步完善了证据制度，明确了取证要求，并建立了非法证据排除制度。对这些制度，检察机关在审查逮捕时，应当认真予以落实。特别是要注意以下几点：

其一，深刻理解和认真落实"不得强迫任何人证实自己有罪"的规定。我国已经签署的《公民权利和政治权利国际公约》第14条规定，不得强迫任何人做不利于自己的供述，或证明自己有罪。我国宪法中已写入"国家尊重和保障人权"原则，有"小宪法"之称的刑事诉讼法中应当体现这一保障人权的精神。因此，新《刑事诉讼法》第50条关于收集证据的一般规定中，首次明确了"不得强迫任何人证实自己有罪"的原则，并在第118条中保留"犯罪嫌疑人对侦查人员的提问，应当如实回答"的同时，增加了第2款规定："侦查人员在讯问犯罪嫌疑人的时候，应当告知犯罪嫌疑人如实供述自己罪行可以从宽处理的法律规定。"这是对"坦白从宽，抗拒从严"的传统办案观念的重大调整，其目的在于从制度上进一步遏制刑讯逼供和其他非法收集证据的行为。"不得强迫任何人证实自己有罪"的实质在于"不得强迫"，与犯罪嫌疑人自愿履行"如实回答"义务和主动认罪悔罪并不矛盾。按照上述规定，侦查机关在讯问犯罪嫌疑人时有义务告知其如实供述可以得到从宽处理，但不得采取任何暴力、威胁等带有强制性的手段迫使犯罪嫌疑人承认和证实自己有罪；检察机关在审查逮捕时，则应当通过审阅案卷材料、讯问犯罪嫌疑人、听取律师意见等，认真审查犯罪嫌疑人的有罪供述是在什么情况下作出的，侦查人员在讯问时是否告知犯罪嫌疑人如实供述自己罪行可以从宽处理的法律规定，有无言行上进行强迫乃至刑讯逼供等违法情形，发现违法的应当予以纠正，并排除非法获取的证据。同时，检察人员在讯问犯罪嫌疑人时，也必须秉持理性、平和、文明、规范的执法理念，认真落实"不得强迫任何人证实自己有罪"的规定。

其二，依法审查和排除非法证据。建立非法证据排除制度，是中央确定的深化司法体制改革的重要任务之一。2010年最高人民法院、最高人民检察院、公安部、国家安全部、司法部联合下发了《关于办理死刑案件审查判断证据若干问题的规定》和《关于办理刑事案件排除非法证据若干问题的规定》，初步建立了非法证据排除制度。新《刑事诉讼法》第54条总结吸收上述规定的相关内容，从法律上建立了非法证据排除规则，规定："采用刑讯逼供等非法方法收集的犯罪嫌疑人、被告人供述和采用暴力、威胁等非法方法收集的证人证言、被害人陈述，应当予以排除。收集物证、书证不符合法定程序，可能严重影响司法公正的，应当予以补正或者作出合理解释；不能补正或者作出合理解释的，对该证据应当予以排除。在侦查、审查起诉、审判时发现有应当排除的证据的，应当依法予以排除，不得作为起诉意见、起诉决定和判决的依据。"这一规定，是对新《刑事诉讼法》第50

条关于"严禁刑讯逼供和以威胁、引诱、欺骗以及其他非法方法收集证据，不得强迫任何人证实自己有罪"之规定的呼应和保障性条款，意义在于通过排除非法获取的证据，使非法取证行为失去功利性，进而达到遏制刑讯逼供、暴力取证等非法行为的目的。

落实新刑事诉讼法的上述规定，需要研究一个问题：审查逮捕阶段要不要排除非法证据？最高人民法院、最高人民检察院、公安部、国家安全部、司法部《关于办理刑事案件排除非法证据若干问题的规定》第3条规定："人民检察院在审查批准逮捕、审查起诉中，对于非法言词证据应当依法予以排除，不能作为批准逮捕、提起公诉的根据。"而新《刑事诉讼法》第54条第2款规定："在侦查、审查起诉、审判时发现有应当排除的证据的，应当依法予以排除，不得作为起诉意见、起诉决定和判决的依据。"后者没有明确审查逮捕阶段是否排除非法证据。我们认为，逮捕属于侦查中采取的强制措施，批捕工作处于侦查阶段，新刑事诉讼法关于侦查阶段排除非法证据的规定精神应当及于批捕工作。而且，审查逮捕是一种司法审查和法律监督工作，检察机关有责任和义务审查侦查取证活动是否有违法行为，发现存在非法取证行为的，应当依法进行纠正，符合排除非法证据情形的，应当予以排除，不得将之作为批准逮捕的根据。因此，检察机关在审查逮捕时，如果接到犯罪嫌疑人及其辩护人或者证人、被害人等关于刑讯逼供、暴力取证等非法行为的控告、举报及提供的线索的，或者在审查案件材料时发现可能存在非法取证行为的，应当认真进行审查，包括核对讯问录像、询问知情人员、查阅看守所健康检查记录、查验伤情等；根据新《刑事诉讼法》第171条的规定精神，还可以要求侦查机关对证据收集的合法性进行说明。经综合审查，确认存在刑讯逼供、暴力取证等非法取证行为的，应当依法排除该行为获取的犯罪嫌疑人口供或者证人证言、被害人陈述。由于审查逮捕期限较短，而且侦查阶段也不同于审判阶段，如果经审查后既不能确定非法取证又无法排除合理怀疑，我们认为不宜像审判阶段那样直接予以排除，而应予以存疑，即不以该言词证据作为批准逮捕的根据，而依据其他证据决定是否逮捕，同时将存疑情况通报给公诉部门。对于侦查机关收集实物证据不符合法定程序，可能严重影响司法公正的，则应当要求侦查机关进行补正或者作出合理解释；不能补正或者作出合理解释的，对该实物证据也应当予以排除。

其三，关于审查全程同步录音录像。新《刑事诉讼法》第121条规定：

"侦查人员在讯问犯罪嫌疑人的时候，可以对讯问过程进行录音或者录像；对于可能判处无期徒刑、死刑的案件或者其他重大犯罪案件，应当对讯问过程进行录音或者录像。录音或者录像应当全程进行，保持完整性。"这一规定从法律上确立了讯问犯罪嫌疑人全程同步录音录像制度，是对检察机关近些年来推行的讯问职务犯罪嫌疑人同步录音录像制度的充分肯定。2005年12月，最高人民检察院在全国检察机关推行这一制度，对于遏制刑讯逼供、固定犯罪证据、增强证据可信性、提高办案质量发挥了重要作用。根据新刑事诉讼法的规定，全程录音录像的适用范围将从检察机关侦查的职务犯罪案件扩大到公安机关侦查的重大刑事案件。各地侦查监督部门要会同侦查机关建立健全相关工作机制，做好同步录音录像的移送和审查工作。一是要加强与公安机关的沟通，明确除法律规定应当录音录像的以外，其他需要录音录像的案件范围，并建立同步录音录像移送、审查制度，规定移送、审查的程序和要求。二是侦查监督部门应当通过适时介入侦查和审查逮捕、侦查活动监督等工作，加强对侦查机关（部门）实行讯问犯罪嫌疑人全程同步录音录像的监督制约。对于存在录音录像资料不完整、不同步，制作方式不规范，讯问过程违法等情况的，应当逐一列明并书面向侦查机关（部门）提出纠正意见。三是审查逮捕时要加强对同步录音录像资料的审查。要重点审查对法定范围内的案件是否进行了同步录音录像，录音录像是否全程、同步、完整，讯问过程是否合法，有无刑讯逼供等违法情形，录音录像的制作是否符合规定和操作规程等。对于犯罪嫌疑人反复翻供或提出受到刑讯逼供的，或者通过审查案卷材料对取证合法性或讯问笔录真实性等产生疑问的案件，应当认真审看同步录音录像资料。对于重大、复杂、有争议的案件，必要时要审看所有录音录像资料。经审查，发现同步录音录像与讯问笔录存在出入的，应当找出其原因；如果二者存在重大实质性出入，则该讯问笔录不得作为证据使用。

（五）未成年人刑事案件诉讼程序的规定，将进一步规范和推进未成年人刑事检察工作

新刑事诉讼法第五编"特别程序"中专章规定了未成年人刑事案件诉讼程序。这是在认真总结多年来司法机关办理未成年人刑事案件的实践经验和改革探索的基础上，对中国特色未成年人刑事司法制度的一次重要推进和

完善。其中,对于审查逮捕工作有直接影响的新的规定主要有:对犯罪的未成年人实行教育、感化、挽救的方针,坚持教育为主、惩罚为辅的原则;检察机关办理未成年人刑事案件,应当保障未成年人行使其诉讼权利和得到法律帮助,并由熟悉未成年人身心特点的检察人员承办;未成年犯罪嫌疑人没有委托辩护人的,检察机关应当通知法律援助机构指派律师为其提供辩护;检察机关办理未成年人刑事案件,根据情况可以对未成年犯罪嫌疑人的成长经历、犯罪原因、监护教育等情况进行调查;对未成年犯罪嫌疑人应当严格限制适用逮捕措施,审查逮捕应当讯问未成年犯罪嫌疑人,听取辩护律师的意见;讯问未成年犯罪嫌疑人、询问未成年被害人、证人,应当通知其法定代理人到场,无法通知或者法定代理人不能到场或者是共犯的,可以通知未成年犯罪嫌疑人、被害人、证人的其他成年亲属,所在学校、单位、居住地基层组织或者未成年人保护组织的代表到场,并将有关情况记录在案;讯问女性未成年犯罪嫌疑人、被害人、证人,应当有女工作人员在场。检察机关办理未成年人刑事案件,要认真落实上述法律规定。现行有关办理未成年人刑事案件的规范性文件,凡是与新刑事诉讼法的规定不一致的,在新刑事诉讼法实施后应当依照新刑事诉讼法的规定执行。

（六）关于刑事和解制度的新规定,对审查逮捕工作贯彻宽严相济刑事政策提供了法律依据

新刑事诉讼法第五编专章规定了当事人和解的公诉案件（即"刑事和解案件"）诉讼程序。根据新《刑事诉讼法》第277条至第279条的规定,适用刑事和解的案件仅限于两类公诉案件:一是因民间纠纷引起,涉嫌刑法分则第四章、第五章规定的犯罪案件,可能判处3年有期徒刑以下刑罚的;二是除渎职犯罪以外的可能判处7年有期徒刑以下刑罚的过失犯罪案件。这两类公诉案件的犯罪嫌疑人真诚悔罪,通过向被害人赔偿损失、赔礼道歉等方式获得被害人谅解,被害人自愿和解的,双方当事人可以和解。但是,犯罪嫌疑人在5年以内曾经故意犯罪的,不适用刑事和解程序。刑事和解在侦查、起诉、审判阶段均可以进行。对于双方当事人和解的案件,公安机关、人民检察院、人民法院应当对和解的自愿性、合法性进行审查,并主持制作和解协议书。对于达成和解协议的案件,公安机关可以向人民检察院提出从宽处理的建议。人民检察院可以向人民法院提出从宽处罚的建议;对于犯罪

情节轻微，不需要判处刑罚的，可以作出不起诉的决定。人民法院可以依法对被告人从宽处罚。上述规定对审查逮捕工作的影响在于：

1. 检察机关在审查逮捕阶段可以开展刑事和解工作，包括对当事人双方达成和解的案件，听取当事人和其他有关人员的意见，对和解的自愿性、合法性进行审查等。但究竟由哪个部门主持制作和解协议书，尚需要作进一步研究后统一明确分工。

2. 开展刑事和解必须符合法定的案件范围和适用条件，不能违反法律规定开展刑事和解或者认可当事人之间违反法律规定达成的和解。

3. 对于达成刑事和解的案件，可以依法从宽处理，作出不捕决定；需要继续进行诉讼的，可以建议公安机关变更强制措施，在侦查终结后直接移送审查起诉。

4. 侦查阶段刑事和解的案件，公安机关可以向检察机关提出从宽处理的建议，但是不能撤销案件。公安机关对已涉嫌犯罪的公诉案件，因当事人达成刑事和解而撤销案件的，不符合法律规定，检察机关应当予以监督纠正。

三、关于规范侦查措施和完善相关救济监督机制的新规定，对强化侦查监督提出了新任务

（一）明确了对强制性侦查措施的监督职责

侦查机关在案件侦查中使用限制人身自由或财产权利的强制性侦查措施，如果存在违法情形，会直接侵犯当事人合法权益，影响证据的合法性和案件质量。因此，检察机关履行侦查监督职能，理应对侦查机关违法使用强制性侦查措施的行为进行监督。但是，由于现行法律对这一监督工作规定得不明确，特别是缺乏监督的程序性规定，使得检察机关难以实施监督。为此，中央关于深化司法体制和工作机制改革方案明确提出，建立诉讼当事人对侦查机关采取搜查、查封、扣押、冻结措施不服，提请检察机关或上一级检察机关进行监督的制度。这次刑事诉讼法的修改，体现了司法改革的要求，并且在监督内容上还有所扩展。根据新《刑事诉讼法》第115条的规定，当事人和辩护人、诉讼代理人、利害关系人认为司法机关及其工作人员采取强制措施或者查封、扣押、冻结措施存在违法情形的，有权向该司法机

关提出申诉或者控告，对该司法机关处理不服的，有权向同级或者上一级检察机关申诉，检察机关应当及时进行审查，情况属实的，通知有关机关予以纠正。其中，当事人和辩护人、诉讼代理人、利害关系人在侦查终结前向检察机关提出的申诉，当属于侦查监督部门进行审查的职责范围。侦查监督部门在履行这一职责时要把握以下几点：

1. 要按照新刑事诉讼法规定的监督范围开展监督。新《刑事诉讼法》第115条第1款将五种适用强制措施、侦查措施中的违法行为纳入检察机关监督的范围，具体包括：（1）采取强制措施法定期限届满，不予以释放、解除或者变更的；（2）应当退还取保候审保证金不退还的；（3）对与案件无关的财物采取查封、扣押、冻结措施的；（4）应当解除查封、扣押、冻结不解除的；（5）贪污、挪用、私分、调换、违反规定适用查封、扣押、冻结的财物的。审查判断侦查机关适用强制措施、侦查措施是否构成违法，应根据新刑事诉讼法有关上述强制措施、侦查措施的具体规定而定。

2. 要严格按照程序进行监督。按照新《刑事诉讼法》第115条的规定，当事人等提出申诉、控告和侦查机关先行处理是检察机关开展监督必经的前置程序。当事人和辩护人、诉讼代理人、利害关系人认为侦查机关及其工作人员适用强制措施、侦查措施存在违法情形的，有权提出申诉或者控告，但是应先向该侦查机关进行申诉或者控告，而不能直接向检察机关申诉，侦查机关应当及时处理。对侦查机关处理决定不服的，才可以向同级或者上一级检察机关申诉。其中，对采取强制措施、侦查措施的公安机关处理决定不服的，可以向同级检察机关申诉；对采取强制措施、侦查措施的检察机关处理决定不服的，可以向上一级检察机关申诉。检察机关对于受理的此类申诉，应当及时进行审查，情况属实的，通知侦查机关予以纠正。

3. 要正确把握监督的原则。监督工作既要切实维护诉讼当事人的合法权益，同时又要有利于及时侦查破案，有效打击犯罪。应当注意，检察机关只能对确有违法的强制措施、侦查措施进行监督纠正，在提出纠正意见之前，要充分听取有关机关的意见。要注意答复申诉人的方式方法，防止泄露案件秘密，影响侦查顺利进行。要坚持对内监督和对外监督并重的原则，在对公安机关采取的强制措施、侦查措施进行监督的同时，还要严格加强对检察机关自身采取强制措施、侦查措施的监督。

（二）增加了捕后对继续羁押必要性的审查职责

新《刑事诉讼法》第93条增加规定了犯罪嫌疑人、被告人被逮捕后人民检察院仍应当对羁押必要性进行审查的职责，要求对于不需要继续羁押的，应当建议予以释放或者变更强制措施。该项制度的建立旨在厘清办案期限与羁押期限的界限，实现了二者的适当分离，有利于降低羁押率，革除司法实践中长期存在的对犯罪嫌疑人一捕了之、办案期限不满羁押就不终止的积弊，节约司法资源，维护犯罪嫌疑人的合法权利。

检察机关履行羁押必要性审查，根据办案环节，可能涉及侦查监督、公诉、监所检察等部门。其中，侦查终结前的羁押必要性审查，当属侦查监督部门职责。侦查监督部门开展对继续羁押必要性的审查，应当注意以下几点：

1. 在逮捕后两个月的侦查羁押期限届满前，检察机关侦查监督部门应当定期主动审查对犯罪嫌疑人是否仍需继续羁押。犯罪嫌疑人及其辩护人、近亲属等向检察机关提出不宜继续羁押或者变更强制措施申请的，也应及时进行审查。审查的内容包括是否存在不符合逮捕条件的情况、犯罪嫌疑人是否仍有社会危险性、有无不适宜继续羁押的疾病等情形、附条件逮捕的案件是否进行了补充侦查取证等。对于不需要或者不适宜继续羁押的，侦查监督部门应当及时向侦查机关提出书面意见，建议予以释放或者变更强制措施。侦查机关应当在10日以内将处理情况通知人民检察院，若侦查机关不同意解除羁押，应要求其说明不同意的理由。

2. 将继续羁押必要性审查与审批延长侦查羁押期限结合起来。侦查机关提请延长侦查羁押期限的，侦查监督部门应结合羁押必要性审查情况，对是否需要延长侦查羁押期限进行严格把关。对认为没有必要继续羁押的，应依法作出不批准延长侦查羁押期限的决定。

3. 侦查监督部门要与公诉部门、监所检察部门建立联动机制，共同做好继续羁押必要性的审查工作。

（三）赋予了对指定居所监视居住的决定和执行进行监督的职责

新刑事诉讼法修改完善了监督居住的适用条件和监督措施，增强了可操作性，使监视居住能够发挥作为逮捕的替代性措施的积极作用，有利于减少羁押。其中，对于特定的犯罪嫌疑人，明确了可以指定居所执行监视居住。

由于指定居所执行监视居住对人身自由的限制比较大，且容易变为变相羁押，需要有专门的监督制约机制，因此，新《刑事诉讼法》第73条第4款明确规定："人民检察院对指定居所监视居住的决定和执行是否合法实行监督。"由于监视居住可以适用于刑事诉讼各个阶段，因而只有对侦查阶段指定居所监视居住的决定和执行进行监督属于侦查监督职责范围。其中，侦查终结前对指定居所监视居住的监督，应由侦查监督部门负责。

侦查监督部门可以通过审查逮捕或者受理申诉等来开展这项监督工作。要认真审查监视居住的决定和执行是否合法，主要包括：犯罪嫌疑人是否符合监视居住条件；监视居住的执行主体是否系公安机关；指定居所监视居住是否符合法定范围，即犯罪嫌疑人无固定住处，或者涉嫌危害国家安全犯罪、恐怖活动犯罪、特别重大贿赂犯罪，在住处执行可能有碍侦查；指定居所监视居住是否经过上一级检察机关或者公安机关批准；指定居所监视居住的地点，有无在羁押场所或者专门的办案场所执行的违法行为；指定居所监视居住后，是否依法通知被监视居住人的家属。发现指定居所监视居住的决定或者执行存在违法情形的，应当向侦查机关（部门）提出纠正意见。

（四）明确对非法取证行为的监督措施

新《刑事诉讼法》第55条规定："人民检察院接到报案、控告、举报或者发现侦查人员以非法方法收集证据的，应当进行调查核实。对于确有以非法方法收集证据情形的，应当提出纠正意见；构成犯罪的，依法追究刑事责任。"这一规定明确了检察机关对侦查机关的违法取证行为进行调查核实、纠正违法和追究刑事责任的职责权限。其中，关于对违法行为的调查权的规定，是对1996年刑事诉讼法关于侦查监督措施的重要补充，有利于增强监督的准确性和有效性。2010年7月，最高人民法院、最高人民检察院、公安部、国家安全部、司法部联合下发了《关于对司法工作人员在诉讼活动中的渎职行为加强法律监督的若干规定（试行）》，明确了检察机关对各类诉讼违法行为的调查权，并完善了纠正违法的程序。此次刑事诉讼法修改，在法律上确定了检察机关对侦查人员违法行为的调查权，并区分违法的性质和程度，要求检察机关纠正违法乃至追究行为人刑事责任，充分体现了上述司法体制和工作机制改革的成果。侦查监督部门要结合落实五部门《关于对司法工作人员在诉讼活动中的渎职行为加强法律监督的若干规定（试行）》，认真执行好新刑事诉讼法的上述新规定，履行好调查和纠正违法的职责。

(五) 进一步完善行政执法与刑事司法相衔接机制

新《刑事诉讼法》第 52 条第 2 款规定，行政机关在行政执法和查办案件过程中收集的物证、书证、视听资料、电子数据等证据材料，在刑事诉讼中可以作为证据使用，即赋予了上述证据材料在刑事诉讼中的证据能力。这一规定解决了行政执法机关向刑事司法机关移送案件后，公安机关立案侦查以及在后续诉讼程序中对行政执法机关收集的证据如何使用的问题，一定程度上避免了重复劳动，提高了刑事诉讼效率，有利于促进行政执法与刑事司法相衔接，形成执法司法合力。需要强调的是，对于行政机关在行政执法过程中所收集的证据，上述规定仅明确了物证、书证、视听资料、电子数据四类实物证据可以在刑事诉讼中使用，而证人证言、当事人陈述等言词证据，则不能直接作为刑事诉讼证据使用，还需要由侦查人员重新进行收集。另外，对于行政执法机关移送的物证、书证、视听资料、电子数据等证据材料，司法机关仍应当进行审查，符合合法性、关联性、客观性要求的，可以作为刑事诉讼证据使用；取证主体和程序不合法的，应当按照新刑事诉讼法关于非法证据排除制度的规定予以排除。

(六) 技术侦查措施入法，为侦查活动监督提出新课题

新刑事诉讼法第二编第二章以专节规定了技术侦查措施，将以往实践中必须使用而又游离于刑事诉讼法调整之外的技术侦查、秘密侦查手段纳入法定侦查措施，是我国刑事立法的一大进步，既体现了打击犯罪的客观需要，又有利于规范侦查和维护人权，符合当今世界各国刑事诉讼制度的通例。新刑事诉讼法关于技术侦查的主要内容包括：一是规定对危害国家安全犯罪、恐怖活动犯罪、黑社会性质的组织犯罪、重大毒品犯罪或者其他严重危害社会的犯罪案件，以及重大的贪污、贿赂犯罪案件，利用职权实施的严重侵犯公民人身权利的重大犯罪案件，公安机关或者检察机关在立案后，根据侦查犯罪的需要，经过严格的批准手续，可以采取技术侦查措施。其中，检察机关采取技术侦查措施，应当按照规定交由有关机关执行。二是技术侦查措施不仅适用于案件侦查，也适用于追捕被通缉或批准、决定逮捕的在逃的犯罪嫌疑人。三是规定公安机关可以决定由特定人员隐匿身份实施侦查，可以依照规定实施控制下交付。四是采用技术侦查措施收集的材料可以作为刑事诉讼证据使用。五是对技术侦查的批准和保密等作出了规范。

由于技术侦查具有秘密性、强制性特征，犹如一把"双刃剑"，运用得当有利于及时侦破案件、有力打击犯罪，一旦被滥用又极易侵犯公民的合法权利，因此，必须严格限制适用，加强监督制约，并应赋予当事人一定的救济渠道。新刑事诉讼法虽然要求采取技术侦查必须经过严格的审批程序，但对如何审批、监督及保障公民救济权利没有作出规定。我们认为，既然技术侦查被作为刑事诉讼中的侦查措施作出规定，并且通过技术侦查措施收集的材料可以作为刑事证据使用，就应当允许检察机关和人民法院对侦查取证的合法性进行审查，包括审查技术侦查是否按照规定进行审批，适用对象是否合法，执行主体是否合法，有无超审批范围、期限进行技术侦查或者泄密等违法情形，秘密侦查是否诱使他人犯罪或者采用可能危害公共安全或者发生重大人身危险的方法等。对于违反法律规定开展技术侦查的，应当纠正违法并依法排除非法证据。由于技术侦查写入刑事诉讼法是新生事物，检察机关如何开展监督法律上未作明确规定，因此，尚需检察机关积极会同侦查机关（部门）在实践中认真探索，研究对技术侦查的监督方式和程序，从而不断发展和完善侦查监督制度。

四、关于完善辩护制度的规定，对侦查监督工作提出了新期待

（一）深刻认识完善侦查阶段刑事辩护制度的重要意义

1996年刑事诉讼法没有明确侦查阶段犯罪嫌疑人聘请的律师的辩护人身份，其职责权限也不完善，直接影响了侦查阶段律师作用的发挥。新刑事诉讼法从尊重与保障人权出发，对刑事辩护制度进行了修改完善，其中，对侦查阶段辩护制度的完善主要体现在：一是规定在侦查阶段犯罪嫌疑人可以委托律师作为辩护人为其提供法律帮助，明确了侦查阶段犯罪嫌疑人委托律师的辩护人地位，从而将刑事辩护权覆盖到整个刑事诉讼过程。二是完善了侦查阶段律师的辩护权，包括辩护律师可以凭"三证"同在押的或者被监视居住的犯罪嫌疑人会见和通信，可以了解案件有关情况，提供法律咨询等；除危害国家安全犯罪、恐怖活动犯罪、特别重大贿赂犯罪案件外，律师会见无须经侦查机关许可；律师会见时不被监听。三是律师行使权利遇到阻碍，可以提请检察机关进行监督。四是将法律援助工作延伸到侦查阶段。

应当认识到，新刑事诉讼法对律师辩护权的完善彰显出我国刑事诉讼法对人权的尊重和保障，是我国刑事辩护制度的重大进步，有助于保障犯罪嫌

疑人有效行使辩护权，保障辩护律师的合法权利，防止非法取证和冤假错案的发生，也解决了律师法与刑事诉讼法脱节的问题，是我国刑事诉讼制度文明进步的集中反映。侦查监督工作是检察机关代表国家对侦查活动的合法性进行监督，保障侦查活动依法公正进行，维护公民基本人权和诉讼权利的法律监督工作，与律师辩护制度在维护人权和保障公正执法的终极目标上具有一致性。侦查监督人员要深刻认识新刑事诉讼法完善刑事辩护制度的重要意义，在侦查监督工作中要注意维护和落实律师辩护权，审查逮捕时要依法认真听取律师意见，客观公正地履行法律监督职责。

（二）辩护制度的完善给侦查监督工作提出一些新任务，需要积极应对

1. 及时转达犯罪嫌疑人委托辩护人的要求，通知法律援助机构指派律师辩护。根据新《刑事诉讼法》第33条和第34条的规定，犯罪嫌疑人在押期间向检察机关侦查监督部门要求委托辩护人的，侦查监督部门应当及时转达其要求；侦查监督部门在办案中发现犯罪嫌疑人是盲、聋、哑人，或者是尚未完全丧失辨认或者控制自己行为能力的精神病人，或者可能被判处无期徒刑、死刑，而没有委托辩护人的，应当通知法律援助机构指派律师为其提供辩护。

2. 应律师申请调取无罪、罪轻证据。根据新《刑事诉讼法》第39条的规定，辩护人认为在侦查期间公安机关收集的证明犯罪嫌疑人无罪或者罪轻的证据材料未提交的，有权申请人民检察院调取，检察机关应当依法予以调取。在审查逮捕阶段，若辩护人向侦查监督部门提出调取申请的，侦查监督部门应当要求侦查机关在指定时间内补充移送该证据材料，再综合全案证据情况作出是否批准逮捕的决定。如果侦查机关不移送或未按时移送，应当就现有证据作出是否批准逮捕的决定，并将此情况记录在案，随卷移送。

3. 在审查逮捕阶段听取律师意见。根据新《刑事诉讼法》第86条第2款、第269条的规定，人民检察院审查批准逮捕，可以听取辩护律师的意见；辩护律师提出要求的或者犯罪嫌疑人系未成年人的，则应当听取辩护律师的意见。审查逮捕过程中，对于律师提出不构成犯罪、没有社会危险性、不适宜羁押、侦查活动有违法情形等意见并提供相关证据材料的，要高度重视并记录在案，在审查逮捕意见书中要对是否采纳律师意见及其理由作出

说明。

4. 督促辩护律师履行特定的告知义务。根据新《刑事诉讼法》第40条的规定，在侦查期间，辩护律师收集的有关犯罪嫌疑人不在犯罪现场、未达到刑事责任年龄、属于依法不负刑事责任的精神病人的证据，应当及时告知公安机关、人民检察院。该条规定的主要目的在于及时澄清案件事实，防止发生错案，避免犯罪嫌疑人担负讼累和浪费国家司法资源。由于辩护方更容易获得和知悉上述三类证据，立法要求辩护律师一旦获得应当立即告知，以便于公安机关、人民检察院在核实证据后及时作出是否终止刑事诉讼的决定。

5. 对于侦查机关提请逮捕的辩护人涉嫌隐匿、毁灭、伪造证据或者妨害作证犯罪的案件，侦查监督部门要注意审查该侦查机关是否具有管辖权。根据新《刑事诉讼法》第42条的规定，辩护人或者其他任何人，有帮助犯罪嫌疑人、被告人隐匿、毁灭、伪造证据或者串供，威胁、引诱证人作伪证以及进行其他干扰司法机关诉讼活动的行为，涉嫌犯罪的，应当由办理辩护人所承办案件的侦查机关以外的侦查机关办理。之所以作此规定，是为了切实保障辩护人的合法权利，防止原侦查机关存在先入为主的偏见或者对辩护人进行打击报复，保证案件能够得到客观、公正的处理。检察机关侦查监督部门在依法履行法律监督职责的过程中，应特别注意对这类案件侦查管辖权的审查，如果发现侦查机关违反上述关于管辖的规定的，应当依法不批准逮捕并提出纠正意见。

6. 对阻碍律师履行职责行为的监督。新《刑事诉讼法》第47条规定，辩护人、诉讼代理人认为公安机关、人民检察院、人民法院及其工作人员阻碍其依法行使诉讼权利的，有权向同级或者上一级人民检察院申诉或者控告。人民检察院对申诉或者控告应当及时进行审查，情况属实的，通知有关机关予以纠正。据此，辩护律师如果认为侦查机关有上述违法行为而于侦查终结前向检察机关侦查监督部门提出申诉或者控告的，侦查监督部门应当及时进行审查，确认属实的，应当通知该侦查机关予以纠正。

总之，刑事诉讼法的再修改对侦查监督工作既是挑战，又是机遇。全国检察机关侦查监督部门应当加强对新刑事诉讼法的学习和培训，深刻领会条文修改的含义和立法精神，切实研究应对落实的措施，努力提升侦查监督能力，加强队伍力量，以贯彻新刑事诉讼法为契机，进一步深入推进侦查监督各项工作，使侦查监督工作再上新台阶。

刑事诉讼法修改后公诉部门面临的挑战及应对

最高人民检察院公诉厅厅长　彭　东

第十一届全国人民代表大会第五次会议讨论通过的《全国人民代表大会关于修改〈中华人民共和国刑事诉讼法〉的决定》，对现行刑事诉讼法进行了大范围修订。其中涉及的观念变革与制度更新，给检察机关公诉工作带来很大的挑战，如何积极妥善应对这些挑战，全面正确贯彻实施新刑事诉讼法，推动公诉工作在保障国家安全、社会稳定和服务经济发展、社会建设中取得更大的成绩，实现自身科学发展，既是今后一个时期各级检察机关公诉部门的重要工作，更是一项十分紧迫的任务。

一、刑事诉讼法中涉及公诉工作的立法修改

这次刑事诉讼法的修改涉及检察机关公诉工作的内容很多，如辩护制度、证据制度、强制措施、未成年人附条件不起诉制度、刑事和解制度以及有关侦查、起诉和审判制度等，主要涉及以下几个方面：

（一）加强了对辩护权的保障

1. 相关立法修改

（1）第三十三条第一款：犯罪嫌疑人自被侦查机关第一次讯问或者采取强制措施之日起，有权委托辩护人；在侦查期间，只能委托律师作为辩护人。被告人有权随时委托辩护人。

（2）第三十四条第二款：犯罪嫌疑人、被告人是盲、聋、哑人，或者是尚未完全丧失辨认或者控制自己行为能力的精神病人，没有委托辩护人的，人民法院、人民检察院和公安机关应当通知法律援助机构指派律师为其

提供辩护。

第三款：犯罪嫌疑人、被告人可能被判处无期徒刑、死刑，没有委托辩护人的，人民法院、人民检察院和公安机关应当通知法律援助机构指派律师为其提供辩护。

（3）第三十七条：辩护律师可以同在押的犯罪嫌疑人、被告人会见和通信。……

辩护律师持律师执业证书、律师事务所证明和委托书或者法律援助公函要求会见在押的犯罪嫌疑人、被告人的，看守所应当及时安排会见，至迟不得超过四十八小时。

……

（4）第三十八条：辩护律师自人民检察院对案件审查起诉之日起，可以查阅、摘抄、复制本案的案卷材料。其他辩护人经人民法院、人民检察院许可，也可以查阅、摘抄、复制上述材料。

（5）第三十九条：辩护人认为在侦查、审查起诉期间公安机关、人民检察院收集的证明犯罪嫌疑人、被告人无罪或者罪轻的证据材料未提交的，有权申请人民检察院、人民法院调取。

（6）第四十七条：辩护人、诉讼代理人认为公安机关、人民检察院、人民法院及其工作人员阻碍其依法行使诉讼权利的，有权向同级或者上一级人民检察院申诉或者控告。人民检察院对申诉或者控告应当及时进行审查，情况属实的，通知有关机关予以纠正。

（7）第一百七十条：人民检察院审查案件，应当讯问犯罪嫌疑人，听取辩护人、被害人及其诉讼代理人的意见，并记录在案。辩护人、被害人及其诉讼代理人提出书面意见的，应当附卷。

2. 法条解读

新刑事诉讼法吸收了律师法的相关规定，进一步加强了对辩护权的保障，主要包括：一是将律师辩护提前至侦查阶段，明确了律师在侦查阶段的权利范围和辩护职责。二是加强了对律师会见权行使的保障。三是加强了对辩护人阅卷权的保障，同时规定检察机关在审查起诉阶段应当听取辩护人、诉讼代理人的意见并记录在案。四是完善了法律援助制度。五是规定了辩护人、诉讼代理人诉讼权利的救济。

(二) 强化了对逮捕措施的监督

1. 相关立法修改

第九十三条：犯罪嫌疑人、被告人被逮捕后，人民检察院仍应当对羁押的必要性进行审查。对不需要继续羁押的，应当建议予以释放或者变更强制措施。有关机关应当在十日以内将处理情况通知人民检察院。

2. 法条解读

逮捕作为最严厉的强制措施，目的在于防止犯罪嫌疑人逃避侦查审判、继续危害社会、妨碍侦查取证，保证诉讼活动正常进行。如果没有上述危险，就不应继续羁押。新刑事诉讼法规定了逮捕羁押必要性审查制度，包括三个方面内容：（1）审查内容是逮捕必要性。（2）审查范围包括全部逮捕类型。既包括人民检察院批准或决定的逮捕，也包括人民法院决定的逮捕，涉及的诉讼环节包括批准或决定逮捕之日至判决生效。（3）责任部门是人民检察院。既包括侦查监督部门，也包括公诉和监所等部门。

(三) 完善了非法证据排除制度

1. 相关立法修改

(1) 第五十条：……不得强迫任何人证实自己有罪。……

(2) 第五十四条：采用刑讯逼供等非法方法收集的犯罪嫌疑人、被告人供述和采用暴力、威胁等非法方法收集的证人证言、被害人陈述，应当予以排除。收集物证、书证不符合法定程序，可能严重影响司法公正的，应当予以补正或者作出合理解释；不能补正或者作出合理解释的，对该证据应当予以排除。

在侦查、审查起诉、审判时发现有应当排除的证据的，应当依法予以排除，不得作为起诉意见、起诉决定和判决的依据。

(3) 第五十五条：人民检察院接到报案、控告、举报或者发现侦查人员以非法方法收集证据的，应当进行调查核实。对于确有以非法方法收集证据情形的，应当提出纠正意见；构成犯罪的，依法追究刑事责任。

(4) 第五十六条：法庭审理过程中，审判人员认为可能存在本法第五十四条规定的以非法方法收集证据情形的，应当对证据收集的合法性进行法庭调查。

当事人及其辩护人、诉讼代理人有权申请人民法院对以非法方法收集的证据依法予以排除。申请排除以非法方法收集的证据的,应当提供相关线索或者材料。

(5)第五十七条:在对证据收集的合法性进行法庭调查的过程中,人民检察院应当对证据收集的合法性加以证明。

现有证据材料不能证明证据收集的合法性的,人民检察院可以提请人民法院通知有关侦查人员或者其他人员出庭说明情况;人民法院可以通知有关侦查人员或者其他人员出庭说明情况。有关侦查人员或者其他人员也可以要求出庭说明情况。经人民法院通知,有关人员应当出庭。

(6)第五十八条:对于经过法庭审理,确认或者不能排除存在本法第五十四条规定的以非法方法收集证据情形的,对有关证据应当予以排除。

2. 法条解读

"两高三部"于2010年制定了《关于办理刑事案件排除非法证据若干问题的规定》,新刑事诉讼法对这一规定进行了合理吸收,主要目的在于从制度上遏制刑讯逼供和其他非法取证行为,维护司法公正和刑事诉讼参与人的合法权利。主要内容包括:一是扩大了非法证据的范围。对于非法言词证据,在侦查、审查起诉、审判时应当及时依法予以排除,不得作为定案的依据。对于不符合法定程序收集的物证、书证,如果可能严重影响司法公正,且不能予以补正或者作出合理解释的,也予以排除。二是强化了检察机关对非法取证行为的监督。人民检察院发现侦查人员以非法方法收集证据的,应当要求其对证据收集的合法性作出说明并进行调查核实,根据情况提出纠正意见或追究相关人员刑事责任。三是增加了对证据合法性的法庭调查。在法庭审理过程中,审判人员认为可能存在以非法方法收集证据情形的,应当对证据收集的合法性进行法庭调查。四是明确了当事人及其辩护人、诉讼代理人申请排除非法证据的权利,但应当提供相关线索或者材料。五是明确了检察机关对证据合法性的证明责任。六是明确了非法证据排除的原则与标准。经过法庭对证据合法性的审理后,对于确认或无法排除存在以非法方法收集证据情形的,排除该证据的使用。

(四)完善了证人、鉴定人出庭作证制度,强化了证人保护

1. 相关立法修改

(1)第六十二条:对于危害国家安全犯罪、恐怖活动犯罪、黑社会性质的组织犯罪、毒品犯罪等案件,证人、鉴定人、被害人因在诉讼中作证,本人或者其近亲属的人身安全面临危险的，人民法院、人民检察院和公安机关应当采取以下一项或者多项保护措施：

（一）不公开真实姓名、住址和工作单位等个人信息；

（二）采取不暴露外貌、真实声音等出庭作证措施；

（三）禁止特定的人员接触证人、鉴定人、被害人及其近亲属；

（四）对人身和住宅采取专门性保护措施；

（五）其他必要的保护措施。

证人、鉴定人、被害人认为因在诉讼中作证，本人或者其近亲属的人身安全面临危险的，可以向人民法院、人民检察院、公安机关请求予以保护。

人民法院、人民检察院、公安机关依法采取保护措施，有关单位和个人应当配合。

（2）第一百八十七条：公诉人、当事人或者辩护人、诉讼代理人对证人证言有异议，且该证人证言对案件定罪量刑有重大影响，人民法院认为证人有必要出庭作证的，证人应当出庭作证。

人民警察就其执行职务时目击的犯罪情况作为证人出庭作证，适用前款规定。

公诉人、当事人或者辩护人、诉讼代理人对鉴定意见有异议，人民法院认为鉴定人有必要出庭的，鉴定人应当出庭作证。经人民法院通知，鉴定人拒不出庭作证的，鉴定意见不得作为定案的根据。

（3）第一百八十八条：经人民法院通知，证人没有正当理由不出庭作证的，人民法院可以强制其到庭，但是被告人的配偶、父母、子女除外。

证人没有正当理由拒绝出庭或者出庭后拒绝作证的，予以训诫，情节严重的，经院长批准，处以十日以下的拘留。……

（4）第一百九十二条第二款：公诉人、当事人和辩护人、诉讼代理人可以申请法庭通知有专门知识的人出庭，就鉴定人作出的鉴定意见提出意见。

2. 法条解读

针对实践中证人出庭率低、影响诉讼正常进行以及鉴定意见存在的问题，新刑事诉讼法完善了证人出庭作证制度，强化了对证人的保护。主要内容有：一是规定了证人保护制度。规定对于危害国家安全犯罪等几类案件，证人、鉴定人、被害人因在诉讼中作证，本人或者其近亲属的人身安全面临危险的，人民法院、人民检察院和公安机关应当采取保护措施。在任何刑事案件中，证人、鉴定人、被害人因在诉讼中作证，本人或者其近亲属的人身安全面临危险的，也可以向人民法院、人民检察院和公安机关请求予以保护。人民法院、人民检察院和公安机关依法采取保护措施，有关单位和个人应当配合。二是明确了证人出庭的义务与责任。规定证人证言对案件定罪量刑有重大影响，并且公诉人、当事人或者辩护人、诉讼代理人有异议，人民法院认为证人有必要出庭作证的，证人应当出庭作证。同时规定了人民法院强制证人到庭的情形。三是强化了对鉴定意见的质证。公诉人、当事人和辩护人、代理人对鉴定意见有异议，人民法院认为有必要并通知鉴定人出庭后，鉴定人拒不出庭作证的，鉴定意见不得作为定案的依据。上述各方还可以申请有专门知识的人出庭，就鉴定人作出的鉴定意见提出意见。

（五）修改完善了简易程序

1. 相关立法修改

（1）第二百零八条：基层人民法院管辖的案件，符合下列条件的，可以适用简易程序审判：

（一）案件事实清楚、证据充分的；

（二）被告人承认自己所犯罪行，对指控的犯罪事实没有异议的；

（三）被告人对适用简易程序没有异议的。

人民检察院在提起公诉的时候，可以建议人民法院适用简易程序。

（2）第二百零九条：有下列情形之一的，不适用简易程序：

（一）被告人是盲、聋、哑人，或者是尚未完全丧失辨认或者控制自己行为能力的精神病人的；

（二）有重大社会影响的；

（三）共同犯罪案件中部分被告人不认罪或者对适用简易程序有异议的；

（四）其他不宜适用简易程序审理的。

（3）第二百一十条：适用简易程序审理案件，对可能判处三年有期徒刑以下刑罚的，可以组成合议庭进行审判，也可以由审判员一人独任审判；对可能判处的有期徒刑超过三年的，应当组成合议庭进行审判。

适用简易程序审理公诉案件，人民检察院应当派员出席法庭。

（4）第二百一十一条：适用简易程序审理案件，审判人员应当询问被告人对指控的犯罪事实的意见,告知被告人适用简易程序审理的法律规定,确认被告人是否同意适用简易程序审理。

(5) 第二百一十二条:适用简易程序审理案件,经审判人员许可,被告人及其辩护人可以同公诉人、自诉人及其诉讼代理人互相辩论。

(6) 第二百一十三条:适用简易程序审理案件,不受本章第一节关于送达期限、讯问被告人、询问证人、鉴定人、出示证据、法庭辩论程序规定的限制。但在判决宣告前应当听取被告人的最后陈述意见。

(7) 第二百一十四条:适用简易程序审理案件,人民法院应当在受理后二十日以内审结;对可能判处的有期徒刑超过三年的,可以延长至一个半月。

2. 法条解读

为促进案件繁简分流,提高诉讼效率,保证司法公正,同时也为强化对简易程序的法律监督,新刑事诉讼法对简易程序的适用进行了调整。主要内容包括:一是扩大简易程序的案件适用范围。将适用简易程序的案件扩大到基层人民法院管辖的案件,即判处无期徒刑以下刑罚的案件都可以适用,并设置了除外情形。二是修改了简易程序的适用条件。除规定事实清楚、证据充分和被告人认罪,对指控的事实无异议的实体条件外,还规定了被告人同意的程序性条件。三是取消了人民检察院同意的程序,但保留人民检察院建议适用简易程序的权力。四是规定了简易程序的审判组织构成。五是规定了所有适用简易程序审理的公诉案件,人民检察院都应当派员出席法庭。

(六) 完善了审判制度

1. 相关立法修改

(1) 第一百八十二条第二款:在开庭以前,审判人员可以召集公诉人、当事人和辩护人、诉讼代理人,对回避、出庭证人名单、非法证据排除等与审判相关的问题,了解情况,听取意见。

(2) 第一百九十三条第一款:法庭审理过程中,对与定罪、量刑有关的事实、证据都应当进行调查、辩论。

(3) 第二百二十三条第一款:第二审人民法院对于下列案件,应当组成合议庭,开庭审理:

(一) 被告人、自诉人及其法定代理人对第一审认定的事实、证据提出异议,可能影响定罪量刑的上诉案件;

(二) 被告人被判处死刑的上诉案件;

（三）人民检察院抗诉的案件；

（四）其他应当开庭审理的案件。

（4）第二百二十四条：人民检察院提出抗诉的案件或者第二审人民法院开庭审理的公诉案件，同级人民检察院都应当派员出席法庭。……

2. 法条解读

根据审判实践和近年来司法改革成果，新刑事诉讼法在完善庭审程序方面作了一些修改。主要内容包括：一是增加了有关庭前会议的内容。目的在于通过庭审前的沟通交流，将双方分歧较大、可能影响庭审进行的问题提前解决，以提高庭审效率，包括回避、出庭证人名单、非法证据排除等与审判相关的问题。二是完善了量刑审理和二审开庭程序，包括对量刑的调查与辩论、二审开庭审理的范围等。

（七）增设了未成年人附条件不起诉制度

1. 相关立法修改

（1）增加第五编第一章"未成年人刑事案件诉讼程序"。

（2）第二百七十一条：对于未成年人涉嫌刑法分则第四章、第五章、第六章规定的犯罪，可能判处一年有期徒刑以下刑罚，符合起诉条件，但有悔罪表现的，人民检察院可以作出附条件不起诉的决定。人民检察院在作出附条件不起诉的决定以前，应当听取公安机关、被害人的意见。

对附条件不起诉的决定，公安机关要求复议、提请复核或者被害人申诉的，适用本法第一百七十五条、第一百七十六条的规定。

未成年犯罪嫌疑人及其法定代理人对人民检察院决定附条件不起诉有异议的，人民检察院应当作出起诉的决定。

（3）第二百七十二条：在附条件不起诉的考验期内，由人民检察院对被附条件不起诉的未成年犯罪嫌疑人进行监督考察。未成年犯罪嫌疑人的监护人，应当对未成年犯罪嫌疑人加强管教，配合人民检察院做好监督考察工作。

附条件不起诉的考验期为六个月以上一年以下，从人民检察院作出附条件不起诉的决定之日起计算。

被附条件不起诉的未成年犯罪嫌疑人，应当遵守下列规定：

（一）遵守法律法规，服从监督；

（二）按照考察机关的规定报告自己的活动情况；

(三) 离开所居住的市、县或者迁居，应当报经考察机关批准；

(四) 按照考察机关的要求接受矫治和教育。

(4) 第二百七十三条：被附条件不起诉的未成年犯罪嫌疑人，在考验期内有下列情形之一的，人民检察院应当撤销附条件不起诉的决定，提起公诉：

(一) 实施新的犯罪或者发现决定附条件不起诉以前还有其他犯罪需要追诉的；

(二) 违反治安管理规定或者考察机关有关附条件不起诉的监督管理规定，情节严重的。

被附条件不起诉的未成年犯罪嫌疑人，在考验期内没有上述情形，考验期满的，人民检察院应当作出不起诉的决定。

2. 法条解读

为落实教育、感化、挽救未成年犯罪人员的方针，结合近几年检察机关附条件不起诉的理论与实践探索，完善未成年人司法制度，新刑事诉讼法增设了未成年人附条件不起诉制度。主要内容包括：一是适用范围。仅限于涉嫌刑法分则第四章、第五章和第六章规定的犯罪案件。二是适用条件。即必须符合起诉条件、可能判处1年有期徒刑以下刑罚，有悔罪表现。三是适用程序。首先在作出决定前，应当听取公安机关、被害人的意见；其次在作出决定前，应当征得未成年犯罪嫌疑人及其法定代理人的同意。四是救济程序。新刑事诉讼法规定了与相对不起诉相同的救济程序。五是考察机制。为防止出现不良效果，新刑事诉讼法对被附条件不起诉者从考察主体、考验期限、考察内容、考察结果等方面作了具体规定。

(八) 增加了当事人和解的公诉案件诉讼程序

1. 相关立法修改

(1) 增加第五编第二章"当事人和解的公诉案件诉讼程序"。

(2) 第二百七十七条：下列公诉案件，犯罪嫌疑人、被告人真诚悔罪，通过向被害人赔偿损失、赔礼道歉等方式获得被害人谅解，被害人自愿和解的，双方当事人可以和解：

(一) 因民间纠纷引起，涉嫌刑法分则第四章、第五章规定的犯罪案件，可能判处三年有期徒刑以下刑罚的；

(二) 除渎职犯罪以外的可能判处七年有期徒刑以下刑罚的过失犯罪

案件。

犯罪嫌疑人、被告人在五年以内曾经故意犯罪的，不适用本章规定的程序。

（3）第二百七十八条：双方当事人和解的，公安机关、人民检察院、人民法院应当听取当事人和其他有关人员的意见，对和解的自愿性、合法性进行审查，并主持制作和解协议书。

（4）第二百七十九条：对于达成和解协议的案件，公安机关可以向人民检察院提出从宽处理的建议。人民检察院可以向人民法院提出从宽处罚的建议；对于犯罪情节轻微，不需要判处刑罚的，可以作出不起诉的决定。人民法院可以依法对被告人从宽处罚。

2. 法条解读

为适应恢复性司法理念要求，结合司法机关关于刑事和解的理论与实践探索，新刑事诉讼法增设了当事人和解的公诉案件诉讼程序。主要内容包括：一是案件适用范围。包括因民间纠纷引起，涉嫌刑法分则第四章、第五章规定的犯罪，可能判处 3 年有期徒刑以下刑罚的和除渎职犯罪以外可能判处 7 年有期徒刑以下刑罚的过失犯罪两大类。但犯罪嫌疑人、被告人在 5 年以内曾经故意犯罪的，不适用和解程序。二是前提条件。必须是犯罪嫌疑人、被告人通过向被害人赔偿损失、赔礼道歉等方式获得被害人谅解，被害人自愿和解。三是和解协议。根据新刑事诉讼法规定，刑事和解可以发生在刑事诉讼的任何环节，因而主持刑事和解的机关也就是案件所处的相应诉讼阶段的公安机关、人民检察院、人民法院。四是法律效力。对于达成和解协议的案件，公安机关可以向人民检察院提出从宽处理的建议。人民检察院可以向人民法院提出从宽处理的建议。人民法院可以依法对被告人从宽处罚。对犯罪情节轻微，不需要判处刑罚的，检察机关可以作出不起诉的决定。

二、新刑事诉讼法给公诉工作带来的挑战

随着新刑事诉讼法的贯彻实施，检察机关公诉部门在执法理念、职责任务、工作机制和能力素质等方面将面临着重大挑战。

（一）执法理念面临的挑战

此次刑事诉讼法修改，坚持统筹处理好惩治犯罪与保障人权的关系，既要有利于保证准确及时地查明犯罪事实，正确应用法律惩罚犯罪分子，又要

保障无罪的人不受刑事追究,尊重和保障人权,保障公民的诉讼权利和其他合法权利。此次修改不仅使刑事诉讼制度发生很大变化,也带来很多司法理念上的变革与更新。如关于增加辩护人权利保障,完善非法证据排除制度,增加羁押必要性审查制度,建立证人出庭和证人保护制度等,体现出的打击犯罪与保障人权相统一理念;完善简易程序所体现出的简便诉讼程序、节省诉讼资源和强化诉讼监督的理念;建立未成年人附条件不起诉制度所体现出的最大程度教育、感化、挽救未成年犯罪人的理念;公诉案件刑事和解制度所体现出的恢复性司法理念;非法证据排除制度所体现出的程序公正和遵循证据裁判原则的理念等,都是执法理念的转变与思维方式的革新。对于刑事诉讼法修改所体现的理念,如果不能为广大司法人员牢固树立并用于指导司法实践工作,就很难保障新刑事诉讼法的正确实施,很难达到立法者所要追求的价值与目的。对公诉人员而言,学习贯彻新刑事诉讼法,不仅是法律知识的更新、具体制度的变化、工作方式的调整,更是一次观念、理念与思维方式的重大转变与重新调整。能否切实树立与刑事诉讼法修改精神相一致的现代司法理念,各级公诉部门公诉人员将面临着重要考验。

(二)职责任务面临的挑战

随着新刑事诉讼法的贯彻实施,公诉部门在职责任务的履行上也面临着新的挑战:

1. 工作的难度和风险加剧。新刑事诉讼法强化了检察机关的证明责任,并且随着非法证据范围的扩大,有些物证、书证一旦排除,案件很可能不能提起公诉或者提起公诉后被告人被判无罪;当出现证据合法性问题时,检察机关还要承担证明证据合法性的责任,证明不能,该证据就要被排除,指控的风险进一步加大。

2. 工作的强度加大。如简易程序案件出庭就带来45%的新增工作量;在羁押必要性审查工作方面,无论审查还是监督,其工作量都大大增加;在出庭支持公诉方面,在强化律师辩护职能之外,新增证据合法性证明、量刑法庭调查与辩论的内容,以及证人出庭尤其是专家证人出庭带来的庭审交叉询问,使得庭审的对抗性大大增强,指控犯罪、证实犯罪的强度进一步加大。而此前为排除可能的非法证据所进行的证据复核工作,也将增加审查起诉的工作量和工作难度。

3. 工作的职责加重。新刑事诉讼法除了在上述非法证据排除、证据合法性证明等方面给公诉部门新增职责之外,在未成年人附条件不起诉制度方面也新增了监督考察责任,在羁押必要性审查以及刑事和解制度方面,强化了对其他司法机关相关职责的监督责任,在辩护人权利保障方面,也相应增加了检察机关的监督与保障责任。此外,在证人出庭和证人保护等方面也增加了一定的责任。如危害国家安全犯罪、恐怖活动犯罪、黑社会性质的组织犯罪、毒品犯罪等几类案件询问证人工作以及对证人的保护,除了公诉部门自身重视以外,还需要做好与公安、法院等部门的配合协调工作。这些都加重了公诉部门的职责,给公诉工作带来了新的挑战。

(三) 工作机制面临的挑战

新刑事诉讼法赋予了检察机关一系列新的监督职权,其中相当一部分需要由公诉部门行使。如何依法高效地履行这些新的监督职能,需要制定相应的配套工作机制,这既给公诉部门强化职能、拓展业务带来了难得的机遇,也给公诉部门完善机制、规范执法提出了更高的要求。总的来看,以下几个方面的工作机制亟待健全完善:

1. 关于非法证据排除机制。新刑事诉讼法对非法证据的种类、排除主体、排除原则等作了规定,但排除程序尚待细化,尤其是在检察环节,如何排除非法证据尚无具体规定,需要在实践中总结和规范。

2. 关于非法取证行为调查处理机制。新刑事诉讼法规定,人民检察院接到报案、控告、举报或者发现侦查人员以非法方法收集证据的,应当进行调查核实,对于确有以非法方法收集证据情形的,应当提出纠正意见。为适应新的任务与要求,就需要建立相关工作机制予以衔接。

3. 关于羁押必要性审查机制。新刑事诉讼法规定了羁押必要性审查,并赋予检察机关羁押必要性的监督职责,为此需要建立公诉环节审查机制、评价机制和监督机制。

4. 关于简易程序出庭机制。新刑事诉讼法规定,适用简易程序审理公诉案件检察机关应当派员出席法庭。据统计,全国公诉系统办理的简易程序案件占案件总数的45%左右,新刑事诉讼法的施行,导致检察机关工作量大幅增加,限于人员力量的原因,亟待建立新的工作机制适应新的任务要求。

5. 关于辩护人、诉讼代理人申诉、控告处理机制。辩护人、诉讼代理人认为公安机关、人民检察院、人民法院及其工作人员阻碍其依法行使诉讼权利而提出申诉或者控告的,公诉部门如何调查处理也需要建立相应的工作机制。

6. 关于证人保护机制。新刑事诉讼法增加了公诉环节的证人保护职责，涉及复核证据工作的保密，以及对控方证人人身安全的保护，由于涉及多部门的衔接与协调，需要建立、完善相关工作机制。

7. 关于未成年人附条件不起诉的决定、考察与监督制约机制。新刑事诉讼法关于附条件不起诉制度的规定比较原则，对附条件不起诉的适用标准、操作程序、考核评价机制，尤其是对涉罪未成年人的具体教育、矫治措施、方法以及附条件不起诉制度与不起诉制度、刑事和解制度的有机衔接等问题，需要进一步细化完善。

8. 关于刑事和解工作机制。新刑事诉讼法规定检察环节的刑事和解由检察机关主持，并强化了审查责任，与现行检察机关关于刑事和解的规定有一定区别，需要根据新刑事诉讼法的规定精神完善这一工作机制。同时对于公安机关、人民法院主持的刑事和解是否合法，检察机关也负有一定的监督职责，也需要在建立完善相关制度时予以考虑。

（四）能力素质面临的挑战

新刑事诉讼法的贯彻实施，给公诉人员的能力素质带来很大挑战，具体而言包括以下几个方面：

1. 审查判断证据能力要适应新刑事诉讼法的要求。非法证据排除制度要求公诉人不但要能审查证据之"实"，还要能判断证据之"真"，识别证据之"伪"，纠正取证之"错"，对公诉人员审查、判断、运用和纠错证据的能力提出更高的要求。

2. 法律监督能力要适应新刑事诉讼法的要求。新刑事诉讼法在很多方面加强了检察机关的诉讼监督职责，如辩护人履行职责的保障以及监督侦查措施合法正确实施等方面，公诉人的法律监督能力面临着新的挑战。

3. 出庭公诉能力要适应新刑事诉讼法的要求。新刑事诉讼法扩大了简易程序、二审出庭的范围，强化了律师辩护权，强化了证人出庭，规定了证据合法性调查、量刑辩论等，给公诉人出庭履行支持公诉职责提出了更高的要求。

4. 化解矛盾能力要适应新刑事诉讼法的要求。附条件不起诉体现的最大限度挽救未成年犯罪人的精神，以及刑事和解体现的最大限度化解社会矛盾的理念，尤其是由于证据制度的完善带来的执法风险，在因证据不充分难以起诉时如何做好被害人的工作,这些都对公诉人员化解社会矛盾的能力提出了更高的要求。

三、公诉部门贯彻实施新刑事诉讼法的措施

在贯彻实施新刑事诉讼法过程中,公诉部门要坚持统筹保障人权与惩治犯罪相统一、指控犯罪与强化监督相统一、保证质量与提高效率相统一、执法办案与化解矛盾相统一的原则,更新执法理念,完善工作机制,强化工作责任,提升能力素质,加强上下级公诉部门的工作衔接与资源整合,加强与各相关部门的信息沟通与协调配合,积极推动新刑事诉讼法各项规定在刑事司法工作中得到全面落实。

公诉部门主要应采取以下几个方面的应对措施:

(一)提高思想认识,更新执法理念

新刑事诉讼法的颁布实施,不仅带来了制度上的创新,更是在执法理念上带来了革命性的变化。这次刑事诉讼法的修改,尊重和保障人权是一大亮点,在证据制度中明确不得自证其罪原则、增加非法证据排除制度;在强制措施中规定犯罪嫌疑人变更强制措施申请权、检察机关羁押必要性审查义务;在辩护制度中明确侦查阶段委托辩护人、完善律师会见阅卷程序、扩大法律援助适用范围;在侦查程序中确立当事人对司法机关侵犯当事人权利的申诉控告权,强化检察机关对侦查活动的监督;在审判程序中扩大二审开庭范围,明确死刑复核程序;在特别程序中增加未成年人附条件不起诉制度。各级公诉部门要自觉提高对新刑事诉讼法重要意义的认识,及时转变思想、更新理念、调整心态,努力克服面临的困难,尽快适应新的要求,以良好的精神状态应对新刑事诉讼法实施带来的各种挑战。

(二)积极做好各项制度的落实

结合公诉职能和新刑事诉讼法的规定与精神,当前应着力做好以下几个方面的工作:

1. 在完善辩护制度方面。新刑事诉讼法进一步完善了辩护制度,赋予辩护人更大的辩护权,规定辩护律师自犯罪嫌疑人第一次被讯问或被采取强制措施之日起即可会见并不被监听,在审查起诉阶段律师可以独立地调查取证。这将使侦查机关获取犯罪嫌疑人口供的难度进一步增大,犯罪人翻供的

可能性也同步增大，这都对公诉人员审查案件的能力提出了新的更高的要求。在公诉环节，公诉人员必须弱化对口供等言词证据的依赖，强化证据补强意识，重视对实物证据的审查和运用。此外，新刑事诉讼法规定律师的全面阅卷提前到审查起诉阶段，律师有权与公诉人同时阅卷，非法证据和瑕疵证据就有可能同时暴露在公诉部门和辩护律师的面前，传统证据转化和补救方式将被弱化。为此，公诉部门必须探索新的工作机制和方法。

一是要树立全面审查案件的观念。要改变过去那种过于偏重审查有罪、重罪证据，忽视审查无罪、罪轻证据的思维定式，把对于两种性质不同证据的审查放在同等重要的位置，从辩方的角度换位思考和反向思维。

二是要提高全面分析、判断和运用证据的能力。在分析有罪证据时，既要分析现有的指控证据能否形成完整的有罪证据链，分析每个证据的证明力，证据上的瑕疵和薄弱环节，也要审查分析辩方提出的无罪证据是否合理，分析无罪证据与证据链的薄弱环节对有罪证据链的形成会造成何种冲击。在分析罪重证据时，既要分析罪重证据是属于证明法定从重、还是属于证明酌定从重的证据，也要分析辩方提出的或者客观存在的罪轻证据对罪重证据的冲击和影响。

三是要尽量避免受侦查机关《起诉意见书》的影响先入为主，要在全面分析案情和证据的基础上，努力形成客观公正的审查意见，不能为了定罪和"从重"而人为地拔高有罪证据的证明力。

四是检察机关内部审查讨论和决定案件时，要把讨论和研究辩护律师的意见作为审查工作的一项必经程序和重要内容。

五是要加强与辩护律师的交流与沟通，畅通诉辩之间交流的渠道和平台。要积极主动地听取辩护律师的意见，全面了解辩护律师的调查取证情况，在作出决定时充分考虑辩护律师的意见，进一步增强公诉工作的预见性和前瞻性，提前做好应对法庭审理中可能出现问题的准备。

2. 在强化逮捕措施监督方面。公诉部门要健全羁押必要性审查和监督制约机制，突出强化审查人的第一责任，并在审查报告中增加羁押必要性分析意见。公诉部门负责人和分管检察长也要切实对羁押必要性审查负责，定期研究分析羁押必要性审查工作情况，及时发现存在的问题，提出解决的办法。对审判阶段羁押必要性发生变化的，要根据情况及时提出变更逮捕措施的意见，跟踪实施监督，确保监督效果。上级院要加强对下级院这项工作的指导与研究，共同分析解决工作中遇到的问题，帮助下级院排除工作中遇到的困难与障碍，切实增强工作合力。

3. 在贯彻实施非法证据排除制度方面。对于非法证据排除制度的贯彻实施，要着重做好以下几个方面的工作：

一是要严格证据的合法性审查。要认真审查、鉴别、分析证据，既要审查证据的内容是否真实客观、形式是否合法完备，也要审查证据收集过程是否合法；既要依法排除非法证据，也要做好瑕疵证据的审查补正和完善工作。对犯罪嫌疑人供述和证人证言、被害人陈述，要结合全案其他证据，综合审查其内容的客观真实性，同时审查侦查机关（部门）是否将每一次讯问、询问笔录全部移送。对以刑讯逼供等非法手段取得的犯罪嫌疑人供述和采用暴力、威胁等非法手段取得的证人证言、被害人陈述，应当依法排除。犯罪嫌疑人或者其聘请的律师提出受到刑讯逼供的，应当告知其如实提供相关的证据或者线索，并认真予以核查。认为有刑讯逼供嫌疑的，应当要求侦查机关（部门）提供全部讯问笔录、原始的讯问过程录音录像、出入看守所的健康检查情况、看守管教人员的谈话记录以及讯问过程合法性的说明，必要时可以询问讯问人员、其他在场人员、看守管教人员或者证人，调取驻所检察室的相关材料。发现犯罪嫌疑人有伤情的，应当及时对伤势的成因和程度进行必要的调查和鉴定。对同步录音录像有疑问的，可以要求侦查机关（部门）对不连贯部分的原因予以说明，必要时可以协同检察技术部门进行审查。要加强对侦查活动中讯问犯罪嫌疑人的监督，犯罪嫌疑人没有在决定羁押的当日被送入看守所的，应当查明所外看押地点及提讯情况。要监督看守所如实、详细、准确地填写犯罪嫌疑人入所体检记录，必要时建议采用录像或者拍照的方式记录犯罪嫌疑人身体状况。发现侦查机关（部门）所外提讯的，应当及时了解所外提讯的时间、地点、理由、审批手续和犯罪嫌疑人所外接受讯问的情况，做好提押、还押时的体检情况记录的检查监督。发现违反有关监管规定的，及时依照有关法律、规定提出纠正意见或者检察建议，并记录在案。

二是要做好证据合法性证明工作。对证据的合法性进行证明，是检察机关依法指控犯罪、强化诉讼监督、保证办案质量的一项重要工作。收到人民法院送交的反映被告人庭前供述是非法取得的书面意见或者笔录复印件等有关材料后，应当及时根据提供的相关证据或者线索进行审查。当事人及其辩护人、诉讼代理人在审查逮捕、审查起诉期间已经提出并经查证不存在非法取证行为的，要按照查证的情况做好庭审应对准备。当事人及其辩护人、诉讼代理人在提起公诉后提出非法取证新的证据或者线索的，应当要求侦查机关（部门）提供相关证明，必要时可以自行调查核实。法庭审理过程中，被告人及其辩护人提出被告人庭前供述是非法取得但没有提供相关证据或者线索的，公诉人应当根据全案证据情况综合说明该证据的合法性。被告人及其辩护人提供了相关证据或者线索，法庭经审查对被告人审判前供述取得的合法性有疑问的，公诉人应当向法庭提供讯问笔录、出入看守所的健康检查记录、看守管教人员的谈话记录以及侦查机关（部门）对讯问过程合法性的说明及讯问过程中的录音录像。现有证据材料不能证明证据收集的合法性的，可以提请人民法院通知有关侦查人员或者其他人员出庭说明情况。对于庭审中被告人及其辩护人提出未到庭证人的书面证言、未到庭被害人的书面陈述是非法取得的，可以从证人或者被害人的作证资格、询问人员、询问程序和方式以及询问笔录的法定形式等方面对合法性作出说明；有原始询问过程录音录像或者其他证据能证明合法性的，可以在法庭上宣读或者出示。被告人及其辩护人提出明确的新证据或者线索，需要进一步调查核实的，应当依法建议法庭延期审理，要求侦查机关（部门）提供相关证明，必要时可以自行调查核实。公诉人对被告人及其辩护人所提供的证人证言、被害人陈述等证据取得的合法性有疑问的，应当建议法庭要求其提供证明。

　　三是要进一步健全相关工作机制。要加大对刑讯逼供、暴力取证等违法犯罪行为的查办力度，加强与侦查监督、反渎职侵权、监所检察等各部门的合作，完善情况通报、案件线索发现、证据移送、案件查办等各环节相互协调的工作机制，进一步提高对刑讯逼供、暴力取证等违法犯罪的发现能力和查办水平，通过对违法犯罪的及时有效追究，切实遏制非法取证等违法行为。要进一步健全和完善介入侦查引导取证工作机制，加强与侦查机关（部门）的配合与制约，对于需要介入侦查以及侦查机关（部门）要求介入侦查的案件，应当及时介入，参与勘验、检查、复验、复查，参与对重大案件的讨论，对证据的收集、固定和补充、完善提出建议，发现侦查活动有违法情形的，应当及时依法提出纠正意见。要加强与侦查机关（部门）、审判机关的沟通与协调，通过联席会议、案件质量评析通报等形式，研究分析证据的收集、审查、判断、运用中发现的问题，与侦查机关（部门）、审判机关共同研究解决办法。

4. 在完善证人、鉴定人出庭作证制度、强化证人保护方面。针对新刑事诉讼法中证人、鉴定人出庭作证制度以及证人保护制度方面的新规定，公诉部门应重视以下几个方面的工作：

一是在证人、鉴定人出庭制度上，新刑事诉讼法对证人和鉴定人出庭作证制度的完善，以及对公诉人员就鉴定意见的审查和庭审答辩都提出了更高的要求。为此，公诉人员要进一步提高对鉴定意见的审查能力，及时发现鉴定意见可能存在的瑕疵，同时还要对法庭上就鉴定意见可能提出的质疑做好充分准备，必要时申请有专门知识的人出庭，就鉴定意见提出意见。对于证人出庭，公诉人要强化庭审交叉询问方面的能力和训练，并且由于强制出庭的证人可能存在逆反心理，对公诉人或法庭的询问会采取消极方式不予配合，因此在询问技巧和应对法庭突发情况上，公诉人员也要加强知识经验储备和岗位实践历练，切实做好应对各种情况的准备，保证良好的出庭效果。

二是关于证人保护方面，这是公诉工作面临的一个新课题。根据新刑事诉讼法的规定，在公诉环节检察机关有对证人保护的义务。因此，对于危害国家安全犯罪、恐怖活动犯罪、黑社会性质的组织犯罪、毒品犯罪等案件的证人、鉴定人、被害人，要根据案件需要，采取不公开真实姓名、住址和工作单位等个人信息，不暴露外貌、真实声音等出庭作证，对其人身和住宅进行专门保护等措施。对其他案件中证人、鉴定人、辩护人及其近亲属在审查起诉环节因人身安全面临危险，要求检察机关提供保护的，也要积极做好相关工作。这些都对公诉环节询问证人工作提出了更为严格的要求。各级公诉部门要高度重视这项工作，切实强化对这项工作的领导，凡涉及办案中需要保护证人的，尤其是法律明确的几类案件，一定要周密部署、认真实施、确保安全。需要注意的是，由于诉讼进程的逐步推进，保护证人的职责除了公诉部门以外，在侦查、审判环节也需要加强这方面的工作，为此，公诉部门要积极与相关部门沟通，争取共同制发规范性文件，加强相互间的衔接配合，共同做好这一工作。

5. 在简易程序案件出庭方面。要注意以下几点：

一是要提高对简易程序案件出庭工作重要性的认识。出庭支持公诉是确保审判程序公正的重要手段，也是检察机关履行诉讼监督职能的重要途径。各级公诉部门要从强化法律监督、维护公平正义的高度充分认识加强简易程序案件出庭的重要意义,从贯彻实施新刑事诉讼法规定、加强检察机关出庭公诉工作、加强简易程序案件诉讼监督工作的高度,重视并积极应对简易程序案件的出庭工作。

二是加大出庭公诉人员力量的投入,解决人员保障问题。新刑事诉讼法规定简易程序公诉案件全部派员出席法庭,这将大幅度增加基层公诉部门的工作量,有的地方将出现办案人员严重不足的问题。为此,各级检察机关要根据新增工作量合理配置公诉人员,解决公诉部门案多人少的突出矛盾。要适当增加编制或从内部调剂人员充实公诉部门。对于严重缺编或者编制人员未到位的,要尽快与有关部门协调解决。在检察机关内部,要本着"精简后方、保障一线"的要求,选拔业务能力较强的人员充实公诉力量。有条件的地方可以通过向社会招聘办案辅助人员从事公诉辅助性、事务性工作。同时,要保证公诉部门的办案车辆、多媒体示证、远程讯问、案卷传输等需求,加强信息化应用,为出庭工作提供有力保障。

三是完善相关工作机制。各地公诉部门在办理简易程序案件中要积极探索,不断建立和完善相关工作机制。要通过与侦查机关（部门）、审判机关的联系,采取相对集中提讯、相对集中移送审查起诉、相对集中提起公诉、相对集中开庭等方式以及通过在庭审前充分听取被告人和辩护律师对证据和量刑的意见、简化庭审程序等方法,探索建立快速办理机制。要通过加强与侦监部门信息共享、合理简化审查报告等工作文书、成立专门的办案小组和专办检察官、加强对办案流程的动态管理和案件质量的检查等方式,完善案件办理及督查机制。要通过落实出庭补贴和对公诉任务较为繁重的公诉人员予以适当的物质和精神奖励,对符合条件的公诉人员及时解决法律职务和职级待遇等,建立和完善奖惩机制。

6. 在完善审判制度方面。应注意以下几点：

一是在庭前会议制度方面。新刑事诉讼法赋予了辩护律师在审查起诉阶段全面的阅卷权,同时规定辩护人收集的有关犯罪嫌疑人不在犯罪现场、未达到刑事责任年龄、属于不负刑事责任的精神病人的证据,应当及时告知公安机关、人民检察院,但对其他证据没有要求辩护律师在庭前向公诉人展示辩方证据,这就使律师在证据掌握方面形成了单向的信息优势,公诉人的传统优势将被削弱或丧失。公诉案件的证据体系在提起公诉后出现新的变化的可能性,以及公诉人在庭审中受到辩护律师"证据突袭"的风险,都会因此而大大增加。公诉人能否在出庭前全面了解辩护律师的取证情况和辩护意见并及时对出庭预案作出调整,能否在庭审中面对辩护律师的"证据突袭"及时应变、从容应对,都将直接影响庭审的效果。为此,要高度重视庭前会议程序,积极做好准备与应对工作。同时加强与主审法官、侦查人员和辩护人的沟通,及时将可能出现的问题提交庭前会议沟通解决。要结合这项制度积极探索庭前证据开示制度,保障被告人的知情权、辩护权,并在全面掌握各方证据的情况下,提出并完善科学、适当的量刑建议。

二是在量刑规范化改革和死刑二审开庭审理方面。鉴于这两个方面与量刑规范化改革和死刑二审开庭审理的规定与精神基本一致,检察机关公诉部门要继续按照原有制度规定执行。

7. 在未成年人附条件不起诉制度方面。应注意以下几点:

一是要重点加大办理未成年人刑事案件公诉人员力量的投入,解决人员保障问题。附条件不起诉制度要求公诉人员对被附条件不起诉的未成年犯罪嫌疑人进行考察、帮教工作,这将大幅度增加基层公诉部门的工作量。从应对眼前严峻形势看,检察机关首先要根据新增工作量合理配置公诉人员,解决公诉部门案多人少的突出矛盾。

二是从长远规划着眼,要不断提高未成年人刑事检察队伍的专业化水平。未成年人刑事检察工作不同于一般的刑事检察工作,除了要依法办理案件外,还要花费更多的精力用于对未成年人的教育、感化、挽救,对于办案人员的业务素质、知识储备和社会责任要求更高,每办理一起案件需要付出的人力、物力和时间也更多。因此,需要建设一支不但精通检察业务,还要掌握一定的犯罪学、心理学、教育学、社会学等方面的知识,有专门的时间、精力研究未成年人犯罪和帮教规律,擅长寓教于审的专业化队伍。

三是要加强与综治、共青团、妇联、民政、学校、社区等有关方面的联系配合,积极引入社会力量配合检察机关的考察帮教工作。预防、减少未成年人犯罪与再犯罪是一项系统工程,也是社会管理创新的重要方面。检察机关在附条件不起诉中积极引入社会力量,善于发挥社区、学校、青少年组织等社会群体的作用,增强与有关部门和社会各界的工作合力,不仅有利于缓解自身人员力量不足的问题,有利于保证考察帮教的效果,同时也有利于促进对未成年犯罪人社会管理的创新,是一举多得的好方法。

四是要细化具体操作程序,建立完善相关工作机制。目前,全国只有少数检察院试行过附条件不起诉制度，对于绝大部分检察院来说，都缺乏实行附条件不起诉制度的实践经验。因此，各地检察机关在附条件不起诉的工作中要积极探索、认真总结，不断细化附条件不起诉的具体操作程序，并建立和完善相关工作机制。尤其是要建立科学合理的对附条件不起诉的考核评价机制，发挥制度的引导作用，以保证附条件不起诉制度在实践中得到正确贯彻落实，取得良好效果。

8. 在刑事和解制度方面。根据新刑事诉讼法的规定，符合刑事和解条件的公诉案件，在侦查、审查起诉和审判阶段均可以进行和解。由此，在司法实践中公诉环节适用刑事和解的案件将进一步增多。基层公诉部门如何在公诉环节更好地主持和适用刑事和解将是公诉工作面临的一项新的挑战。为此，要注意以下几个方面：

一是要高度重视刑事和解工作，把这项工作作为公诉部门推进社会矛盾化解、促进社会和谐稳定的重要工作，投入更多的人力、物力和精力，切实把工作做好、做实、做出实效。

二是要充分发挥检调对接工作机制的积极作用，积极协调由人民调解员先行做好相关工作，再由检察人员主持制作调解书，并认真审查达成和解的自愿性、合法性，严格监督调解协议的执行，切实通过刑事和解化解因犯罪引发的社会矛盾，最大限度发挥办案效果，增加社会和谐因素。

三是要逐步探索安排专门办理刑事和解的办案人员，案件较多的基层院在有条件的情况下，可以在公诉部门设立刑事和解案件的办案组，也可尝试建立专门工作机构。在做好办案工作的同时，要定期总结工作经验，研究存在的问题，提出推进和完善工作的意见建议。

四是要加强与公安、法院以及基层政府、群众组织的沟通协调，积极将刑事和解工作纳入"大调解"工作体系中部署和推进，与相关部门加强合作、形成合力，共同做好与执法办案相关的社会矛盾化解工作。

(三) 着力提升公诉人员能力素质

1. 要加强新刑事诉讼法的教育培训。要围绕刑事诉讼法修改实施中的重点问题，依托检察视频网络系统，积极开展大规模教育培训活动，围绕刑事诉讼法修改及新增的内容开展知识竞赛，深入全面学习新刑事诉讼法知识，领会其精神实质，切实提升公诉人员对刑事诉讼法新修改内容的理解与应用水平。

2. 要进一步提高证据审查能力。证据制度尤其是非法证据排除制度是此次刑事诉讼法修改的一大亮点，也是社会各界广为关注的焦点，能否在实际工作中得到真正贯彻落实，有待于广大公诉人员以及司法人员对这项制度的正确理解与准确掌握。各级公诉部门要结合执法办案，努力加强这方面的培养与训练，不断提高证据审查能力与水平，切实把好证据关，依法排除非法证据，提高案件质量，保障公民人权。

3. 要进一步着力提升出庭公诉能力。新刑事诉讼法强化了辩护人权利的保障，规定了证人出庭和专家证人、鉴定人出庭，增加了量刑庭审和辩论程序，扩大了二审开庭范围，由此带来庭审强度和指控难度的进一步加大。因此要结合新刑事诉讼法的颁布实施，围绕新修订内容，积极开展以加强公诉人出庭能力为目标的培训和岗位练兵活动，不断提高公诉人员出庭支持公诉能力，确保出庭效果。

4. 要进一步提高法律监督能力。强化检察机关的法律监督，也是此次刑事诉讼法修改的主要内容。新刑事诉讼法赋予了检察机关对非法取证行为、妨碍辩护人依法行使职权以及违法侦查行为的申诉、控告受理与监督纠正责任，凸显了检察机关在刑事诉讼中的法律监督职能。各级公诉部门一定要高度重视这些职权的行使，不断提高监督意识，完善监督工作机制，积极采取灵活有效的方式方法，切实做到敢于监督、善于监督，务求监督实效，努力保障刑事诉讼活动依法、公正、文明进行。

5. 要进一步提高应对风险、化解矛盾的能力。随着新刑事诉讼法的贯彻实施，公诉执法办案的风险逐步增大对公诉人员应对风险、化解矛盾的能力提出了更高要求。对于一些由于证据瑕疵难以作出起诉决定的案件，公诉人员要积极妥善做好当事人的工作，及时消除和防止出现新的社会矛盾隐患。在开展未成年人附条件不起诉和刑事和解工作中，更要着力化解社会矛盾，切实把有关工作做细做扎实。在履行法律监督职能方面，对于辩护人、当事人申诉、控告不实或难以查实的，要妥善做好解释与善后工作，化解当事人对司法工作的误解，积极配合司法机关工作，推进刑事诉讼顺利进行。

新刑事诉讼法对反贪工作的影响及对策

最高人民检察院反贪污贿赂总局局长　陈连福

一、刑事诉讼法中涉及反贪工作的条文修改情况

这次刑事诉讼法的修改，总结吸收了改革开放30多年来特别是1996年刑事诉讼法修正实施以来的实践经验、改革成果和理论成果，涉及内容多、涉及面比较广，其中许多内容是全新的。对于反贪工作来说，相关内容主要体现在以下几个方面：

（一）补充完善证据制度

1. 适当扩大证据的种类范围。在新《刑事诉讼法》第48条中，将"鉴定结论"改为"鉴定意见"，将"勘验、检查笔录"改为"勘验、检查、辨认、侦查实验等笔录"，并增加了"电子数据"这一证据种类。

2. 规定行政机关收集的相关证据材料可做证据使用。根据新《刑事诉讼法》第52条第2款的规定，行政机关在行政执法和查办案件过程中收集的物证、书证、视听资料、电子数据等证据材料，在刑事诉讼中可以作为证据使用。

3. 明确认定"证据确实、充分"的条件。根据新《刑事诉讼法》第53条第2款的规定："证据确实、充分，应当符合以下条件：（一）定罪量刑的事实都有证据证明；（二）据以定案的证据均经法定程序查证属实；（三）综合全案证据，对所认定事实已排除合理怀疑。"

4. 完善非法证据排除以及侦查人员出庭说明情况制度。包括：（1）规定不得强迫自证其罪。新《刑事诉讼法》第50条明确规定，"不得强迫任何人证实自己有罪"。（2）规定非法证据排除的范围。新《刑事诉讼法》第

54条第1款规定：采用刑讯逼供等非法方法收集的犯罪嫌疑人、被告人供述和采用暴力、威胁等非法方法收集的证人证言、被害人陈述，应当予以排除。收集物证、书证不符合法定程序，可能严重影响司法公正的，应当予以补正或者作出合理解释；不能补正或者作出合理解释的，对该证据应当予以排除。（3）规定排除非法证据的义务。新《刑事诉讼法》第54条第2款规定，在侦查、审查起诉、审判时发现有应当排除的证据的，应当依法予以排除，不得作为起诉意见、起诉决定和判决的依据。也就是说，人民法院、人民检察院和公安机关都有排除非法证据的义务。（4）规定人民检察院对非法取证行为的监督。新《刑事诉讼法》第55条规定，人民检察院接到报案、控告、举报或者发现侦查人员以非法方法收集证据的，应当进行调查核实。对于确有以非法方法收集证据情形的，应当提出纠正意见；构成犯罪的，依法追究刑事责任。（5）规定非法证据的法庭调查程序。新《刑事诉讼法》第56条至第58条规定了法庭审理过程中对非法证据的调查程序。其中，第56条规定了非法证据调查程序的提起，即"法庭审理过程中，审判人员认为可能存在本法第五十四条规定的以非法方法收集证据情形的，应当对证据收集的合法性进行法庭调查。当事人及其辩护人、诉讼代理人有权申请人民法院对以非法方法收集的证据依法予以排除。申请排除以非法方法收集的证据的，应当提供相关线索或者材料"。第57条第1款规定了非法证据调查程序中的证明责任，即"在对证据收集的合法性进行法庭调查的过程中，人民检察院应当对证据收集的合法性加以证明"；第2款规定了侦查人员或者其他人员出庭说明情况制度，即"现有证据材料不能证明证据收集的合法性的，人民检察院可以提请人民法院通知有关侦查人员或者其他人员出庭说明情况；人民法院可以通知有关侦查人员或者其他人员出庭说明情况。有关侦查人员或者其他人员也可以要求出庭说明情况。经人民法院通知，有关人员应当出庭"。第58条规定了调查后果，即"对于经过法庭审理，确认或者不能排除存在本法第五十四条规定的以非法方法收集证据情形的，对有关证据应当予以排除"。（6）规定庭前交换情况（庭前证据开释）制度。新《刑事诉讼法》第182条第2款规定，在开庭以前，审判人员可以召集公诉人、当事人和辩护人、诉讼代理人，对回避、出庭证人名单、非法证据排除等与审判相关的问题，了解情况，听取意见。

5. 明确证人出庭范围，加强对证人的保护。包括：（1）规定证人、鉴定人出庭制度。根据新《刑事诉讼法》第187条、第188条的规定，公诉人、当事人或者辩护人、诉讼代理人对证人证言有异议，且该证人证言对案件定罪量刑有重大影响，人民法院认为证人有必要出庭作证的，证人应当出庭作证。人民警察就其执行职务时目击的犯罪情况作为证人出庭作证，适用前款规定。公诉人、当事人或者辩护人、诉讼代理人对鉴定意见有异议，人民法院认为鉴定人有必要出庭的，鉴定人应当出庭作证。经人民法院通知，鉴定人拒不出庭作证的，鉴定意见不得作为定案的根据。经人民法院通知，证人没有正当理由不出庭作证的，人民法院可以强制其到庭，但是被告人的配偶、父母、子女除外。证人没有正当理由拒绝出庭或者出庭后拒绝作证的，予以训诫，情节严重的，经院长批准，处以10日以下的拘留。被处罚人对拘留决定不服的，可以向上一级人民法院申请复议。复议期间不停止执行。（2）规定证人保护制度。根据新《刑事诉讼法》第62条的规定，对于危害国家安全犯罪、恐怖活动犯罪、黑社会性质的组织犯罪、毒品犯罪等案件，证人、鉴定人、被害人因在诉讼中作证，本人或者其近亲属的人身安全面临危险的，人民法院、人民检察院和公安机关应当采取必要的保护措施。证人、鉴定人、被害人认为因在诉讼中作证，本人或者其近亲属的人身安全面临危险的，可以向人民法院、人民检察院、公安机关请求予以保护。（3）规定证人补偿制度。新《刑事诉讼法》第63条规定，证人因履行作证义务而支出的交通、住宿、就餐等费用，应当给予补助。证人作证的补助列入司法机关业务经费，由同级政府财政予以保障。有工作单位的证人作证，所在单位不得克扣或者变相克扣其工资、奖金及其他福利待遇。

（二）调整完善强制措施

1. 适当延长了传唤、拘传持续的时间。根据新《刑事诉讼法》第117条第2、3款的规定，传唤、拘传持续的时间不得超过12小时；案情特别重大、复杂，需要采取拘留、逮捕措施的，传唤、拘传持续的时间不得超过24小时。不得以连续传唤、拘传的形式变相拘禁犯罪嫌疑人。传唤、拘传犯罪嫌疑人，应当保证犯罪嫌疑人的饮食和必要的休息时间。

2. 完善取保候审措施。包括：（1）扩大取保候审的适用范围。根据新《刑事诉讼法》第65条第1款的规定，患有严重疾病、生活不能自理，怀孕或者正在哺乳自己婴儿的妇女，采取取保候审不致发生社会危险性的、羁押期限届满，案件尚未办结，需要采取取保候审措施的，也可以取保候审。

（2）增加被取保候审人应遵守的规定。根据新《刑事诉讼法》第 69 条的规定，被取保候审人住址、工作单位和联系方式发生变动的，应在 24 小时以内向执行机关报告。人民法院、人民检察院和公安机关根据案件情况，可以责令被取保候审人不得进入特定的场所，不得与特定的人员会见或者通信，不得从事特定的活动，将护照等出入境证件、驾驶证件交执行机关保存。

3. 完善监视居住措施。包括：（1）将监视居住与取保候审区别开来，单独规定适用条件。根据新《刑事诉讼法》第 72 条第 1、2 款的规定，人民法院、人民检察院和公安机关对符合逮捕条件，但患有严重疾病、生活不能自理的，或者是怀孕或正在哺乳自己婴儿的妇女，或者系生活不能自理的人的唯一扶养人，因为案件的特殊情况或者办理案件的需要，采取监视居住措施更为适宜的，羁押期限届满，案件尚未办结，需要采取监视居住措施的，以及符合取保候审条件，但犯罪嫌疑人、被告人不能提出保证人，也不交纳保证金的，可以采取监视居住措施。（2）扩大指定居所监视居住的范围。根据新《刑事诉讼法》第 73 条的规定，除犯罪嫌疑人、被告人无固定住处，可以在指定的居所执行监视居住外，对于涉嫌危害国家安全犯罪、恐怖活动犯罪、特别重大贿赂犯罪的犯罪嫌疑人，在住处执行监视居住可能有碍侦查的，经上一级人民检察院或者公安机关批准，也可以在指定的居所执行监视居住，但不得在羁押场所、专门的办案场所执行。同时规定，指定居所监视居住的，除无法通知的以外，应当在执行监视居住后 24 小时以内，通知被监视居住人的家属。（3）规定可采用电子监控等方式监督被监视居住人。新《刑事诉讼法》第 76 条规定，执行机关对被监视居住的犯罪嫌疑人、被告人，可以采取电子监控、不定期检查等监视方法对其遵守监视居住规定的情况进行监督；在侦查期间，可以对被监视居住的犯罪嫌疑人的通信进行监控。

4. 细化逮捕条件。新刑事诉讼法在第 79 条中，将 1996 年刑事诉讼法规定的"发生社会危险性，而有逮捕必要"，细化规定为：可能实施新的犯罪；有危害国家安全、公共安全或者社会秩序的现实危险；可能毁灭、伪造证据，干扰证人作证或者串供；可能对被害人、举报人、控告人实施打击报复；企图自杀或者逃跑五种情形。并规定，对有证据证明有犯罪事实，可能判处 10 年有期徒刑以上刑罚的，或者有证据证明有犯罪事实，可能判处徒刑以上刑罚，曾经故意犯罪或者身份不明的，应当予以逮捕。被取保候审、监视居住的犯罪嫌疑人、被告人违反取保候审、监视居住规定，情节严重的，可以予以逮捕。

5. 规定拘留、逮捕后应送看守所羁押以及通知家属的例外情况。新《刑事诉讼法》第 83 条第 2 款规定，拘留后，应当立即将被拘留人送看守所羁押，至迟不得超过 24 小时。除无法通知或者涉嫌危害国家安全犯罪、恐怖活动犯罪通知可能有碍侦查的情形以外，应当在拘留后 24 小时以内，通知被拘留人的家属。有碍侦查的情形消失以后，应当立即通知被拘留人的家属。第 91 条第 2 款规定，逮捕后，应当立即将被逮捕人送看守所羁押。除无法通知的以外，应当在逮捕后 24 小时以内，通知被逮捕人的家属。

6. 适当延长了人民检察院直接受理案件的拘留期限。新《刑事诉讼法》第 165 条规定，人民检察院对直接受理的案件中被拘留的人，认为需要逮捕的，应当在 14 日以内作出决定。在特殊情况下，决定逮捕的时间可以延长 1 日至 3 日。

（三）修改完善辩护制度

1. 将辩护律师介入时间由审查起诉阶段提前到侦查阶段。根据新《刑事诉讼法》第 33 条的规定，犯罪嫌疑人自被侦查机关第一次讯问或者采取强制措施之日起，有权委托辩护人；在侦查期间，只能委托律师作为辩护人。被告人有权随时委托辩护人。侦查机关在第一次讯问犯罪嫌疑人或者对犯罪嫌疑人采取强制措施的时候，应当告知犯罪嫌疑人有权委托辩护人。犯罪嫌疑人、被告人在押期间要求委托辩护人的，人民法院、人民检察院和公安机关应当及时转达其要求。犯罪嫌疑人、被告人在押的，也可以由其监护人、近亲属代为委托辩护人。辩护人接受犯罪嫌疑人、被告人委托后，应当及时告知办理案件的机关。第 36 条规定，辩护律师在侦查期间可以为犯罪嫌疑人提供法律帮助；代理申诉、控告；申请变更强制措施；向侦查机关了解犯罪嫌疑人涉嫌的罪名和案件有关情况，提出意见。

2. 除特定案件外，辩护律师可以持"三证"直接会见犯罪嫌疑人，并不被监听。根据新《刑事诉讼法》第 37 条第 2 款至第 4 款的规定，辩护律师持律师执业证书、律师事务所证明和委托书或者法律援助公函要求会见在押的犯罪嫌疑人、被告人的，看守所应当及时安排会见，至迟不得超过 48 小时。危害国家安全犯罪、恐怖活动犯罪、特别重大贿赂犯罪案件，在侦查期间辩护律师会见在押的犯罪嫌疑人，应当经侦查机关许可。上述案件，侦查机关应当事先通知看守所。辩护律师会见在押的犯罪嫌疑人、被告人，可以了解案件有关情况，提供法律咨询等；自案件移送审查起诉之日起，可以向犯罪嫌疑人、被告人核实有关证据。辩护律师会见犯罪嫌疑人、被告人时不被监听。

3. 赋予辩护人申请调取证据权。根据新《刑事诉讼法》第 39 条的规定，辩护人认为在侦查、审查起诉期间公安机关、人民检察院收集的证明犯罪嫌疑人、被告人无罪或者罪轻的证据材料未提交的，有权申请人民检察院、人民法院调取。

4. 规定辩护人涉嫌伪证等犯罪案件由其他侦查机关办理。根据新《刑事诉讼法》第 42 条第 2 款的规定，辩护人涉嫌伪证等犯罪的，"应当由办理辩护人所承办案件的侦查机关以外的侦查机关办理。辩护人是律师的，应当及时通知其所在的律师事务所或者所属的律师协会。"

5. 赋予辩护人、诉讼代理人一定的申诉权。根据新《刑事诉讼法》第 47 条的规定，辩护人、诉讼代理人认为公安机关、人民检察院、人民法院及其工作人员阻碍其依法行使诉讼权利的，有权向同级或者上一级人民检察院申诉或者控告。人民检察院对申诉或者控告应当及时进行审查，情况属实的，通知有关机关予以纠正。

6. 案件侦结前听取辩护律师意见。根据新《刑事诉讼法》第 159 条的规定，在案件侦查终结前，辩护律师提出要求的，侦查机关应当听取辩护律师的意见，并记录在案。辩护律师提出书面意见的，应当附卷。

（四）充实完善侦查措施

1. 完善讯问犯罪嫌疑人措施。包括：（1）规定讯问在押犯罪嫌疑人应在看守所内进行。新《刑事诉讼法》第 116 条第 2 款规定，犯罪嫌疑人被送交看守所羁押以后，侦查人员对其进行讯问，应当在看守所内进行。（2）规定讯问时应告知犯罪嫌疑人如实供述。第 118 条第 2 款规定，侦查人员在讯问犯罪嫌疑人的时候，应当告知犯罪嫌疑人如实供述自己罪行可以从宽处理的法律规定。（3）规定讯问可以录音、录像。第 121 条规定，侦查人员在讯问犯罪嫌疑人的时候，可以对讯问过程进行录音或者录像；对于可能判处无期徒刑、死刑的案件或者其他重大犯罪案件，应当对讯问过程进行录音或者录像。录音或者录像应当全程进行，保持完整性。

2. 增加询问证人的地点。新《刑事诉讼法》第 122 条第 1 款规定，侦查人员询问证人，可以在现场进行，也可以到证人所在单位、住处或者证人提出的地点进行，在必要的时候，可以通知证人到人民检察院或者公安机关提供证言。在现场询问证人，应当出示工作证件，到证人所在单位、住处或者证人提出的地点询问证人，应当出示人民检察院或者公安机关的证明文件。

3. 完善勘验、检查措施。包括：（1）新《刑事诉讼法》第 130 条第 1 款规定，为了确定被害人、犯罪嫌疑人的某些特征、伤害情况或者生理状态，可以对人身进行检查，可以提取指纹信息，采集血液、尿液等生物样本。（2）第 133 条第 1、2 款规定，为了查明案情，在必要的时候，经公安机关负责人批准，可以进行侦查实验。侦查实验的情况应当写成笔录，由参加实验的人签名或者盖章。

4. 扩大查询、冻结、查封、扣押财产的范围。新《刑事诉讼法》在第 142 条和第 143 条中，分别在查询、冻结财产范围和查封、扣押财产范围中增加了"债券、股票、基金份额等财产"。

5. 增设技术侦查措施。包括：（1）规定技术侦查措施的适用范围。新《刑事诉讼法》第 148 条第 2、3 款规定，人民检察院在立案后，对于重大的贪污、贿赂犯罪案件以及利用职权实施的严重侵犯公民人身权利的重大犯罪案件，根据侦查犯罪的需要，经过严格的批准手续，可以采取技术侦查措施，按照规定交有关机关执行。追捕被通缉或者批准、决定逮捕的在逃的犯罪嫌疑人、被告人，经过批准，可以采取追捕所必需的技术侦查措施。（2）规定技术侦查措施批准决定的有效期。第 149 条规定，批准决定应当根据侦查犯罪的需要，确定采取技术侦查措施的种类和适用对象。批准决定自签发之日起 3 个月以内有效。对于不需要继续采取技术侦查措施的，应当及时解除；对于复杂、疑难案件，期限届满仍有必要继续采取技术侦查措施的，经过批准，有效期可以延长，每次不得超过 3 个月。（3）规定技术侦查措施的适用要求。新《刑事诉讼法》第 150 条规定，采取技术侦查措施，必须严格按照批准的措施种类、适用对象和期限执行。侦查人员对采取技术侦查措施过程中知悉的国家秘密、商业秘密和个人隐私，应当保密；对采取技术侦查措施获取的与案件无关的材料，必须及时销毁。采取技术侦查措施获取的材料，只能用于对犯罪的侦查、起诉和审判，不得用于其他用途。（4）规定采取技术侦查措施所收集材料的证据效力。新《刑事诉讼法》第 152 条规定，依照本节规定采取侦查措施收集的材料在刑事诉讼中可以作为证据使用。如果使用该证据可能危及有关人员的人身安全，或者可能产生其他严重后果的，应当采取不暴露有关人员身份、技术方法等保护措施，必要的时候，可以由审判人员在庭外对证据进行核实。

（五）增设犯罪嫌疑人、被告人逃匿、死亡案件违法所得的没收程序

在新刑事诉讼法第五编"特别程序"中用一章的篇幅规定了犯罪嫌疑人、被告人逃匿、死亡案件违法所得的没收程序。主要内容是：

1. 规定没收违法所得申请的提出及其内容要求。根据新《刑事诉讼法》第280条的规定，对于贪污贿赂犯罪、恐怖活动犯罪等重大犯罪案件，犯罪嫌疑人、被告人逃匿，在通缉1年后不能到案，或者犯罪嫌疑人、被告人死亡，依照刑法规定应当追缴其违法所得及其他涉案财产的，人民检察院可以向人民法院提出没收违法所得的申请。公安机关认为有前款规定情形的，应当写出没收违法所得意见书，移送人民检察院。没收违法所得的申请应当提供与犯罪事实、违法所得相关的证据材料，并列明财产的种类、数量、所在地及查封、扣押、冻结的情况。人民法院在必要的时候，可以查封、扣押、冻结申请没收的财产。

2. 规定没收违法所得程序的审判管辖和审前公告程序。新《刑事诉讼法》第281条规定，没收违法所得的申请，由犯罪地或者犯罪嫌疑人、被告人居住地的中级人民法院组成合议庭进行审理。人民法院受理没收违法所得的申请后，应当发出公告。公告期间为6个月。犯罪嫌疑人、被告人的近亲属和其他利害关系人有权申请参加诉讼，也可以委托诉讼代理人参加诉讼。人民法院在公告期满后对没收违法所得的申请进行审理。利害关系人参加诉讼的，人民法院应当开庭审理。

3. 规定对违法所得的处理。新《刑事诉讼法》第282条规定，人民法院经审理，对经查证属于违法所得及其他涉案财产，除依法返还被害人的以外，应当裁定予以没收；对不属于应当追缴的财产的，应当裁定驳回申请，解除查封、扣押、冻结措施。对于人民法院依照前款规定作出的裁定，犯罪嫌疑人、被告人的近亲属和其他利害关系人或者人民检察院可以提出上诉、抗诉。

4. 规定没收违法所得程序的终止审理及救济。新《刑事诉讼法》第283条规定，在审理过程中，在逃的犯罪嫌疑人、被告人自动投案或者被抓获的，人民法院应当终止审理。没收犯罪嫌疑人、被告人财产确有错误的，应当予以返还、赔偿。

二、刑事诉讼法修改对反贪工作产生的影响

这次刑事诉讼法的修改，是我国刑事司法制度的创新和突破，对反贪工作的影响是全方位的，既有程序上的影响更有执法理念和执法指导思想等方面的影响，既有正面的推动作用也有属于挑战性的制约因素，但总体上是机遇大于挑战，对于推进反贪工作长远发展具有重要意义。具体地说，这种影响主要体现在以下几个方面：

（一）进一步完善辩护制度，强化犯罪嫌疑人人权保障，对反贪侦查工作提出了新的更高的要求

这次刑事诉讼法的修改，根据有利于保障人权、保障律师权利、防止错案发生等原则，在修改中更加注重了人权保障。其中，一个重要方面主要体现在对辩护制度的完善上。辩护制度是现代刑事诉讼中的一项重要制度，对于保障犯罪嫌疑人人权，促进案件依法公正处理具有十分重要的意义。新刑事诉讼法在律师法的基础上，对辩护制度作了重大修改，被各界认为是一个亮点，特别是辩护律师在侦查阶段即可介入并为犯罪嫌疑人提供相关法律帮助，了解案件有关情况并提出意见；除危害国家安全犯罪、恐怖活动犯罪、特别重大贿赂犯罪案件以外，辩护律师持"三证"，无须其他任何批准，在48小时内就能会见犯罪嫌疑人，且会见时不被监听。这些规定，既从立法上解决了律师"会见难"问题，使律师法的相关规定在刑事诉讼法中得到落实，也进一步强化了辩护权对侦查权的监督和制约，有利于保障犯罪嫌疑人的合法权益，对促进侦查活动更加规范有序地进行也具有重要的积极意义。但是，从另一个方面看，辩护律师的提前介入，也会给反贪侦查工作带来一些不利影响，比如有利于强化犯罪嫌疑人的对抗心理，导致拒供、翻供现象增多。在被侦查机关第一次讯问或者采取强制措施之日起，犯罪嫌疑人就可以聘请辩护律师提供法律帮助。一些犯罪嫌疑人可能会凭借这一点，到案接受讯问时拒不交代问题。即使在讯问时有所交代，待律师会见后，经过和律师商量分析，明白自己的行为及所交代事实的法律后果后，一些犯罪嫌疑人也可能因畏罪产生动摇心理，导致供述出现反复。这对于言词证据占重要地位的贿赂犯罪案件的侦破将会产生较大影响。再如，辩护律师在侦查阶段的介入，使犯罪嫌疑人所检举揭发的犯罪线索存在泄露的可能，会导致通

过讯问拓展其他犯罪线索变得更加困难，使发现和查处贪污贿赂犯罪窝案、串案、案中案的难度有所增加。

（二）进一步完善证据制度，对反贪工作严格、公正、文明执法提出了更高的要求

这次刑事诉讼法的修改，针对司法实践中发生的冤假错案等实际，对于严格、公正、文明、规范执法提出了更加严格的要求。其中，一个重要方面体现在对证据制度的完善上。证据制度是贯穿全部诉讼活动始终的一项重要制度，对于保证公正审判、正确定罪量刑具有关键作用。新刑事诉讼法针对1996年刑事诉讼法有关证据的规定比较原则，难以满足司法实践需要等问题，对证据制度作了多处修改和补充。其中，根据办案工作的实际需要，将"电子数据"、"辨认、侦查实验等笔录"纳入了法定的证据种类，并明确规定"行政机关在行政执法和查办案件过程中收集的物证、书证、视听资料、电子数据等证据材料，在刑事诉讼中可以作为证据使用"，从而进一步丰富和完善了刑事证据的种类，使反贪侦查工作的取证范围得以扩大，更加有利于办案工作开展，更加有利于揭露和证实犯罪。此外，新刑事诉讼法关于"证据确实、充分"具体条件的规定，关于证人出庭和证人保护、证人补偿制度的规定，也都对反贪办案工作的顺利开展具有一定的积极意义，需要反贪部门在办案实践中认真加以落实。但是，新刑事诉讼法关于"不得强迫任何人证实自己有罪"的规定，关于非法证据排除标准和排除程序的规定，以及关于侦查人员出庭说明情况的规定，都对反贪部门更加规范有效地调查取证，甚至对侦查人员的综合业务素质提出了新的更高的要求和严峻的挑战。

（三）进一步完善强制措施，提升了控制和查处犯罪嫌疑人的水平，也对依法规范适用强制措施提出了更为严格的要求

为保障刑事诉讼顺利进行，我国刑事诉讼法规定了拘传、取保候审、监视居住、拘留、逮捕五种强制措施。但由于立法不够完善，加之执法环境发生变化，关于强制措施的相关规定并不能完全适应办案工作需要，从而使反贪侦查工作在强制措施适用上遇到了"传唤、拘传持续时间过短"、"取保候审监管力度不足"、"监视居住措施难以实施"、"拘留期限不能适应审查逮捕改革需要"以及"逮捕条件过于原则"等一系列困难和问题，影响和制约了反贪办案工作的开展。新刑事诉讼法针对强制措施方面存在的问题，

对五种强制措施的适用条件、程序进行了修改完善，符合办案工作实际，一定程度上缓解了反贪侦查工作中遇到的强制措施适用难问题。但是，另一方面，刑事诉讼法出于平衡打击犯罪和保障人权的考虑，为防止强制措施被滥用，对适用强制措施规定了较为严格的限制条件。比如，在传唤、拘传持续时间问题上，新刑事诉讼法虽然有条件地延长了传唤、拘传的持续时间，将其由一律不得超过"十二小时"修改为"传唤、拘传持续的时间不得超过十二小时；案情特别重大、复杂，需要采取拘留、逮捕措施的，传唤、拘传持续的时间不得超过二十四小时"，为侦查机关查明案件事实、审查相关证据和作出处理适当放宽了传唤、拘传的时限，但仅限于"案情特别重大、复杂，需要采取拘留、逮捕措施的"情形，对一般的贪污贿赂犯罪案件并不适用。再如，在监视居住问题上，新刑事诉讼法虽然单独规定了监视居住的适用条件，扩大了指定居所监视居住的范围，完善了被监视居住人应当遵守的规定，并规定执行机关可以采取电子监控、不定期检查等方法对被监视居住人进行监督，从而有利于更好地发挥监视居住措施的功能，改变实践中监视居住措施多被搁置不用的问题。但客观地讲，由于监视居住只适用于"符合逮捕条件"，但具有某种特定情形、符合取保候审条件但不能提出保证人也不能交纳保证金的犯罪嫌疑人、被告人；指定居所监视居住也只限于犯罪嫌疑人"无固定住处"或者涉嫌特别重大贿赂犯罪，"在住处执行可能有碍侦查的"情况，而且规定了指定监视居住不得在羁押场所、专门的办案场所执行。那么，监视居住场所的选择与办案安全和防止刑讯逼供是必须要引起高度重视的问题。

（四）进一步完善侦查措施，增强了侦查能力，同时也加强了防止滥用侦查权的监督制约措施

侦查措施是指为了收集证据、查明案情、查缉犯罪嫌疑人，依照法律规定采取的专门调查措施。为适应经济社会的发展和犯罪情况的变化，新刑事诉讼法对侦查措施进行了较大幅度的修改和补充，如增加询问证人的地点，完善勘验、检查措施，将"债券、股票、基金份额等财产"纳入查询、冻结财产和查封、扣押财产的范围等，这些都将对侦查工作顺利有效开展起到一定的促进作用。特别是根据查办犯罪的需要，设置专门章节规定技术侦查、秘密侦查措施，明确规定："人民检察院在立案后，对于重大的贪污、

贿赂犯罪案件以及利用职权实施的严重侵犯公民人身权利的重大犯罪案件，根据侦查犯罪的需要，经过严格的批准手续，可以采取技术侦查措施，按照规定交有关机关执行。追捕被通缉或者批准、决定逮捕的在逃的犯罪嫌疑人、被告人，经过批准，可以采取追捕所必需的技术侦查措施。"并规定采取技术侦查措施所收集的材料可以作为证据使用，顺应了当前贪污贿赂等职务犯罪日益隐蔽化、智能化、复杂化的趋势，对检察机关加大反贪办案力度、提高办案效率、确保办案质量必将起到积极作用。另一方面，新刑事诉讼法在赋予侦查机关必要侦查手段的同时，也设置了相应的限制性规定，如针对容易侵犯犯罪嫌疑人人权的侦查讯问环节，明确规定"犯罪嫌疑人被送交看守所羁押以后，侦查人员对其进行讯问，应当在看守所内进行"，并规定讯问犯罪嫌疑人录音录像制度，以加强对讯问活动的监督制约。这里存在的问题是一部分看守所不具备录音录像条件，需要加快建设。对于技术侦查措施，更是严格限定适用范围、严格限定审批程序，能够适用技术侦查手段的案件只是极个别的案件，并且严格限定采取技术侦查措施获取的证据的用途。此外，还增加规定，对与案件无关的财物采取查封、扣押、冻结措施的，应当解除查封、扣押、冻结不解除的，贪污、挪用、私分、调换、违反规定使用查封、扣押、冻结的财物等行为，当事人和辩护人、诉讼代理人、利害关系人有权向该机关申诉或者控告，受理机关必须及时处理，从而进一步强化了对侦查活动的监督和制约。

三、反贪工作落实新刑事诉讼法的措施

当前和今后一个时期，加快提高适应新刑事诉讼法的水平，积极落实新刑事诉讼法的新要求，是反贪部门一项重大而紧迫的任务。认真贯彻执行新刑事诉讼法，具体要采取以下措施，从而把反贪工作提高到一个新的水平。

（一）深入学习和深刻领会立法精神，切实树立起符合社会主义法治理念的先进侦查观

此次刑事诉讼法修改，适应了我国经济社会发展和民主法制建设的需要，对传统的侦查理念提出了新挑战。因此，贯彻落实好新刑事诉讼法，首先要在转变侦查理念上下工夫，要努力引导各地检察机关和广大职务犯罪侦查干警树立起以下五个方面的先进侦查理念：一是惩罚犯罪与保障人权并重

的理念。努力做到既不能一味强调追诉犯罪,忽视和放松对涉案人员合法权益的保障;也不能因强调对涉案人员权益的保障,影响甚至削弱对犯罪的打击。二是侦查手段现代化是提高侦查能力根本途径的理念。充分认识到没有侦查手段的现代化,就不可能实现侦查工作的发展进步,就不可能顺利完成新刑事诉讼法赋予检察机关的职责和任务。三是彻底转变由供到证侦查模式的理念。改变以往过分依赖口供的办案方式,把办案重心放在初查上,努力在立案前获取当事人涉嫌犯罪的重要证据,做到收集证据的全面性、准确性、固定性,打好立案侦查工作的基础。四是贯彻执行宽严相济刑事政策的理念。根据办案工作需要,充分运用好法律关于从重、从轻或者减轻、免除处罚的相关规定,提高依法突破案件的能力和水平。五是规范执法行为,确保证据合法性和证明力的理念。切实做到严格依照法定程序收集、固定和运用证据,杜绝不规范、不文明的办案行为,以办案行为的规范性保障所获取证据的合法性和证明力,提高查处贪污贿赂等职务犯罪的质量和效率。

(二)准确把握新刑事诉讼法的新规定,加强重点问题研究,明确落实新刑事诉讼法的具体标准和要求

重点是加强以下一些问题的研究:一是研究明确监视居住的条件、场所、适用和执行程序;二是研究明确重大贿赂犯罪、特别重大贿赂犯罪的标准;三是研究明确非法证据排除的范围、程序、方法和要求等内容;四是研究明确电子数据收集的方法、原则、程序和要求等;五是研究明确侦查技术与技术侦查的界限及使用问题,包括科技手段在反贪侦查中的运用等;六是研究明确没收非法所得的提起、提供证据的主体以及提起程序等问题;七是研究明确侦查人员出庭的条件、方法、措施、要求等内容;八是研究明确律师涉嫌伪证罪的侦查、处理程序等问题;九是研究明确行政执法部门收集证据材料的使用等。要针对实践中可能遇到的各类困难和问题,及时制定相应的措施,积极做好新刑事诉讼法实施前的各项准备工作,不断提高办案工作贯彻落实法律的水平,确保新刑事诉讼法得到不折不扣的落实。

(三)结合反贪工作实际,创新运用落实的措施

具体地说,应着重把握以下几个环节和方面:

1. 加大侦查信息化和装备现代化建设力度,不断扩大信息共享范围,实现网上侦查。加强侦查信息化和装备现代化建设是推动科技强侦战略、实

现侦查方式革命、增强侦查能力的重要措施和途径，对于深入推进检察机关查办贪污贿赂犯罪案件工作，进一步增强围绕中心、服务大局的效果等具有十分重要的意义。要坚持建用结合、以用促建的原则，充分利用组织机构代码、可疑资金交易查询和民航旅客信息查询系统以及本单位建立的信息共享平台为侦查办案工作服务，切实提高办案效率和侦查能力，最大限度地发挥信息引导侦查、服务侦查的作用。要提高侦查工作的科技含量，充分发挥各类侦查装备在办案工作中的功能和作用，积极运用现代科技手段发现犯罪、侦查指挥、取证固证、追逃追赃，向科技要战斗力，推动侦查办案工作深入发展。要加快侦查信息共享机制建设，加强与公安部、住房和城乡建设部、中国人民银行等有关部门的联系，尽快建成人口、车辆信息、住房信息、人民币结算账户开户银行信息查询系统等信息共享机制，更好地为各级院的侦查办案工作服务。

2. 进一步提高初查的质量和效率。此次刑事诉讼法的修改，进一步明确"不得强迫任何人证实自己有罪"、辩护律师在侦查阶段即可介入、讯问录音录像等规定，反贪部门获取口供等证据材料的难度将大大增加。如果按照依赖口供、以供促证的传统办案模式，办案工作就将受到严重影响。这就要求我们必须转变办案模式，进一步强化初查工作，提高初查的质量和效率，尽量通过秘密的外围调查获取被调查人涉嫌犯罪的可靠证据，力争把核心证据固定在立案前，做到从外围入手、从外围突破，实现案件的顺利侦破。在初查过程中，对于案件线索涉及的有关情况或者事实，特别是对关键性细节要注意查清查细，做到心中有数。要围绕犯罪构成研究线索的成案可能，确定和调整调查方法和调查对象范围。一旦认为具备立案条件，就应当及时立案侦查。对条件确实不成熟的线索，则要注意做好保密工作，并加强动态监视、放长经营，视时机再适时启动立案程序。

3. 切实强化挖窝查串的意识，提升整体办案能力。当前，贪污贿赂犯罪窝案、串案、案中案多，查一案、挖一窝、带一串的情况比较普遍。但随着刑事诉讼法的修改，特别是明确辩护律师在侦查初始阶段就可以介入，使得通过讯问的渠道扩展案件线索的做法难度加大，对扩大办案成果也会产生一定影响。这就要求我们必须开阔思路，不拘泥于犯罪嫌疑人的检举揭发，主动出击，一方面要加强与纪检监察、审计、公安、行政执法等部门以及检察机关预防、控申等部门的联系协作，善于通过网络报纸、影视传媒、街头巷议等多渠道、全方位收集案件线索，同时借鉴公安机关的经验，积极稳妥地探索线人、耳目、狱侦等信息情报收集方式，提高信息情报收集能力。另一方面，更为重要的是要强化挖窝查串意识，认真分析本地区贪污贿赂犯罪的发案形势，选择人民群众反映强烈、犯罪易发多发的行业、领域，深入研究行业工作机制、管理制度和法律政策规定以及犯罪的多发部位、作案手段、规律特点，从中找准重点部位和突破口，加强统一组织指挥，适时组织开展专项行动深挖细查，努力在挖窝案上下工夫，在查串案上求扩展，在行业治理上见成效。

4. 着力提高讯问能力特别是第一次讯问的能力，做到讯问的全面性、准确性和固定性。贪污贿赂犯罪特别是贿赂犯罪大多是"一对一"进行，局外人很难了解其中的详情，往往缺少相关的物证、书证。这决定了犯罪嫌疑人供述在侦查破案中的重要作用，要求我们采用辩证唯物主义的方法论，既要加快转变传统办案模式，同时也不能放松讯问，特别是要提高对贿赂犯罪等案件第一次讯问的破案成功率，按照讯问的全面性、准确性和固定性要求，加强研究讯问的方法及策略技巧，大胆探索获取犯罪嫌疑人供述的措施和途径，不断提高审讯突破水平，充分发挥讯问在侦破案件中的重要作用。要注意准确区分讯问技巧、讯问谋略与"威胁、引诱、欺骗"的界限，既不能把讯问技巧、讯问谋略的使用视为禁区，以致在讯问中畏首畏尾，也不能随意突破法律规定，甚至采用刑讯逼供以及威胁、引诱、欺骗等非法方法获取犯罪嫌疑人供述的行为，最终导致所获取的供述因非法被排除。要提高对讯问全程同步录音录像工作重要性和必要性的认识，按照"全面、全部、全程"的要求做好讯问录音录像工作，从根本上防止违法违规讯问行为的发生，保证依法讯问及犯罪嫌疑人供述的合法性和证明力。

5. 正确贯彻执行查办案件特别是贿赂犯罪案件中的宽严相济刑事政策。反贪工作的政策性、法律性和社会敏感性非常强，要求做到严格把握法律政策界限，正确执行宽严相济刑事政策，坚持宽严相济、区别对待，特别是在侦查贿赂案件中严格落实宽严相济的刑事政策，既是贯彻落实新刑事诉讼法的需要，也是保持打击腐败高压态势的需要。对犯罪金额巨大、情节恶劣、危害严重，以及群众联名举报、引发集体上访、社会反映强烈的案件坚决依法从严查处；坚持对犯罪金额较小、情节轻微、真诚悔改，或者主动投案自首、检举立功、如实交代的犯罪嫌疑人要兑现宽大政策，依法从轻、减轻或者免除追究刑事责任。坚持对涉案人员众多的案件，坚持惩治少数、教育挽救多数，从有利于社会和谐稳定出发，把握法律政策尺度，尽量缩小打击面。坚持准确区分罪与非罪的界限，深入细致地做好侦查取证工作，确保案件事实清楚、证据确实充分、程序合法、定性准确，对于法律政策界限不清的案件要慎重对待，要注意认真听取有关主管部门的意见，一般不轻易作犯罪处理，切实做到经得起事实的检验、法律的检验和历史的检验。

四、修改、新增条文适用中应注意的问题

（一）执行证据制度中应注意的问题

1. 注重收集和调取电子数据证据。鉴于新刑事诉讼法将"电子数据"明确为法定证据种类之一，反贪部门在办案中应注意对此类证据的收集和调取。收集和调取电子数据，应保证其客观性、完整性和真实性，防止因方法不当，损害其证据效力。

2. 注意保守取证中获知的商业秘密和个人隐私。根据新《刑事诉讼法》第52条第3款的规定，办案单位在向有关单位和个人收集、调取证据过程中，不仅对涉及国家秘密的证据应当保密，对涉及商业秘密和个人隐私的证据，也应当保密。

（二）适用强制措施中应注意的问题

1. 视情责令被取保候审人遵守有关规定，防止其串供、毁证或者逃匿。根据新刑事诉讼法的规定，侦查机关可以根据案件情况，责令被取保候审的犯罪嫌疑人不得进入特定的场所、不得与特定的人员会见或者通信、不得从事特定的活动以及将护照等出入境证件、驾驶证件交执行机关保存等。对此规定，反贪部门要注意根据办案工作需要，积极加以使用，以确保取保候审效果。

2. 正确把握指定居所监视居住的适用条件和具体要求。根据新刑事诉讼法的规定，指定居所监视居住只限于以下两种情况：（1）犯罪嫌疑人无固定住处的；（2）犯罪嫌疑人涉嫌特别重大贿赂犯罪，在住处执行可能有碍侦查，经上一级人民检察院批准的。除此之外，不得指定居所监视居住。指定居所监视居住，不得在羁押场所、专门的办案场所执行，以防止出现变相羁押。

3. 正确处理辩护律师与被监视居住犯罪嫌疑人的会见。根据新《刑事

诉讼法》第37条第5款的规定，侦查期间，辩护律师可以同被监视居住的犯罪嫌疑人会见，并不被监听。但对于特别重大贿赂犯罪案件，辩护律师的会见应当经侦查机关许可。对于这类案件，办案部门应当事先告知监视居住的执行机关。

4. 把握好拘留、逮捕犯罪嫌疑人后的送押要求。根据新刑事诉讼法的相关规定，拘留犯罪嫌疑人后，应当立即将其送看守所羁押，至迟不得超过24小时；逮捕犯罪嫌疑人后，应当立即将其送看守所羁押。对此，在办案中应把握好其中的区别。

5. 把握好指定居所监视居住、拘留和逮捕犯罪嫌疑人后通知其家属的具体要求。根据新刑事诉讼法的相关规定，对犯罪嫌疑人采取指定居所监视居住或者逮捕措施的，除无法通知的以外，应当在执行监视居住或者逮捕后24小时以内，通知犯罪嫌疑人的家属；对犯罪嫌疑人采取拘留措施的，除无法通知或者涉嫌危害国家安全犯罪、恐怖活动犯罪通知可能有碍侦查的情形以外，应当在拘留后24小时以内，通知被拘留人的家属。有碍侦查的情形消失以后，应当立即通知被拘留人的家属。办案中，要把握好其中的区别，确保犯罪嫌疑人依法享有的权益不被侵犯。

（三）落实辩护制度中应注意的问题

1. 及时履行告知义务。根据新《刑事诉讼法》第33条第2款的规定，侦查机关在第一次讯问犯罪嫌疑人或者对犯罪嫌疑人采取强制措施的时候，就应当告知犯罪嫌疑人有权委托律师作为辩护人，为自己提供法律帮助。因此，侦查人员必须在第一次讯问犯罪嫌疑人或者向犯罪嫌疑人宣布采取强制措施时，应当及时告知犯罪嫌疑人可以聘请辩护律师，并根据办案工作需要，将告知情况记明笔录，并由犯罪嫌疑人签名或者盖章加以确认。

2. 积极协助特定犯罪嫌疑人获取法律援助。新刑事诉讼法扩大了法律援助的适用范围，规定犯罪嫌疑人在侦查阶段也可以得到法律援助。因此，在办理案件过程中，当犯罪嫌疑人是盲、聋、哑人，或者是尚未完全丧失辨认或者控制自己行为能力的精神病人，没有委托辩护人的；以及犯罪嫌疑人可能被判处无期徒刑、死刑，没有委托辩护人的，应当及时通知法律援助机构指派律师为犯罪嫌疑人提供辩护，以保障嫌疑人依法享有的权益。

3. 事先通知看守所辩护律师会见需要许可的案件范围。根据新刑事诉讼法的规定，对于特别重大贿赂犯罪案件，侦查期间辩护律师会见在押犯罪嫌疑人的，应当经过侦查机关许可。因此，在将一些特别重大贿赂犯罪案件的犯罪嫌疑人送交看守所羁押时或者之前，应当及时通知看守所，如果辩护律师要求会见犯罪嫌疑人，应告知其报请侦查机关许可，不经许可不得会见。

4. 案件侦查终结前听取辩护律师意见。根据新《刑事诉讼法》第159条的规定，案件侦查终结前，如果辩护律师提出要求，侦查机关就必须听取辩护律师的意见，并将辩护律师的意见记录在案，如果辩护律师提出的是书面意见，侦查机关就应当将该书面意见附卷。

（四）使用侦查措施中应注意的问题

1. 正确处理"不得自证其罪"与"如实回答"的关系。新刑事诉讼法既规定了"不得强迫任何人证实自己有罪"，也规定了"犯罪嫌疑人对侦查人员的讯问应当如实回答"、"犯罪嫌疑人如实供述自己罪行可以从宽处理"。根据立法机关有关负责人解释，二者之间是不矛盾的，是从不同层面、不同角度作出的规定。因此，在讯问犯罪嫌疑人的时候，一方面，要严禁采用刑讯逼供等非法方法强迫犯罪嫌疑人证实自己有罪；另一方面，也应告知犯罪嫌疑人：如果他要回答问题的话，就应当如实回答；如果他如实回答了，就会依法得到从宽处理。

2. 严格执行讯问录音录像制度。虽然根据新刑事诉讼法规定，只有对于可能判处无期徒刑、死刑的案件或者其他重大犯罪案件，才必须对讯问过程进行全程录音或者录像，其他案件可以录音录像也可以不录音录像。但从办案实践来看，多数贪污贿赂犯罪案件在侦查阶段特别是侦查初期，尚难以确定案件大小以及犯罪嫌疑人可能被判处的刑罚，故无法确定该案是属于应当录音录像的范围，还是可以录音录像的范围。如果操作不当，就可能出现程序违法现象。因此，对于贪污贿赂犯罪案件，反贪部门还是应当按照高检院"全面、全部、全程"的要求，对讯问犯罪嫌疑人进行全程同步录音录像，以确保讯问过程合法。

3. 严格依法使用技术侦查措施。新刑事诉讼法虽然明确了技术侦查措施，但对其使用范围、审批期限等进行了严格的限制。这些限制有利于防止滥用技术侦查措施，是技术侦查工作健康发展的必要保障，对此我们必须有一个清醒的认识。在具体办案工作中，需要使用技术侦查措施的，可以大胆使用，但必须严格依照法律规定进行，绝不能随意突破法律规定的程序和条件。否则，不仅将难以保证所获取证据的合法性，还有可能给反贪办案工作甚至整体检察工作带来难以消除的负面影响。

总之，这次刑事诉讼法的修改，涉及面广、内容多而新。对于反贪工作来说，既有挑战又有机遇。就挑战而言，最主要的是体现在侦查观念、侦查方式、侦查作风和侦查能力等方面不适应上，对反贪部门及干警的侦查能力提出了更高的要求，侦查力量不足、侦查水平不高与繁重侦查任务之间的矛盾将更为突出。就机遇而言，反贪侦查措施和手段得到了一定的强化。各级反贪部门必须高度重视，认真组织学习，准确领会新刑事诉讼法的精神实质，尽快研究制定贯彻执行新刑事诉讼法的相关标准、措施和要求，不断提高适应水平和侦查破案能力，确保在新刑事诉讼法的条件下推进查办贪污贿赂犯罪案件工作健康深入发展，更好地为深入开展党风廉政建设和反腐败斗争，有力推动经济平稳较快发展、维护社会和谐稳定作出新的积极贡献。

新刑事诉讼法对渎职侵权犯罪侦查工作的影响及其应对

最高人民检察院渎职侵权检察厅厅长 李文生

我国检察机关现行的渎职侵权犯罪侦查模式，是以 1979 年制定、1996 年修改的刑事诉讼法为基础构建而成的。2012 年 3 月，第十一届全国人民代表大会第五次会议再次对刑事诉讼法进行了集中、全面的修改。新刑事诉讼法更加注重保障公民合法权益，对检察机关规范执法行为、强化法律监督提出了新的更高的要求。渎职侵权犯罪侦查工作如何适应刑事诉讼法新的变化，是当前面临的重要课题。

一、与渎职侵权犯罪侦查工作有关的刑事诉讼法条文修改情况

新刑事诉讼法将"尊重和保障人权"这一重要宪法原则突破性地载入我国的基本法律。此外，在基本保持原有体例和框架、结构的前提下，对刑事强制措施、侦查措施、诉讼当事人诉讼权利的保障，以及对立案、侦查、起诉、审判、执行等程序中的相关问题，都进行了较大的修改。涉及渎职侵权犯罪侦查工作的条文修改主要包括以下几个方面：

（一）完善证据制度

1. 在证据种类中增加电子数据，辨认、侦查实验等笔录。

2. 明确认定"证据确实、充分"的条件，即：定罪量刑的事实都有证据证明；据以定案的证据均经法定程序查证属实；综合全案证据，对所认定事实已排除合理怀疑。

3. 为加强行政执法与刑事司法之间的衔接，提高诉讼效率，增加了行政机关在行政执法和查办案件过程中收集的物证、书证、视听资料、电子数

据等证据材料,在刑事诉讼中可以作为证据使用的规定。

4. 完善非法证据排除制度。坚持对于采用刑讯逼供等非法方法收集的犯罪嫌疑人、被告人供述和采用暴力、威胁等非法方法收集的证人证言、被害人陈述,应当予以排除。收集物证、书证不符合法定程序,可能严重影响司法公正的,应当予以补正或者作出合理解释;不能补正或者作出合理解释的,对该证据应当予以排除。在侦查阶段发现有应当排除的证据的,应当依法予以排除,不得作为起诉意见的依据。

(二)加强侦查阶段对犯罪嫌疑人的权利保障

1. 在侦查阶段犯罪嫌疑人有权委托辩护律师。犯罪嫌疑人自被侦查机关第一次讯问或者采取强制措施之日起,有权委托辩护人。在侦查期间,只能委托律师作为辩护人。侦查机关在第一次讯问犯罪嫌疑人或者对犯罪嫌疑人采取强制措施的时候,应当告知犯罪嫌疑人有权委托辩护人。犯罪嫌疑人在押的,也可以由其监护人、近亲属代为委托辩护人。

2. 增加辩护律师为犯罪嫌疑人提供法律服务的方法手段。辩护律师在侦查期间可以为犯罪嫌疑人提供法律帮助;代理申诉、控告;申请变更强制措施;向侦查机关了解犯罪嫌疑人涉嫌的罪名和案件有关情况,提出意见。辩护律师可以同在押的、被监视居住的犯罪嫌疑人会见和通信。辩护律师会见在押的、被监视居住的犯罪嫌疑人,可以了解案件有关情况,提供法律咨询等。辩护人认为在侦查期间人民检察院收集的证明犯罪嫌疑人无罪或者罪轻的证据材料未提交的,有权申请人民检察院、人民法院调取。

3. 保障犯罪嫌疑人不被刑讯逼供。增加不得强迫任何人证实自己有罪的规定。针对司法实践中刑讯逼供行为多发生于将犯罪嫌疑人送交看守所之前的情况,明确在拘留、逮捕后应当立即将被拘留、逮捕人送交看守所羁押;犯罪嫌疑人被送交看守所羁押以后,侦查人员对其进行讯问,应当在看守所内进行。可以对讯问犯罪嫌疑人的过程进行录音或者录像。录音或者录像应当全程进行,保持完整性。

(三)完善检察机关侦查措施

1. 根据侦查取证的实际需要,增加规定对在现场发现的犯罪嫌疑人,可以口头传唤;对于案情特别重大、复杂,需要采取拘留、逮捕措施的,传唤、拘传①持续的时间不得超过 24 小时;侦查人员可以在现场、证人所在单位、住处或者证人提出的地点询问证人;完善人身检查的程序;在查询、冻结的对象范围中增加规定了债券、股票、基金份额等财产。

2. 明确技术侦查措施。人民检察院在立案后,对于重大的贪污、贿赂犯罪案件以及利用职权实施的严重侵犯公民人身权利的重大犯罪案件,根据侦查犯罪的需要,经过严格的批准手续,可以采取技术侦查措施。追捕被通缉或者批准、决定逮捕的在逃的犯罪嫌疑人,经过批准,可以采取追捕所必需的技术侦查措施。技术侦查措施按照规定交有关机关执行。

(四) 补充修改了强制措施的规定

1. 将逮捕条件细化为:可能实施新的犯罪;有危害国家安全、公共安全或者社会秩序的现实危险;可能毁灭、伪造证据,干扰证人作证或者串供;可能对被害人、举报人、控告人实施打击报复;企图自杀或者逃跑。明确规定,对有证据证明有犯罪事实,可能判处 10 年有期徒刑以上刑罚的,或者有证据证明有犯罪事实,可能判处徒刑以上刑罚,曾经故意犯罪或者身份不明的犯罪嫌疑人,应当予以逮捕。

2. 考虑到监视居住的特点和实际执行情况,将监视居住定位于减少羁押的替代措施,规定与取保候审不同的适用条件。补充和完善了被取保候审、监视居住的犯罪嫌疑人应当遵守的规定。

3. 严格限制采取强制措施不通知家属的例外情形。拘留、逮捕后,除无法通知的情形外,②应当在拘留、逮捕后 24 小时以内,通知被拘留人、被逮捕人的家属。

(五) 加强对侦查活动中不规范行为的监督

为保护相关诉讼参与人的合法权利,增加规定辩护人、诉讼代理人认为人民检察院及其工作人员阻碍其依法行使诉讼权利的,有权向同级或者上一级检察院申诉或者控告;当事人和辩护人、诉讼代理人、利害关系人,对采取强制措施法定期限届满,不予以释放、解除或者变更,应当退还取保候审

---

① 拘传是一种强制措施。新《刑事诉讼法》第 117 条第 2 款对传唤、拘传作了一并表述。

② 新《刑事诉讼法》第 83 条第 2 款规定的涉嫌危害国家安全犯罪、恐怖活动犯罪通知被拘留人的家属可能有碍侦查的情形,在渎职侵权犯罪案件中通常是没有的。

保证金不退还，对与案件无关的财物采取查封、扣押、冻结措施，应当解除查封、扣押、冻结不解除，贪污、挪用、私分、调换、违反规定使用查封、扣押、冻结的财物等行为有权申诉或者控告，并规定了相应的程序。

二、刑事诉讼法修改对渎职侵权犯罪侦查工作带来的影响及应对措施

检察机关是执行刑事诉讼法的主要机关之一，检察机关反渎职侵权部门是承担侦查国家机关工作人员渎职侵权犯罪职能的部门。我国现行的侦查模式，既有职权主义的特点，也包括当事人主义的特点，但是以职权主义的特点为主。① 这次修改刑事诉讼法，在程序设计上强化了控辩对抗，使得侦查模式的职权主义和当事人主义的特点更为均衡，对渎职侵权犯罪侦查工作提出了新的要求和挑战，各级检察机关反渎职侵权部门在侦查办案中要切实关注以下几个方面的问题：

（一）要更加注重在侦查办案中尊重和保障人权

将"尊重和保障人权"写入刑事诉讼法，彰显人权保障理念，对于推动我国法治文明进步和促进社会公平正义，具有重大意义。一方面，检察机关反渎职侵权部门要在侦查工作中自觉履行刑事诉讼法关于尊重和保障人权的规定，切实做到不得强迫任何人证实自己有罪；严禁采用刑讯逼供等非法方法收集犯罪嫌疑人供述，采用暴力、威胁等非法方法收集证人证言、被害人陈述；严格执行《人民检察院讯问职务犯罪嫌疑人实行全程同步录音录像的规定（试行）》，防止刑讯逼供等违法讯问行为的发生；不以连续传唤、拘传的形式变相拘禁渎职侵权犯罪嫌疑人，保障其饮食和必要的休息时间；在讯问犯罪嫌疑人的时候，应当告知其如实供述自己罪行可以从宽处理的法律规定；保障犯罪嫌疑人的辩护权，拘留、逮捕后及时送交看守所羁押，以及通知家属等诉讼权利；不得在羁押场所、专门的办案场所执行监视居住等。另一方面，要发挥检察机关在保障人权中的职能作用，依法严肃查办国家机关工作人员，特别是司法机关工作人员非法拘禁、非法搜查、刑讯逼供、暴力取证、虐待被监管人、报复陷害等犯罪案件，维护司法公正，实现

---

① 樊崇义：《刑事诉讼法实施问题与对策研究》，中国人民公安大学出版社2001年版，第341页。

公平正义。

(二)要更加注重初查在侦查程序中的作用

"初查既是对案件线索的筛选和过滤,更是对有价值的案件线索的深化和发展,是侦查人员对案件线索在认识上去粗取精、去伪存真,由此及彼、由表及里,最后认清本质即问题的性质,实现认识飞跃的过程。"① 也就是说,初查就是在是否认为有犯罪事实或者犯罪嫌疑人问题上,由原先不明确到明确,从而决定是否立案侦查的过程。新刑事诉讼法仅附条件地将传唤、拘传持续时间延长至 24 小时,拘留后决定逮捕时间延长到 14 日至 17 日。与之相对应,对律师介入侦查,为犯罪嫌疑人提供法律帮助,规定了更多的诉讼权利。这对于诉讼中增强控辩双方的对抗性,提高案件质量,保证无罪的人不受刑事追究,防止和避免罚不当罪,具有积极意义,但也增加了检察机关侦查渎职侵权犯罪案件的难度和强度。因而,要转变侦查模式,前移侦查中心,强化初查工作,加强对初查方法、措施和策略的研究。

一要处理好拓宽思路和重点突破的关系。在正面接触犯罪嫌疑人前必须把初查工作做充分,在收集证据材料时,除围绕案件线索收集证据材料外,还要对有关涉案人员的性格、文化程度、交际范围、工作环境、职责权限等进行调查。要有通盘考虑,有计划、有步骤地选择薄弱环节、重点部位、关键人物为突破口,集中力量获取关键性的证据材料。

二要处理好快速突破和长期经营的关系。初查,就是与犯罪嫌疑人在时间上展开较量,谁赢得了时间,谁就掌握了主动权。但对于一时不能立案的线索,不能急于求成,急于接触犯罪嫌疑人,要善于长期经营,全面收集和掌握与案件有关的证据材料和信息,等待时机成熟。

三要处理好初查终结后"以人立案"与"以事立案"的关系。对于经初查发现证明犯罪嫌疑人犯罪事实的证据材料确实、充分的,要果断采取"以人立案"的侦查方式。对于以结果要素为犯罪构成要件的渎职犯罪案件,采取"以事立案"侦查方式,可以避免因过早接触犯罪嫌疑人给侦查工作带来的被动,待时机成熟后再转化为"以人立案"。

(三)要更加注重遏制刑讯逼供和其他非法收集证据的行为

新刑事诉讼法规定了排除非法证据的相关内容。关于非法证据排除的原

---

① 朱孝清:《职务犯罪侦查教程》,中国检察出版社 2006 年版,第 80~81 页。

则，主要有绝对排除和相对排除两种。绝对排除，即一概排除非法收集的实物证据和言词证据。在美国，排除规则是最重要的宪法权利救济方法，适用范围包括非法逮捕所得的证据，非法搜查、扣押所得的实物证据，非法讯问所得的被告人供述，非法辨认所获取的证据。排除规则不仅仅用来排除那些作为危险行为直接结果的非法证据，而且还适用于由违宪行为所间接派生出来的证据。[①] 相对排除，即对于非法获取的言词证据加以排除，而对于实物证据则赋予法官自由裁量权，酌情处理，具有一定的弹性。按照英国普通法的传统，对于以不适当的手段获取的控方证据，法官除了在极为有限的场合可以行使自由裁量权加以排除外，一般承认其可采性。[②] 大多数国家采用第二种立法模式，在查明案件事实真相和保障程序正义两个方面进行平衡。1996年刑事诉讼法对排除非法证据规则没有作出明确规定，最高人民法院《关于执行〈中华人民共和国刑事诉讼法〉若干问题的解释》第61条规定：凡经查证确实属于采用刑讯逼供或者威胁、引诱、欺骗等非法的方法取得的证人证言、被害人陈述、被告人供述，不能作为定案的根据。对于非法获取的实物证据则没有规定。综观世界各国的立法实践，相对排除原则比较符合我国的实际。在渎职侵权犯罪侦查中，既要排除刑讯逼供等非法方法收集的言词证据，又要对于违反法律规定收集的物证、书证，及时予以补正或者作出合理解释，达到案件侦查终结需要的证据确实、充分的条件。

（四）要更加注重律师在侦查阶段的作用

是否允许辩护律师参与侦查程序和赋予其怎样的诉讼权利，已成为衡量一个国家刑事诉讼制度发展程度的重要标准。在允许辩护律师介入侦查阶段行使辩护职能方面，新刑事诉讼法增加了几项重要的诉讼权利：（1）与犯罪嫌疑人会见、通信。会见在押的犯罪嫌疑人时不被监听。（2）向侦查机关了解犯罪嫌疑人涉嫌的罪名和案件有关情况。（3）认为在侦查期间检察机关收集的犯罪嫌疑人无罪或者罪轻的证据材料未提交的，可以申请调取。（4）认为检察机关工作人员阻碍其依法行使诉讼权利的，有权提出申诉或者控告。（5）在侦查终结前，辩护律师提出要求的，应当听取辩护律师的意见。提出书面意见的，应当附卷。侦查人员在刑事诉讼活动中对犯罪嫌疑

---

① 陈瑞华：《比较刑事诉讼法》，中国人民大学出版社2010年版，第55页。
② 陈瑞华：《比较刑事诉讼法》，中国人民大学出版社2010年版，第37页。

人采取的一切措施，直接涉及法律赋予公民的权利。措施恰当、合法，就有利于刑事诉讼活动的正常开展，有利于法律的实施。辩护律师则通过履行辩护职能，使公民的权利得到及时、有效的救济。辩护律师进入侦查程序，与侦查人员形成控辩关系，主要有三个原因：第一，侦查人员不可能全面地兼顾侦查程序的双重目的，即查明犯罪事实、查获犯罪人和排除无罪的嫌疑人、收集犯罪人罪轻的材料；第二，犯罪嫌疑人本人不可能切实行使辩护职能；第三，没有律师的参加，检察机关在侦查程序中难以有效地行使法律监督职能。[①] 因而，侦查人员要加强与律师的沟通和联系，在侦查办案中保障并尊重律师的诉讼权，得到律师的理解和支持。对于辩护律师收集的有关犯罪嫌疑人不在犯罪现场、未达到刑事责任年龄、属于依法不负刑事责任的精神病人的证据，要及时获知。对于律师可能出现的违法行为，要及时制止。如果辩护律师有帮助犯罪嫌疑人隐匿、毁灭、伪造证据或串供，威胁、引诱证人作伪证以及进行其他干扰司法机关诉讼活动的行为，涉嫌犯罪的，应当及时移交公安机关办理，并及时通知律师所在的律师事务所或者所属的律师协会。

（五）要更加注重强制措施在侦查工作中的运用

强制措施的正确决策，是侦查策略的重要组成部分，对侦查工作起到关键性的作用。对犯罪嫌疑人采取何种强制措施，是侦查指挥人员无法回避的问题。采取强制措施，既要有风险意识，又要把握好风险的度，谨慎从事，防止抓抓放放。灵活运用刑事诉讼法规定的五种强制措施，要综合考虑案件情况、法律规定和宽严相济刑事政策。要充分运用已经收集掌握的证据，对有证据证明有犯罪事实，且犯罪情节恶劣、危害后果严重的犯罪嫌疑人，果断、适时采取刑事拘留、逮捕的强制措施。对于过失犯罪，或者犯罪情节较轻，在犯罪中起次要作用，或者投案自首、检举立功的，可以体现刑事政策，区别对待。根据新刑事诉讼法，执行机关对被监视居住的犯罪嫌疑人，可以采取电子监控、不定期检查等监视方法；在侦查期间，可以对被监视居住的犯罪嫌疑人的通信进行监控。对于取保候审，增加了24小时以内向执行机关报告住址、工作单位和联系方式发生变动的情况，不得进入特定的场

---

① 参见李心鉴：《刑事诉讼构造论》，中国政法大学出版社1992年版，第187~188页。

所，不得与特定的人员会见或者通信，不得从事特定的活动，将护照等出入境证件、驾驶证件交执行机关保存等规定。这次修改刑事诉讼法，不但将监视居住定位于减少羁押的替代措施，而且对被取保候审人也作出了更为严格、细致的规定。在以后的办案实践中，要更多地考虑如何准确地适用取保候审、监视居住。总之，刑事诉讼法对于适用强制措施的条件、范围、方法、手段等的修改，给检察机关查办渎职侵权犯罪案件提出了新的课题，要认真研究、依法适用、合理运用。

（六）要更加注重新的侦查措施的运用

新刑事诉讼法对技术侦查和秘密侦查措施作出了规定。反渎职侵权部门侦查利用职权实施的严重侵犯公民人身权利的重大犯罪案件，渎职与贪污、贿赂犯罪交织的重大犯罪案件，以及追捕被通缉或者批准、决定逮捕的在逃的犯罪嫌疑人，经过批准，可以采取技术侦查措施。对于秘密侦查措施，新刑事诉讼法规定，为了查明案情，在必要的时候，经公安机关负责人决定，可以由有关人员隐匿其身份实施侦查，没有规定检察机关如何进行秘密侦查工作。新刑事诉讼法严格规定了技术侦查和秘密侦查措施的适用范围、期限、保密要求、批准程序、证据使用等，具体的操作规程还有待于进一步规范，从以往的办案实践看，它们运用于渎职侵权犯罪侦查工作的情形将较为少见。一旦使用，必须严格规范。为了更好地适应当前渎职侵权犯罪向隐秘性、智能性转变的特点，反渎职侵权部门必须提高侦查人员的素质，向科学技术要战斗力。要切实增强侦查人员运用信息和科学技术服务侦查办案工作的能力和水平，充分发挥鉴定、调取视听资料、电子数据等新的侦查措施在揭露和证实犯罪中的重要作用。

（七）要更加注重证据的收集、审查和研判

1. 正确区分客观事实与法律事实。客观事实是不可重现的。法律事实，是法律意义上的事实，是由法律规范所调整的，可以引起一定法律后果的事实。在刑事诉讼活动中，法律事实是由证据证明的案件事实，是经过侦查、公诉、审判人员和被告人等的主观活动明确或确认的案件事实。因而，在侦查取证工作中，"对案件事实的追求只能无限趋近于客观事实，而不可能还原客观事实。对已发生的事件的把握也只能是认识意义上的把握，而非本体意义上的把握。承认'法律事实'，是司法证明活动所追求的目标，以使证明规则在司法实践中具有更强的现实性和可操作性"。①

2. 全面收集证据。对于渎职侵权犯罪案件，侦查人员要依法全面收集证据，包括证明犯罪嫌疑人有罪、无罪、罪重、罪轻的各种证据，准确认定案件事实。特别是无罪、罪轻的证据，如果我们不去收集，律师也会去收集，无疑会给后续的公诉、审判环节带来被动，影响诉讼的顺利进行。

3. 依法审查判断证据，排除合理怀疑。要考察每一个证据的客观性、关联性和合法性。要综合考察全案的证据与证据之间、证据与案件事实之间客观存在的实际联系，对有罪、无罪、罪重、罪轻证据一同考察，并对各种可能性证据通盘考虑，注意发现证据与证据之间的矛盾，分析产生冲突的原因。不能只注意一方面的证据，而忽视另一方面的证据，防止主观臆断，最终通过分析、判断，对整个案件事实作出结论。

三、检察机关反渎职侵权部门执行新刑事诉讼法应当重点做好的工作

刑事诉讼法的修改给检察机关带来了严峻的挑战，其肩负的责任更加重大，各级检察机关反渎职侵权部门和广大反渎职侵权人员要把思想统一到社会主义民主法治建设的大局上来，高度重视，积极行动，切实做好相关工作。

（一）认真学习、正确理解新刑事诉讼法，切实增强执行的自觉性

新刑事诉讼法对检察机关渎职侵权犯罪侦查工作提出了新的要求。各级检察机关反渎职侵权部门要高度重视，把贯彻执行新刑事诉讼法作为一项重要工作抓紧抓好。新法为广大反渎职侵权人员所熟悉、了解并熟练运用，需要一个适应过渡期，也就是学习培训期。各级检察机关反渎职侵权部门要结合本地区的实际情况，采取聘请专家讲座、业务研讨等多种形式，认真全面地学习新刑事诉讼法，熟练掌握具体内容和各项要求，使广大反渎职侵权人员了解、掌握新刑事诉讼法的原则、精神和内容，重点学好与检察工作、渎职侵权犯罪侦查工作密切相关的条文，提高侦查能力和水平。要通过学习统一思想，纠正一些干警中可能存在的消极抱怨、等待观望等错误认识，切实

---

① 黄维智：《心证形成过程实证研究》，中国检察出版社 2012 年版，第 112 页。

转变执法观念，牢固树立惩治犯罪与保障人权相统一、程序公正与实体公正相统一、案件数量与质量相统一、法律效果与社会效果相统一等理念，为在执法办案工作中严格贯彻执行新刑事诉讼法打下坚实的理论基础和思想基础。

（二）抓紧建立、健全和完善与渎职侵权犯罪侦查工作相关的机制制度

各级检察机关反渎职侵权部门要积极适应新刑事诉讼法提出的新要求，建立、健全和完善渎职侵权犯罪侦查各个环节的机制制度。一要全面推行侦查办案一体化机制，加强情报信息的收集、研判、管理工作，实行情报信息引导犯罪侦查机制。二要健全完善检察机关各业务部门之间查办渎职侵权犯罪案件分工协作、全程监控的配合制约机制，积极探索建立侦捕诉联动机制，整合办案资源。三要不断完善检察调查、行政执法与刑事司法相衔接机制，着手制定行政执法机关证据材料与刑事证据转换规则。四要建立渎职侵权犯罪案件非法干预排除机制，重大复杂案件情况通报、协助调查处理等工作机制，着力解决渎职侵权犯罪发现难、立案难、查证难、处理难的问题。

（三）依法维护犯罪嫌疑人及律师的各项诉讼权利

新刑事诉讼法规定了犯罪嫌疑人及律师在诉讼活动中的各项诉讼权利，明确了律师在诉讼活动中，特别是在侦查活动中的重要作用，各级检察机关反渎职侵权部门要在侦查渎职侵权犯罪案件过程中，正确运用法律的规定，严格规范侦查行为，保障律师在侦查阶段的诉讼权利，保护犯罪嫌疑人的合法权益，确保检察权合法、正确行使。反渎职侵权人员与律师应当建立正常的工作关系，在依法履行职责过程中，互相尊重，互相监督，共同维护法律的权威和法制的尊严。

各级检察机关反渎职侵权部门要以贯彻执行新刑事诉讼法为契机，进一步加强和改进侦查工作，完善工作机制制度，创新工作思路，提高执法水平，确保新刑事诉讼法实施后反渎职侵权各项工作保持有序、高效运行，为经济平稳较快发展、社会和谐稳定提供有力的法治保障。

新刑事诉讼法对监所检察工作的影响及应对措施

最高人民检察院监所检察厅厅长　袁其国

2012年3月14日,十一届全国人大五次会议通过的《全国人民代表大会关于修改〈中华人民共和国刑事诉讼法〉的决定》中直接或间接涉及监所检察工作的法律条文有很多。这些新修改和增加的条文有利于进一步完善刑事诉讼制度,贯彻宽严相济刑事政策,保障当事人的合法权益。2011年11月,最高人民检察院检察长曹建明在全国检察机关派出派驻监所检察机构建设工作会议的讲话中,提出了维护刑罚执行和监管活动的公平公正、维护监管秩序稳定、维护被监管人合法权益"三个维护"有机统一的监所检察工作理念。新刑事诉讼法涉及监所检察工作的法律条文与"三个维护"有机统一的监所检察工作理念完全契合。为了准确理解这些条文规定的指导思想、立法宗旨,统一监所检察人员的思想,树立正确的执法监督理念,需要对新刑事诉讼法涉及监所检察工作的法律条文作一认真的梳理和解读。

一、刑事诉讼法中涉及监所检察工作的有关条文修改情况

（一）关于刑事强制措施有关条文的修改

1. 修改完善了取保候审、监视居住的适用条件。新《刑事诉讼法》第65条第1款规定:"人民法院、人民检察院和公安机关对有下列情形之一的犯罪嫌疑人、被告人,可以取保候审:（一）可能判处管制、拘役或者独立适用附加刑的;（二）可能判处有期徒刑以上刑罚,采取取保候审不致发生社会危险性的;（三）患有严重疾病、生活不能自理,怀孕或者正在哺乳自己婴儿的妇女,采取取保候审不致发生社会危险性的;（四）羁押期限届

满，案件尚未办结，需要采取取保候审的。"第72条第1款、第2款规定："人民法院、人民检察院和公安机关对符合逮捕条件，有下列情形之一的犯罪嫌疑人、被告人，可以监视居住：（一）患有严重疾病、生活不能自理的；（二）怀孕或者正在哺乳自己婴儿的妇女；（三）系生活不能自理的人的唯一扶养人；（四）因为案件的特殊情况或者办理案件的需要，采取监视居住措施更为适宜的；（五）羁押期限届满，案件尚未办结，需要采取监视居住措施的。对符合取保候审条件，但犯罪嫌疑人、被告人不能提出保证人，也不交纳保证金的，可以监视居住。"

取保候审和监视居住是羁押的替代措施。针对1996年刑事诉讼法关于取保候审和监视居住的法定条件并无区别，司法实践中掌握较严，导致羁押率畸高的问题，新刑事诉讼法分列条文，对取保候审、监视居住的法定条件进行了修改。法律增加规定对患有严重疾病、生活不能自理，怀孕或者正在哺乳自己婴儿的妇女，以及羁押期限届满，案件尚未办结，需要采取取保候审或者监视居住措施的犯罪嫌疑人、被告人，可以取保候审或者监视居住。这些修改体现了人道主义精神，有利于保障犯罪嫌疑人、被告人的合法权益，防止在押人员在看守所因病死亡等问题，也有利于减少不必要的羁押，降低羁押率，减轻看守所的羁押人数和监管压力。

2. 进一步完善了逮捕条件。新《刑事诉讼法》第79条规定："对有证据证明有犯罪事实，可能判处徒刑以上刑罚的犯罪嫌疑人、被告人，采取取保候审尚不足以防止发生下列社会危险性的，应当予以逮捕：（一）可能实施新的犯罪的；（二）有危害国家安全、公共安全或者社会秩序的现实危险的；（三）可能毁灭、伪造证据，干扰证人作证或者串供的；（四）可能对被害人、举报人、控告人实施打击报复的；（五）企图自杀或者逃跑的。对有证据证明有犯罪事实，可能判处十年有期徒刑以上刑罚的，或者有证据证明有犯罪事实，可能判处徒刑以上刑罚，曾经故意犯罪或者身份不明的，应当予以逮捕。被取保候审、监视居住的犯罪嫌疑人、被告人违反取保候审、监视居住规定，情节严重的，可以予以逮捕。"

1996年刑事诉讼法规定的逮捕条件是"对有证据证明有犯罪事实，可能判处徒刑以上刑罚的犯罪嫌疑人、被告人，采取取保候审、监视居住等方法，尚不足以防止发生社会危险性，而有逮捕必要"。由于司法实践中对"尚不足以防止发生社会危险性，而有逮捕必要"的原则规定理解不一致，逮捕条件无法准确掌握，导致执法不统一。这次修改，使得逮捕条件和法定情形得以细化，有利于在具体司法实践中掌握批准或者决定逮捕的条件。

3. 增加了羁押必要性审查制度。新《刑事诉讼法》第93条规定："犯罪嫌疑人、被告人被逮捕后，人民检察院仍应当对羁押的必要性进行审查。对不需要继续羁押的，应当建议予以释放或者变更强制措施。有关机关应当在十日以内将处理情况通知人民检察院。"

羁押必要性审查是一种全新的制度，是刑事诉讼法新赋予检察机关的一项法定职责。对不需要继续羁押的犯罪嫌疑人、被告人，经过检察机关的建议，办案机关予以变更强制措施或者释放，有利于减少不必要的羁押，解决目前看守所人满为患的问题，节约国家司法资源和财政支出，也有利于保障在押人员不被"不必要羁押"的权利。

（二）关于审理期限和羁押期限条文的修改

1. 增加了中止审理制度。新《刑事诉讼法》第200条规定："在审判过程中，有下列情形之一，致使案件在较长时间内无法继续审理的，可以中止审理：（一）被告人患有严重疾病，无法出庭的；（二）被告人脱逃的；（三）自诉人患有严重疾病，无法出庭，未委托诉讼代理人出庭的；（四）由于不能抗拒的原因。中止审理的原因消失后，应当恢复审理。中止审理的期间不计入审理期限。"中止审理是一种新的制度，完善了刑事审判制度，解决了有些被告人患有严重疾病（如严重精神疾病）等情形下，案件在较长时间内无法继续审理的问题。

2. 延长了人民法院一审、二审案件的审理期限。新《刑事诉讼法》第202条第1款规定："人民法院审理公诉案件，应当在受理后二个月以内宣判，至迟不得超过三个月。对于可能判处死刑的案件或者附带民事诉讼的案件，以及有本法第一百五十六条规定情形之一的，经上一级人民法院批准，可以延长三个月；因特殊情况还需要延长的，报请最高人民法院批准。"第214条规定："适用简易程序审理案件，人民法院应当在受理后二十日以内审结；对可能判处的有期徒刑超过三年的，可以延长至一个半月。"这些修改将法院一审的期限延长了一倍，由原来的1个半月延长到3个月；延长审理的期限也从原来的1个月延长到3个月，批准机关由原来的高级人民法院改为上一级法院；因特殊情况还需要延长，报请最高人民法院批准，且无期限限制。同时，新增加规定对于可能判处的有期徒刑超过3年的简易程序案件，一审期限可以延长至 1 个半月。

新《刑事诉讼法》第 232 条规定："第二审人民法院受理上诉、抗诉案件，应当在二个月以内审结。对于可能判处死刑的案件或者附带民事诉讼的案件，以及有本法第一百五十六条规定情形之一的，经省、自治区、直辖市高级人民法院批准或者决定，可以延长二个月；因特殊情况还需要延长的，报请最高人民法院批准。最高人民法院受理上诉、抗诉案件的审理期限，由最高人民法院决定。"这一条将二审审理期限从原来的 1 个半月延长到 2 个月，经批准延长的期限从原来的 1 个月延长到 2 个月。因案件特殊情况，报请最高人民法院批准延长的，以及最高人民法院审理的二审案件，则无期限限制。

针对审判实践中一些重大复杂案件审限不足，影响办案质量的问题，2011 年 8 月第十一届全国人大常委会第二十二次会议第一次审议的《中华人民共和国刑事诉讼法修正案（草案）》中规定，第一审案件有法定情形之一的，经高级人民法院批准或决定，可以延长 2 个月。但是，2011 年 12 月第十一届全国人大常委会第二十四次会议第二次审议《中华人民共和国刑事诉讼法修正案（草案）》时，又将第一、二审的期限及延长审理的时限再次加以延长。这次新刑事诉讼法延长了一审、二审案件的审理期限，而且幅度很大。对于一些重大、复杂、疑难案件适当延长审理期限是可以的，但是所有案件都大幅延长审限容易产生弊端，如影响审判效率，可能使得本可在较短时间内审结的案件被不当拖延，导致被告人羁押时间过长，给本已人满为患的看守所增加了羁押监管压力。

3. 规定了二审案件检察机关的阅卷期限。新《刑事诉讼法》第 224 条规定："人民检察院提出抗诉的案件或者第二审人民法院开庭审理的公诉案件，同级人民检察院都应当派员出席法庭。第二审人民法院应当在决定开庭审理后及时通知人民检察院查阅案卷。人民检察院应当在一个月以内查阅完毕。人民检察院查阅案卷的时间不计入审理期限。"1996 年刑事诉讼法没有专门规定人民检察院在二审案件庭审前的阅卷时间，且人民检察院的阅卷时间需计入二审期限，但是实践中有些重大、复杂的二审案件，卷宗很多，检察人员阅卷时间很长，导致人民法院的审判期限被占用，发生案件超审限的现象。新刑事诉讼法针对这一问题，规定二审开庭审理的案件，人民检察院查阅案卷的时间不计入审理期限，同时也限定了检察院阅卷的时间最长为 1 个月。

（三）关于看守所在押人员一方权利的条文修改

1. 完善了辩护律师会见权制度。新《刑事诉讼法》第37条第2款至第4款规定："辩护律师持律师执业证书、律师事务所证明和委托书或者法律援助公函要求会见在押的犯罪嫌疑人、被告人的，看守所应当及时安排会见，至迟不得超过四十八小时。危害国家安全犯罪、恐怖活动犯罪、特别重大贿赂犯罪案件，在侦查期间辩护律师会见在押的犯罪嫌疑人，应当经侦查机关许可。上述案件，侦查机关应当事先通知看守所。辩护律师会见在押的犯罪嫌疑人、被告人，可以了解案件有关情况，提供法律咨询等；自案件移送审查起诉之日起，可以向犯罪嫌疑人、被告人核实有关证据。辩护律师会见犯罪嫌疑人、被告人时不被监听。"这一规定吸收了律师法的相关规定，有利于保障犯罪嫌疑人、被告人的辩护权等诉讼权利。

2. 明确规定犯罪嫌疑人、被告人被拘留或逮捕后应立即送看守所羁押和侦查人员应在看守所讯问犯罪嫌疑人。新《刑事诉讼法》第83条第2款规定："拘留后，应当立即将被拘留人送看守所羁押，至迟不得超过二十四小时。除无法通知或者涉嫌危害国家安全犯罪、恐怖活动犯罪通知可能有碍侦查的情形以外，应当在拘留后二十四小时以内，通知被拘留人的家属。有碍侦查的情形消失以后，应当立即通知被拘留人的家属。"第91条第2款规定："逮捕后，应当立即将被逮捕人送看守所羁押。除无法通知的以外，应当在逮捕后二十四小时以内，通知被逮捕人的家属。"第116条第2款规定："犯罪嫌疑人被送交看守所羁押以后，侦查人员对其进行讯问，应当在看守所内进行。"

上述修改主要是针对司法实践中，刑讯逼供行为多发生在将犯罪嫌疑人送交看守所之前，侦查人员的讯问等行为大多是在公安机关、检察机关的办案区、办案点进行，几乎受不到任何监督制约；还有的侦查人员借口指认作案现场、辨认、起赃等或者完全没有理由地将犯罪嫌疑人提出看守所进行讯问，容易发生刑讯逼供，犯罪嫌疑人自杀、脱逃等侦查违法问题。新刑事诉讼法规定，犯罪嫌疑人、被告人被拘留或者逮捕后，应当立即送看守所羁押，侦查讯问应当在看守所内进行。这既可以预防和减少犯罪嫌疑人、被告人在看守所之外的其他办案地点被侦查人员刑讯逼供，有利于保障犯罪嫌疑人、被告人的合法权益，同时也有利于防止出现被拘留、逮捕人脱逃、自杀、妨害作证等事故，保障侦查等诉讼活动的顺利进行。

3. 完善了被羁押人一方申请变更强制措施的权利。新《刑事诉讼法》第 95 条规定:"犯罪嫌疑人、被告人及其法定代理人、近亲属或者辩护人有权申请变更强制措施。人民法院、人民检察院和公安机关收到申请后,应当在三日以内作出决定;不同意变更强制措施的,应当告知申请人,并说明不同意的理由。"这一条文不仅规定了被羁押人一方有申请变更强制措施的权利,同时也规定了办案机关的相关义务,即办案机关在收到被羁押人一方变更强制措施的申请后,应当在 3 日以内作出决定,如果不同意变更强制措施,应当告知申请人,并说明理由。这有利于约束办案机关,减少不必要的羁押,保障犯罪嫌疑人、被告人的权利。

4. 增加了讯问犯罪嫌疑人实行录音、录像制度。新《刑事诉讼法》第 121 条规定:"侦查人员在讯问犯罪嫌疑人的时候,可以对讯问过程进行录音或者录像;对于可能判处无期徒刑、死刑的案件或者其他重大犯罪案件,应当对讯问过程进行录音或者录像。录音或者录像应当全程进行,保持完整性。"讯问犯罪嫌疑人录音录像制度是新增加的制度,既有利于保存、固定证据,也有利于防止侦查人员的刑讯逼供、诱供等非法取证行为,保护犯罪嫌疑人的合法权利。

5. 规定了当事人一方对超期羁押等侵犯其合法权益行为的申诉、控告权。新《刑事诉讼法》第 115 条规定:"当事人和辩护人、诉讼代理人、利害关系人对于司法机关及其工作人员有下列行为之一的,有权向该机关申诉或者控告:(一)采取强制措施法定期限届满,不予以释放、解除或者变更的……受理申诉或者控告的机关应当及时处理。对处理不服的,可以向同级人民检察院申诉;人民检察院直接受理的案件,可以向上一级人民检察院申诉。人民检察院对申诉应当及时进行审查,情况属实的,通知有关机关予以纠正。"

6. 强化了对未成年人的权利保护。具体而言包括以下几个方面:

一是规定了对未成年人应当严格限制适用逮捕措施。为了保护未成年人的权利,新刑事诉讼法增加了"未成年人刑事案件诉讼程序"一章。其中,第 269 条第 1 款规定:"对未成年犯罪嫌疑人、被告人应当严格限制适用逮捕措施。人民检察院审查批准逮捕和人民法院决定逮捕,应当讯问未成年犯罪嫌疑人、被告人,听取辩护律师的意见。"

二是增加规定了对未成年人分押、分管、分教制度。新《刑事诉讼法》

第269条第2款规定:"对被拘留、逮捕和执行刑罚的未成年人与成年人应当分别关押、分别管理、分别教育。"《中华人民共和国监狱法》第39条、《中华人民共和国看守所条例》第14条分别规定了对未成年人的分押、分管、分教制度。作为刑事基本法的刑事诉讼法专门规定对未成年人分押、分管、分教制度,目的是强化对未成年人合法权益的保护,防止未成年在押人员被成年在押人员甚至"牢头狱霸"殴打虐待,防止未成年在押人员在看守所羁押期间被交叉感染等不良后果的发生。

三是增加了未成年犯罪嫌疑人、被告人被讯问和审判时法定代理人的在场权。新《刑事诉讼法》第270条第1款、第2款规定:"对于未成年人刑事案件,在讯问和审判的时候,应当通知未成年犯罪嫌疑人、被告人的法定代理人到场。无法通知、法定代理人不能到场或者法定代理人是共犯的,也可以通知未成年犯罪嫌疑人、被告人的其他成年亲属,所在学校、单位、居住地基层组织或者未成年人保护组织的代表到场,并将有关情况记录在案。到场的法定代理人可以代为行使未成年犯罪嫌疑人、被告人的诉讼权利。到场的法定代理人或者其他人员认为办案人员在讯问、审判中侵犯未成年人合法权益的,可以提出意见。讯问笔录、法庭笔录应当交给到场的法定代理人或者其他人员阅读或者向他宣读。"

(四)关于刑罚执行制度有关条文的修改

1. 明确了人民法院交付执行的期限和送达机关。1996年刑事诉讼法没有规定法院交付执行的期限,也没有规定将法律文书送达给公安机关,导致交付执行不及时或者交付执行脱节,延长了罪犯滞留在看守所的时间。新《刑事诉讼法》第253条第1款规定:"罪犯被交付执行刑罚的时候,应当由交付执行的人民法院在判决生效后十日以内将有关的法律文书送达公安机关、监狱或者其他执行机关。"

2. 修改了短刑犯留所服刑的条件。《刑事诉讼法》第253条第2款规定:"……对被判处有期徒刑的罪犯,在被交付执行刑罚前,剩余刑期在三个月以下的,由看守所代为执行……"1996年刑事诉讼法规定,罪犯留所服刑的条件是交付执行前剩余刑期在1年以下,这次修改为余刑在3个月以下。这一修改有利于大幅减少留所服刑罪犯的数量,减轻看守所的羁押和监管压力。

3. 完善了暂予监外执行制度。具体包括以下几方面内容:

一是规定对被判处无期徒刑,且怀孕或者正在哺乳自己婴儿的妇女罪犯,可以暂予监外执行。这是出于人道主义考虑,防止女犯在监狱内分娩和哺乳婴儿,影响婴儿的生长发育,有利于维护妇女和儿童的权益。

二是明确规定了暂予监外执行的决定和批准机关。新《刑事诉讼法》第254条第5款规定:"在交付执行前,暂予监外执行由交付执行的人民法院决定;在交付执行后,暂予监外执行由监狱或者看守所提出书面意见,报省级以上监狱管理机关或者设区的市一级以上公安机关批准。"

三是完善了对暂予监外执行罪犯收监执行与刑期计算制度。新《刑事诉讼法》第257条第1款至第3款规定:"对暂予监外执行的罪犯,有下列情形之一的,应当及时收监:(一)发现不符合暂予监外执行条件的;(二)严重违反有关暂予监外执行监督管理规定的;(三)暂予监外执行的情形消失后,罪犯刑期未满的。对于人民法院决定暂予监外执行的罪犯应当予以收监的,由人民法院作出决定,将有关的法律文书送达公安机关、监狱或者其他执行机关。不符合暂予监外执行条件的罪犯通过贿赂等非法手段被暂予监外执行的,在监外执行的期间不计入执行刑期。罪犯在暂予监外执行期间脱逃的,脱逃的期间不计入执行刑期。"

4. 规定了社区矫正制度。新《刑事诉讼法》第258条规定:"对被判处管制、宣告缓刑、假释或者暂予监外执行的罪犯,依法实行社区矫正,由社区矫正机构负责执行。"这一规定正式完整地确立了社区矫正制度,一是明确了社区矫正的对象为管制、缓刑、假释、暂予监外执行四种监外执行罪犯。对于以前关于对被剥夺政治权利、在社会上服刑的罪犯是否予以社区矫正的争议给出了明确答案,即不能实行社区矫正,改变了前几年社区矫正试点中对五种监外执行罪犯均实行社区矫正的做法。二是明确了社区矫正的执行主体,即隶属于司法行政机关的社区矫正机构。公安机关不再是执行主体,改变了以往社区矫正试点工作中存在执法主体和工作主体相分离的状况。

5. 增加了人民检察院对刑罚变更执行事前监督制度。新《刑事诉讼法》第255条规定:"监狱、看守所提出暂予监外执行的书面意见的,应当将书面意见的副本抄送人民检察院。人民检察院可以向决定或者批准机关提出书面意见。"第262条第2款规定:"被判处管制、拘役、有期徒刑或者无期徒刑的罪犯,在执行期间确有悔改或者立功表现,应当依法予以减刑、假释的时候,由执行机关提出建议书,报请人民法院审核裁定,并将建议书副本抄送人民检察院。人民检察院可以向人民法院提出书面意见。"

提请暂予监外执行书面意见或者减刑、假释建议书抄送人民检察院，以及人民检察院在刑罚变更执行批准、决定、裁定前向裁决机关提出书面检察意见，是刑罚变更执行事前监督的需要，是对中央司法体制与工作机制改革任务中完善刑罚变更执行同步监督机制的落实，也是对实践中刑罚变更执行事前监督做法的明确认可，有利于强化检察监督，确保刑罚执行的公平公正。

（五）增加了对依法不负刑事责任的精神病人的强制医疗制度

新刑事诉讼法增加了对依法不负刑事责任的精神病人的强制医疗制度，规定了强制医疗的法定条件、决定机关和决定程序、救济程序，同时规定了人民检察院对强制医疗机构的决定和执行实行监督。新《刑事诉讼法》第284条规定："实施暴力行为，危害公共安全或者严重危害公民人身安全，经法定程序鉴定依法不负刑事责任的精神病人，有继续危害社会可能的，可以予以强制医疗。"第289条规定："人民检察院对强制医疗的决定和执行实行监督。"

《刑法》第18条第1款规定："精神病人在不能辨认或者不能控制自己行为的时候造成危害结果，经法定程序鉴定确认的，不负刑事责任，但是应当责令他的家属或者监护人严加看管和医疗；在必要的时候，由政府强制医疗。"多年以来，对于危害社会且具有人身危险性，特别是有暴力倾向的精神病人，一般是由公安机关作出强制医疗的决定，并将其送强制医疗机构进行强制医疗。但是，没有法律明确规定强制医疗的法定条件、决定机关和决定程序，导致实践中执法随意性、执法混乱等问题的发生。同时，以前法律也没有规定对强制医疗机构的强制医疗执行活动的监督制度，容易发生侵犯被强制医疗人合法权益的问题。针对上述问题，新刑事诉讼法增加规定了强制医疗制度，规定了强制医疗的法定条件、决定机关和决定程序、救济程序和监督制度。根据法律规定，符合强制医疗条件的精神病人，可以由人民检察院提出申请，经由人民法院决定，予以强制医疗。同时规定，人民检察院对强制医疗的决定和执行实行监督。

二、刑事诉讼法修改对监所检察工作的影响和应对措施

（一）刑事诉讼法修改对监所检察工作的影响

1. 给监所检察增加了许多新的法定职责。具体而言包括以下几个方面：

一是增加了刑罚变更执行事前监督的职责。1996 年刑事诉讼法和监狱法只明确规定了检察机关对减刑、假释、暂予监外执行的事后监督职责，即：批准暂予监外执行的机关应当将批准的决定抄送人民检察院，人民检察院认为暂予监外执行不当的，应当自接到通知之日起 1 个月以内将书面意见送交批准暂予监外执行的机关；人民法院减刑、假释裁定书的副本应当抄送人民检察院，人民检察院认为减刑、假释的裁定不当的，应当在收到裁定书副本后 20 日以内，向人民法院提出书面纠正意见。新刑事诉讼法根据中央司法改革的意见和人民群众要求强化刑罚变更执行同步监督的呼声以及检察实践探索的经验，增加了检察机关对减刑、假释、暂予监外执行事前监督的职责，即：监狱、看守所提出暂予监外执行的书面意见的，应当将书面意见的副本抄送人民检察院，人民检察院可以向决定或者批准机关提出书面意见；执行机关在向人民法院提出减刑、假释建议书时，应将建议书副本抄送人民检察院，人民检察院可以向人民法院提出书面意见。在收到提请建议机关抄送的意见、建议后，裁决机关作出刑罚变更执行裁决前，人民检察院发现刑罚变更执行的意见、建议违法或者不当的，应当向裁决机关提出书面检察意见。这是给检察机关增加的一项新的法定职责，改变了检察机关之前只进行事后审查监督的传统做法。

二是参与羁押必要性审查的职责。羁押必要性审查作为新刑事诉讼法赋予检察机关的一项新职责，其立法目的是强化检察机关对羁押措施的监督，防止超期羁押和不必要的关押。虽然目前最高人民检察院在检察机关内部职权配置方面暂未明确具体由哪个业务部门具体负责羁押必要性审查工作，但是监所检察部门应当有义务参与这项工作。监所检察部门负有保障在押人员权利的职责，派驻看守所检察室有义务了解在押人员的羁押表现，有义务受理被羁押人请求变更强制措施、请求检察机关进行羁押必要性审查的口头或者书面申请，有义务与侦查监督或者公诉部门共同开展羁押必要性审查工作。

三是新增对强制医疗机构的执行活动进行法律监督的职责。目前我国的

强制医疗法制不是很健全，没有专门的法律或者法规，强制医疗机构设置也不规范。目前专门的强制医疗机构是安康医院，它是由公安机关管理的一种特殊监管场所。全国共有 24 所安康医院，分布在 20 个省、自治区、直辖市，其中有的是省辖市设置的，有的是在普通精神病医院加挂安康医院的牌子。而未设置安康医院的地方，大多数是将决定强制医疗的精神病人送到普通精神病医院强制医疗。强制医疗执行活动从性质上讲是一种行政强制措施，安康医院又是一种特殊的监管场所，因此，将来对安康医院的监督职责由监所检察部门承担基本是确定的。

四是羁押期限监督和维护在押人员合法权益的任务增加。随着法院审限的延长和变化，监所检察部门承担的羁押期限监督任务会更加繁重，派驻检察室应当依法监督法院审判环节的审理期限执行情况，监督法院是否依法办理换押手续、是否依法办理延长审限的审批手续。监所检察部门保障在押人员权利的职责主要增加了以下内容：（1）发现在押被告人患有严重精神疾病或者其他严重疾病，不具备受审能力的，应当积极建议人民法院变更强制措施，中止审理。（2）应当依法保障辩护律师的会见权，监督看守所及时安排律师会见在押的犯罪嫌疑人、被告人，保证辩护律师会见犯罪嫌疑人、被告人时不被监听。（3）监督公安机关在拘留或逮捕犯罪嫌疑人、被告人后是否立即送看守所羁押。（4）监督侦查人员在看守所内讯问犯罪嫌疑人，防止办案人员借口出所辨认、起赃等提押犯罪嫌疑人出所，在看守所外实施非法讯问甚至刑讯逼供。（5）积极受理被羁押人一方变更强制措施的申请，直接审查处理或者转送有关办案机关作出决定；保障当事人一方对采取强制措施法定期限届满，不予以释放、解除或者变更等侵犯其合法权益行为的申诉、控告权。（6）监督侦查机关侦查人员在看守所讯问犯罪嫌疑人时录音或者录像活动，保证侦查人员对于可能判处无期徒刑、死刑的案件或者其他重大犯罪案件的讯问进行全程录音或者录像。（7）依法保护未成年人的诉讼权利。监督看守所严格执行对未成年人分押、分管、分教制度；保障未成年犯罪嫌疑人、被告人在看守所被讯问时其法定代理人的在场权；等等。

五是新增了社区矫正的法律监督职责。社区矫正是非监禁刑罚执行活动，是刑罚执行活动的重要组成部分，人民检察院刑罚执行监督的职责必然要包含社区矫正法律监督。新刑事诉讼法将原来五种监外执行罪犯中的四种纳入社区矫正范围，监所检察部门承担的监外执行检察任务将正式转变为社区矫正法律监督。而履行社区矫正法律监督职责,是检察机关参与加强和创新社会管理的一项重要工作任务。

2. 监所检察的工作任务更加繁重,存在的困难、问题和工作任务重的矛盾更加凸显。近年来,监所检察部门的工作空间不断拓展,新的工作点不断出现,而传统业务需要进一步深入和加强。同时,社会对刑罚执行和监管活动的关注程度越来越高,人民群众对监所检察工作的要求越来越高。在这种情况下,新刑事诉讼法又给监所检察部门增加了很多新的职责和任务,无疑是给监所检察工作提出了新的挑战。监所检察面临的新形势更加严峻,承担的新任务更加繁重和艰巨。例如,目前监狱等每年办理的减刑、假释、暂予监外执行案件有50多万件。新刑事诉讼法明确规定了检察机关对刑罚变更执行进行事前监督的职责,派驻监狱检察人员要履行好这一职责,必须通过日常监督,事前了解服刑人员的服刑表现、监狱对他们的计分考核和奖励处罚情况,列席监狱减刑、假释、暂予监外执行评审会议,才能在审查减刑、假释建议书和暂予监外执行书面意见时发现问题,并向批准机关或者人民法院提出检察意见。根据2012年年初最高人民法院发布的《关于办理减刑、假释案件具体应用法律若干问题的规定》,人民检察院对提请减刑、假释案件提出的检察意见,应当交执行机关一并随案移送受理减刑、假释案件的人民法院。该司法解释还规定,因罪犯有重大立功表现提请减刑的,提请减刑的起始时间、间隔时间或者减刑幅度不符合一般规定的,在社会上有重大影响或社会关注度高的,公示期间收到投诉意见的,人民检察院有异议的,以及人民法院认为有开庭审理必要的减刑、假释案件,应当开庭审理。对于开庭审理的减刑、假释案件,人民检察院也要派员出庭,监督庭审活动,发表监督意见。再如,随着宽严相济刑事政策的贯彻落实和非监禁刑适用的扩大,目前社区服刑人员已达36万多人,而且还以每月8000人左右的速度快速增长。在此情况下,监所检察部门承担的社区矫正法律监督任务也将越来越繁重。

除上述问题之外,当前监所检察工作面临的困难还有很多,主要包括:一是许多地方检察院和领导对监所检察工作不重视,监所检察人员配备十分不足,监所检察干警老、弱、病、庸的问题仍然没有得到根本改善。二是执法保障落后,有的地方派驻检察室的办公条件和硬件建设跟不上,监所检察信息化建设进展缓慢。三是派出派驻监所检察机构设置不尽合理,管理体制机制还不完善,影响了监所检察职能作用的发挥。四是监所检察队伍的整体素质、法律监督能力和执法水平有待进一步提高,监督的力度、效果与人民群众的要求尚有较大差距。这些问题和困难都亟待解决。

(二) 监所检察部门应当采取的应对措施

随着刑事诉讼法的修改及实施,监所检察部门的任务越来越重,全国各级检察机关监所检察部门及干警必须高度重视,清醒认识监所检察工作面临的新形势,正视存在的困难和问题,切实增强做好监所检察工作的责任感和紧迫感,并积极应对,强化措施,全面履职,完善监所检察体制和工作机制,推动监所检察工作全面、深入、健康发展。

1. 认真学习和贯彻落实刑事诉讼法修改后的相关规定。具体而言要做到以下几点:

一是要认真学习有关规定。全体监所检察干警应当集中时间,集中力量,全面、认真地学习新刑事诉讼法,特别是新法中与监所检察工作有关的修改条文和新增加条文,深刻理解和把握这些修改内容的内涵和立法精神,并认真研究贯彻落实这些新规定的措施和意见。同时,还要认真学习最高人民检察院、最高人民法院、公安部关于贯彻刑事诉讼法修改后的有关司法解释或者规范性文件。

二是要加强与本级检察院职务犯罪侦查、侦查监督、公诉等部门的协调配合,加强与公安机关、人民法院、司法行政机关有关业务部门及看守所、监狱、安康医院、司法所等被监督单位的沟通和协调,共同研究贯彻落实刑事诉讼法修改后规定的措施。

三是要全面贯彻落实刑事诉讼法修改后的有关规定,认真履行法定监督职责。例如,要监督人民法院依法交付执行,保证交付执行的人民法院在判决生效后10日以内将有关的法律文书送达公安机关、监狱或者其他执行机关;依法监督看守所的留所服刑活动,保证由看守所代为执行的有期徒刑罪犯余刑在3个月以下;依法全面履行刑罚变更执行事前监督职责,确保刑罚执行公平公正等。

2. 配齐配强监所检察人员,加强监所检察队伍建设。面对日益繁重的监所检察任务,各级检察院必须着力加强监所检察队伍建设,造就一支素质过硬、作风扎实、监督有力、甘于奉献的监所检察队伍。

一是要配齐配强监所检察人员。各级检察院应当增加监所检察人员的编制，保证监所检察部门特别是派驻监管场所检察室工作人员的配备，保证能够完成法定的监督任务和职责，特别是新增加的刑罚变更执行监督、社区矫正监督、强制医疗执行监督等职责。要把法律业务素质高、法律监督能力强的检察人员配备给监所检察部门，做到监所检察人员能干事、肯干事、会干事，真正能够发现问题、协调问题和解决问题，改变目前监所检察干警老、弱、病、庸的现状。如为了保证社区矫正法律监督工作在基层有人抓、有人管，必须保障社区矫正法律监督人员编制，每一个县级检察院应当至少配备2名检察人员专门负责社区矫正的法律监督，才能完成基本的社区矫正法律监督任务。

二是要树立正确的执法监督理念。近年来，一些监所检察人员执法理念不适应形势发展，人权保障意识严重缺失，监督意识薄弱。鉴于此，监所检察人员应当牢固树立社会主义法治理念、政法干警核心价值观和"三个维护"有机统一的监所检察工作理念，始终做到依法监督、规范监督、敢于监督、善于监督。

三是要加强业务培训和岗位练兵、业务技能竞赛，着力提高监所检察人员的执法监督能力。

3. 完善监所检察组织机构建设。具体而言包括以下几个方面：

一是建立健全社区矫正法律监督机构。特别是基层检察院要根据社区矫正全面开展的新形势、新任务，设置符合社区矫正法律监督实际的检察机构。没有设立监所检察部门或社区矫正监督机构的县级检察院，特别是辖区内没有看守所的县级检察院，应当设立社区矫正法律监督机构。有看守所检察任务的县级检察院，有条件的也可以设立专门的社区矫正法律监督机构，如社区矫正检察科、社区矫正检察官办公室、社区矫正检察工作站等。

二是探索建立进行强制医疗执行监督的检察机构。为了做好刑事诉讼法修改后的实施准备，检察机关应探索对安康医院的监督方式，除了巡回检察，也可以设置派驻检察室，对安康医院实行派驻检察。

三是要理顺派驻检察室与监所检察部门的关系，整合检察力量。如基层检察院监所检察部门原则上应当与派驻看守所检察室实行科（处）室合一，"一套人马，两块牌子"，保证监所检察人员最大限度地工作在派驻一线，完成看守所检察的日常监督任务。

四是要按照"小机关，大派驻"的要求，规范监狱派出检察院的机构设置,保证尽可能多的检力配备在派驻一线。特别是要保证派驻监狱检察室的人员配备,使他们能切实承担起刑罚变更执行同步监督的任务。

五是要继续落实检察室同级派驻、对等监督,提升监督力度和效果。派驻监狱检察室要完成"县改市"的改革任务,对于看守所,由其所属的公安机关对应的同级检察院派驻检察室。地方派驻监狱检察室主任由处级干部担任,派驻看守所检察室主任由与看守所负责人相当级别的干部担任。

4. 加强监所检察信息化建设。信息化是减少工作量,提高监督效率,实现对刑罚执行和监管活动动态监督的必要保障。在职责任务增加、检察人员不足的情况下,监所检察部门更应注重向信息化、科技化要检力,提高监督效率。要以派驻检察室"两网一线"建设和全国检察机关统一业务软件研发应用为重点,进一步推进监所检察信息化建设。各级检察院要加大投入,加快派驻检察室信息联网、监控联网和检察专线网支线的建设进程,配合技术部门做好监所检察业务软件的研发、修改和应用。派驻检察室应尽快全面实现与监管场所信息网络互连互通和数据共享、交换,及时掌握监管执法信息,提高监督能力和效率。要推进派驻看守所检察室与看守所监控联网,延伸监督视角,提高监督能力,保障在押人员的合法权益。检察机关还应联合公安、法院、司法行政机关,建立公检法司共享的社区矫正执法信息平台,建立信息共享机制,加强社区矫正活动的动态监督,促进提升矫正效果。目前,最高人民检察院研发的监所检察业务软件已经在部分省市试行。为了应对新刑事诉讼法的实施,监所检察业务软件必须进行必要的修改和升级,如要增加新的工作内容和板块,修改羁押期限监督的软件内容等。

5. 完善相关监督工作机制。具体包括以下几个方面:

一是进一步完善刑罚变更执行同步监督机制。需要规范减刑、假释、暂予监外执行事前监督的程序和内容,规范检察意见书的格式与内容,积极探索如何加强对人民法院减刑、假释庭审活动监督的机制。

二是建立健全社区矫正法律监督机制。包括发现违法机制、纠正违法机制、监督保障机制、监督问责与绩效考评机制,切实加强对社区矫正各执法环节的法律监督,预防和纠正社区服刑人员脱管漏管、违法交付执行、违法变更执行等问题,促进社区矫正工作依法、规范开展。如要保证社区矫正法律监督的检察经费和装备,每个基层检察院应当至少配备一台汽车,以便于检察人员到辖区内各乡镇、街道司法所进行巡回检察。

三是建立和完善强制医疗执行监督机制。人民检察院对强制医疗机构的执行活动如何监督，监督谁，监督什么，监督手段是什么，都是全新的课题，需要我们深入研究和探索，建立和完善相关监督机制。

四是参与建立完善羁押必要性审查机制。羁押必要性审查作为一项全新的制度，需要我们从理论和实践两个层面进行深入研究，特别是关于羁押必要性审查职责如何在检察机关内部的业务部门之间进行分工，不需要继续羁押的条件和标准如何等。近几年，全国许多地方进行了羁押必要性审查的改革探索，为了应对新刑事诉讼法的实施，需要总结各地改革试点的经验，完善羁押必要性审查机制。

6. 加大维护在押人员合法权益的力度。具体而言要做到以下几点：

首先，要牢固树立维护被监管人合法权益的监所检察工作理念。维护被监管人合法权益，是落实尊重和保障人权这一宪法原则的必然要求。被监管人人权保障状况是一个国家民主法治建设水平的重要标志。监所检察人员要适应社会发展和法治发展的新要求，切实转变工作理念和执法理念，始终坚持以人为本，把维护在押人员合法权益作为监所检察工作的一个重要价值追求。

其次，要在切实尊重在押人员人格尊严、人身权利、劳动、生活、医疗卫生等方面基本权利的基础上，全面维护新刑事诉讼法规定的在押人员新的诉讼权利，使他们感受到法治文明和司法人文关怀。

最后，要根据新刑事诉讼法的规定，进一步完善在押人员合法权益保障机制，畅通在押人员权利救济渠道。例如，要进一步深化检务公开，及时告知在押人员的权利和义务，增强他们的自我保护意识，使他们在权利遭到侵犯时知道该找谁、怎么找，及时、主动地向检察官反映。既要建立完善日常巡视检察、检察官信箱、在押人员约见驻所检察官、驻所检察官与在押人员谈话、受理在押人员投诉等工作制度，更要使这些制度真正发挥作用，为在押人员提供及时、有效的救济手段，更好地维护其合法权益。

三、刑事诉讼法修改和新增条文适用中应当注意的问题

（一）刑罚变更执行事前监督不是选择性的软性任务

新刑事诉讼法规定，人民检察院收到监狱、看守所抄送的暂予监外执行的书面意见后，可以向决定或者批准机关提出书面意见；收到执行机关抄送

的减刑、假释建议书后，可以向人民法院提出书面意见。如果仅仅从词语含义讲，"可以"与"应当"不同，前者是选择性的，后者是强制性的，"可以"似乎可以理解为"可以"做和"可以不"做。如果认为刑罚变更执行事前监督是选择性的软性任务，这种理解和看法是错误的，因为法律赋予检察机关的法律监督权力，是一种法定职责，是职责就应当履行，否则就会变成选择性监督或者监督不作为，甚至渎职。因此，刑罚变更执行事前监督不是一种软性任务，不是可以做也可以不做，而是应当做、必须做。我们认为，对于监狱、看守所抄送的暂予监外执行书面意见或者执行机关抄送的减刑、假释建议书，监所检察人员均应当进行审查，不审查就发现不了问题，就是失职，而如果发现执行机关的刑罚变更执行提请、建议违法或者不当，就应当向批准机关或者人民法院提出书面检察意见。此外，如果人民法院对减刑、假释案件实行开庭审理，检察机关还需要对法院开庭审理减刑、假释案件活动进行法律监督，派员参与庭审活动，当庭提出检察意见。

目前，违法减刑、假释、保外就医是刑罚执行活动中的突出问题，也始终是人民群众反映强烈的问题和关注热点之一，而要求检察机关强化刑罚变更执行法律监督也是人民群众的一贯呼声。新刑事诉讼法增加检察机关对刑罚变更执行事前监督的职责，是立法机关适应形势、顺应民意的体现。检察机关监所检察部门应当正确理解立法的精神、宗旨和目的，始终把刑罚变更执行作为检察监督的重点，切实履行好这项法定职责。要结合新刑事诉讼法的实施，落实好中央关于深化司法体制和工作机制改革的精神，建立健全刑罚变更执行同步监督工作机制，监督和配合法院做好减刑、假释案件的开庭审理工作，促进刑罚变更执行更加公开、公平、公正。

（二）开展羁押必要性审查工作应注意的问题

近年来，全国许多地方的检察机关积极探索开展羁押必要性审查，但是各地的做法不一。其中，有近20个基层检察院试点建立了"由驻所检察官根据在押人员的实际情况向办案单位提出变更强制措施检察建议的工作机制"，取得了一定效果，积累了一些经验。但这种改革探索是站在看守所检察保护在押人员不被不必要羁押权利的角度进行的，而在押人员有无继续羁押的必要性，需要对多种要素进行评估和考量，仅靠监所检察部门和驻看守所检察室一方的努力是很难成功完成这一工作的。羁押必要性审查，需要检察院发挥检察一体化机制的作用，整合监所检察、公诉、侦查监督等各部门的力量，同时还必须有办案部门的配合，才能履行好这一职责，真正使这项制度发挥其应有的作用，实现立法的预期目的。我们认为，监所检察部门在羁押必要性审查中的职责主要应当是，调查核实在押人员在看守所羁押期间的表现，接受在押人员及其法定代理人、亲属、辩护人等变更强制措施、解除羁押的申请、控告、申诉，与需要变更强制措施的在押人员进行谈话，制作谈话笔录，以及将上述信息转达给侦查监督或者公诉部门等。

在参与羁押必要性审查时，监所检察部门可以参照"无逮捕必要性"的审查模式，对在押人员有无"羁押必要性"进行评估。新《刑事诉讼法》第79条第1、2款规定了逮捕条件的六种情形，即："（一）可能实施新的犯罪的；（二）有危害国家安全、公共安全或者社会秩序的现实危险的；（三）可能毁灭、伪造证据，干扰证人作证或者串供的；（四）可能对被害人、举报人、控告人实施打击报复的；（五）企图自杀或者逃跑的。对有证据证明有犯罪事实，可能判处十年有期徒刑以上刑罚的，或者有证据证明有犯罪事实，可能判处徒刑以上刑罚，曾经故意犯罪或者身份不明的，应当予以逮捕。"上述细化的逮捕条件也为羁押必要性审查提供了具体参照，犯罪嫌疑人、被告人被逮捕后，在羁押期间，检察机关发现有证据证明其不存在新《刑事诉讼法》第79条所列各种情形，不需要继续羁押的，应当建议办案机关予以释放或者变更强制措施。

新刑事诉讼法对控告检察工作的影响及应对措施

最高人民检察院控告检察厅厅长　王晓新

一、刑事诉讼法中有关控告检察工作的条文修改情况

这次刑事诉讼法修改，从整体上看，加强了侦查权、检察权、审判权和执行权等司法权的优化配置以及互相制约与监督，加强了当事人、辩护人的诉讼权利，从而限制公权力滥用，保障私权利得到有效行使。控告检察部门作为检察机关受理群众控告、举报、申诉，接受群众意见建议的职能部门，是重要的诉讼监督部门，是检察机关有效行使检察监督权的重要环节，是人民群众主张权利、进行控告或申诉、维护其合法权益的有效途径。所以，新刑事诉讼法中的刑事诉讼原则和制度、诉讼程序以及当事人和辩护人诉讼权利的设立、扩展和限制，都可能会在控告检察工作中有所体现，甚至首先体现。具体来讲，新刑事诉讼法有以下几方面的内容，直接或间接地会对控告检察工作产生影响：

（一）当事人、辩护人权利的扩大以及行使，救济程序、方式的法律化，为当事人、辩护人通过控告检察部门进行控告、举报和申诉提供了法律保障

新刑事诉讼法把如何尊重和保障人权体现到各项诉讼制度的设计当中，同时，明确了侦查阶段辩护律师的辩护人地位，并且完善了律师会见权与阅卷权的相关规定。如讯问过程录音录像、确定非法证据排除规则、证人可"秘密"出庭、部分案件近亲属可不出庭作证、逃避作证情节严重的可处以拘留、侦查阶段可聘请律师作为辩护人、律师可以向侦查机关了解犯罪嫌疑人涉嫌的罪名和案件有关情况、法律援助范围的增加、辩护人会见不被监

听、未成年人的轻微犯罪记录可封存和不得强迫任何人自证有罪，等等。同时，对权利的行使途径、程序以及救济方式作了相应规定。如新《刑事诉讼法》第47条规定："辩护人、诉讼代理人认为公安机关、人民检察院、人民法院及其工作人员阻碍其依法行使诉讼权利的，有权向同级或者上一级人民检察院申诉或者控告。人民检察院对申诉或者控告应当及时进行审查，情况属实的，通知有关机关予以纠正。"第115条规定："当事人和辩护人、诉讼代理人、利害关系人对于司法机关及其工作人员有下列行为之一的，有权向该机关申诉或者控告……受理申诉或者控告的机关应当及时处理。对处理不服的，可以向同级人民检察院申诉；人民检察院直接受理的案件，可以向上一级人民检察院申诉。人民检察院对申诉应当及时进行审查，情况属实的，通知有关机关予以纠正。"这些权利及其行使和救济程序、方式的法律化，为当事人和辩护人通过控告检察部门行使权利提供了法律依据和保障。

（二）检察监督权的强化，为群众主张和救济权利提供了有效途径

新刑事诉讼法，优化了公权配置，进一步强调和加强了检察监督权，以防公权力擅用，确保当事人、辩护人的诉讼权利，主要涉及完善证据制度、强制措施、辩护制度、侦查措施、审判程序、执行程序、特别程序七个方面，主要内容包括进一步遏制刑讯逼供、排除非法证据、解决证人出庭难、细化逮捕条件、保障律师执业权利、维护未成年人合法权益等。还对实践工作中人民群众普遍关注的监外执行、减刑、假释、强制措施等监督缺失的环节，明确人民检察院应该监督。如新《刑事诉讼法》第93条规定："犯罪嫌疑人、被告人被逮捕后，人民检察院仍应当对羁押的必要性进行审查。对不需要继续羁押的，应当建议予以释放或者变更强制措施。有关机关应当在十日以内将处理情况通知人民检察院。"第55条规定："人民检察院接到报案、控告、举报或者发现侦查人员以非法方法收集证据的，应当进行调查核实。对于确有以非法方法收集证据情形的，应当提出纠正意见；构成犯罪的，依法追究刑事责任。"第57条第1款规定："在对证据收集的合法性进行法庭调查的过程中，人民检察院应当对证据收集的合法性加以证明。"这些检察监督权的配置，进一步明确了职权法定、有权必有责、用权必监督、违法受追究的原则，对于保障人权、防止司法机关滥用权力、维护社会秩序，具有重要意义，也为当事人救济诉讼权利、维护合法权益提供了有效途径。

（三）新增的内容为当事人维护权利提供了法律基础

新刑事诉讼法中，增加了未成年人刑事案件诉讼程序，当事人和解的公诉案件诉讼程序，犯罪嫌疑人、被告人逃匿、死亡案件违法所得的没收程序，依法不负刑事责任的精神病人的强制治疗程序四种特别程序，增加了技术侦查措施、非法证据排除等内容，并规定了严格的适用条件、程序要求以及人民检察院相应的法律监督权。这些规定扩大了当事人维权的范围、渠道和方式，为他们在权利受到侵害时，通过控告、申诉渠道救济自己的权利奠定了法律基础。

二、新刑事诉讼法对控告检察工作的影响

新刑事诉讼法的贯彻实施将会对控告检察工作造成一系列的影响，主要表现在以下几个方面：

（一）控申举报工作量（信访量）将大幅上升

根据《人民检察院刑事诉讼规则》、《人民检察院复查刑事申诉案件规定》、《人民检察院举报工作规定》等相关规定，控告检察部门统一受理群众举报、控告、申诉，审查后移送相应业务部门办理。所以，刑事诉讼法修改后新增的当事人、辩护人、诉讼代理人、利害关系人的诉讼权利和救济渠道以及检察监督权，大部分会通过控告检察部门以控告、举报、申诉或群众信访的形式来表达或启动引导。据此，新刑事诉讼法实施后，控告、申诉、举报或群众信访工作量会大幅上升：

1. 基于新刑事诉讼法的明确规定，原属于公安机关、人民法院自行处理的事项，归入检察机关受理、办理。比如，新《刑事诉讼法》第47条规定："辩护人、诉讼代理人认为公安机关、人民检察院、人民法院及其工作人员阻碍其依法行使诉讼权利的，有权向同级或者上一级人民检察院申诉或者控告。人民检察院对申诉或者控告应当及时进行审查，情况属实的，通知有关机关予以纠正。"此外，新《刑事诉讼法》第115条规定："当事人和辩护人、诉讼代理人、利害关系人对于司法机关及其工作人员有下列行为之一的，有权向该机关申诉或者控告：（一）采取强制措施法定期限届满，不予以释放、解除或者变更的；（二）应当退还取保候审保证金不退还的；（三）对与案件无关的财物采取查封、扣押、冻结措施的；（四）应当解除

查封、扣押、冻结不解除的;(五)贪污、挪用、私分、调换、违反规定使用查封、扣押、冻结的财物的。受理申诉或者控告的机关应当及时处理。对处理不服的,可以向同级人民检察院申诉;人民检察院直接受理的案件,可以向上一级人民检察院申诉。人民检察院对申诉应当及时进行审查,情况属实的,通知有关机关予以纠正。"实践中,以上这些转由检察机关受理、处理的事项,在公安机关、人民法院日常的信访量中,占有很大比例。这些原属于公安机关、人民法院自行处理决定的事项,由检察机关调查处理,并作出纠正决定,就会导致大量此前应由公安机关、人民法院受理的控告、举报、申诉转由检察机关受理、办理,以致控告、申诉或信访量大幅上升。

2. 对检察监督权的进一步细化、强化,刺激信访量大幅攀升。新刑事诉讼法强化了检察机关对侦查权、审判权以及执行权的监督制约,对证据收集、强制措施、侦查活动、审判、执行等新增了许多检察监督的条款。比如,人民检察院对侦查机关非法收集证据的报案、控告或者举报应当进行调查核实;在复核死刑案件过程中,最高人民检察院可以向最高人民法院提出意见;人民检察院对强制医疗的决定和执行是否合法实行监督,等等。这些条款为当事人、辩护人、诉讼代理人到检察机关控告、申诉和举报提供了法律支撑。加之在实际工作中,检察机关不敢监督、不善监督、不依法监督、不规范监督的情况时有发生,侵犯了当事人及相关人的诉讼权利,法律的明文规定以及存在的违法事实,就会诱发大量控告或申诉到检察机关表达,要求救济权利。

(二)应对、协调、处置难度加大,化解息诉更加困难

刑事诉讼法修改后,检察监督权得到进一步加强,具体体现在两个方面:

一是规定检察机关对侦查权、审判权、执行权进行监督,可提出检察建议或意见。如新《刑事诉讼法》第93条规定:"犯罪嫌疑人、被告人被逮捕后,人民检察院仍应当对羁押的必要性进行审查。对不需要继续羁押的,应当建议予以释放或者变更强制措施。有关机关应当在十日以内将处理情况通知人民检察院。"第240条第2款规定:"在复核死刑案件过程中,最高人民检察院可以向最高人民法院提出意见。最高人民法院应当将死刑复核结果通报最高人民检察院。"第289条规定:"人民检察院对强制医疗的决定和执行实行监督。"这些条款,既是监督点,也是控告申诉的"着火点"。

二是修改后的刑事诉讼法明确了对公安、司法机关的查封、扣押、冻结等涉财问题，以及非法证据收集，辩护人、诉讼代理人的辩护权、会见权、查阅权，等等，可向检察机关控告、申诉，检察机关应调查处理，并提出相关意见。

虽然当事人、辩护人、诉讼代理人等通过到检察机关控告、申诉救济权利的渠道进一步明确，但是由于监督方式、监督手段的滞后，仍存在监督效力的问题。此外，目前控申职能仍存在刚性不足的问题，影响控告、申诉诉求的有效协调和处理。控告检察部门处在受理控告、举报、申诉的第一线，直接面对群众，如新刑事诉讼法赋予当事人、辩护人、诉讼代理人、利害关系人的诉讼权利，在得不到检察机关及时处理或检察机关处置不到位时，就会使法律问题社会化、简单问题复杂化、个案问题群体化、诉讼程序信访化，致使矛盾纠纷发酵、升华，并累积于控告检察部门，应对难、处置难、反馈难、息诉难。

1. 应对、处置难度增加。相关业务部门的监督实效，直接影响控告检察部门处理控告、申诉的难易程度，影响信访秩序。根据《中国检察年鉴》记载的数据，2003年，全国法院系统共审理检察机关提起抗诉的各类案件13308件，其中依法改判的为3006件，改判案件仅占抗诉案件的22.6%。抗诉成功率比前些年有所下降。这说明，检察机关一直在加强检察监督力度，但成效并不明显。从近年来群众到最高人民检察院信访的情况分析看，反映法院问题的约占整个涉法涉诉量的80%左右；反映公安机关问题的约占15%左右。这些问题通过检察监督纠正得很少，反而加剧了诉讼预期和现实处理的矛盾，滋生了大量涉检信访问题的产生，许多上访人员长期滞留检察机关，造成息诉罢访更加困难，控告检察部门难以稳控、应对。

据了解，在公安机关和人民法院，仍有大量的控告人或申诉人为此常年在京滞留上访，由于查封、扣押、冻结财物有可能是不可替代物，一旦灭失、毁损，或存在物价变动等因素，就是发还原物或赔偿，控告人或申诉人仍不会满意，有的问题甚至根本无法得到解决。这些实际工作中存在的老大难问题转入检察机关，控告检察部门应对处置的难度将会更大。同时，新刑事诉讼法虽然扩大了监督点，强化了监督权，甚至赋予对相关控告、申诉的审查权、通知纠正权，但检察机关对这些问题的监督仍主要是事后监督，监督的手段是检察建议或提出意见，是否纠正、纠正幅度仍由公安机关、人民法院自行决定。根据以往的实践，经常出现对检察机关的检察建议或意见置之不理的情况，这与人民群众的强烈愿望和诉讼预期有很大差距，从而导致大量信访。这些都为控告检察部门应对、处理群众的控告、申诉增加了难度。

法律中所存在着的价值，并不仅限于秩序、公正和个人自由这三种。许多法律规范首先是以实用性、以获得最大效率为基础的。所以，检察机关的监督乏力，主要是法律相关规定的实用性不足。新刑事诉讼法进一步明确并扩大了检察机关的监督权，但对检察监督权如何行使以及行使的效力问题，对相关事实的调查核实问题，对公安机关、人民法院及其工作人员不予纠正的法律责任问题，缺乏应有的硬性规定，缺乏明确、具体的监督程序，缺少制约被监督机关改正的机制，操作起来很有难度，监督效果可能会大打折扣。一方面相关检察监督规定缺乏可操作性，另一方面舆论宣传会使控告人、申诉人把检察监督作为主张权利、伸张正义的希望所在，甚至作为诉讼中的"最后一根稻草"，如果合理诉求未得到满足，其误解和不理解将会进一步加深，矛盾将会进一步向检察机关集中，控告检察部门应对和处置难度将进一步加大。同时，这么多诉讼救济权利纳入检察机关的法律监督范畴，控告检察部门的人手会更显得捉襟见肘，在很大程度上将会影响监督实效以及合理诉求的解决，造成大量矛盾堆积，增加控告检察部门的应对和处置难度。

2. 案件协调处理难度进一步加大。根据《人民检察院信访工作规定》、人民检察院有关内部分工等规定，通过控告申诉或信访渠道反映的辖内案件，由检察机关控告检察部门受理，受理后再转相关职能部门具体办理，职能部门办结后反馈控告检察部门，由控告检察部门督办、催办、协调处理，统一答复信访人。

根据新刑事诉讼法的规定，检察机关对以下几个方面的控告、申诉应该直接受理：公安机关、人民法院阻碍辩护人、诉讼代理人依法行使诉讼权利的；公安机关非法收集证据的；采取强制措施法定期限届满，不予以释放、解除或者变更的；应当退还取保候审保证金不退还的；对与案件无关的财物采取查封、扣押、冻结措施的；应当解除查封、扣押、冻结不解除的；贪污、挪用、私分、调换、违反规定使用查封、扣押、冻结的财物的，等等。基于新刑事诉讼法的规定和检察机关内部职能分工，今后控告检察部门受理转办的信访案件，将面临对内、对外两个方面的督办协调，即对检察机关内部办理信访案件的协调和新刑事诉讼法规定的涉及公安机关、人民法院而明确由检察机关受理的信访案件的协调，而且对内、对外两个协调都将面临许多困难。

一是内部监督制约缺失，延误救济。控告检察部门对信访案件的办理，缺乏具体的监督措施。根据《人民检察院刑事诉讼规则》等有关规定，控告检察部门专司控告、举报、申诉的受理，受理后转相关业务部门办理，不参与具体案件的办理，只负责督办催办及相关协调工作。但在实际工作中可操作性不强，受理标准、受理次数、具体承办部门的办理期限、反馈标准、督办效力等均没有具体规定，"受理"一词的性质不明，所以检察机关控告检察部门在很大程度上仍然停留在"收收发发，抄抄转转"上，成为具体办理部门的"第二邮局"和"收发室"。由于相关规定过于笼统，规定形同虚设，有关控告或申诉向诉讼监督部门移交后，诉讼监督部门经常出现该立案未立案、该复查未复查、该纠正未纠正、该查处未查处，或办理不及时、不能按时办结、办理质量不高等问题，致使检察机关信访部门不能及时答复信访人，或者答复缺乏说理性，信访人不满意，导致由诉讼变信访，由信变访，由初访变重访、越级访、进京访，甚至演变成上访老户。造成纠正难、监督难，群众合理诉求得不到合理救济。这样的现象在信访工作实践中屡见不鲜。

二是人民检察院、公安机关、人民法院是互相监督、互相制约的关系，互不隶属，协调案件相当困难。根据新刑事诉讼法的规定，办理涉及公安、法院的信访案件，等于是纠正他们在执法中不规范、不公正、不文明、不严格等问题，是变相给他们揭丑，难免他们不配合；加之控告检察部门未参与具体案件的办理，对审判和侦查活动的实际情况不了解，也导致了一些审判、侦查活动中存在的隐蔽性、技术性问题难以被发现。所以，控告检察部门如按照现在的规定和要求，将难以进行实际有效的跟踪催办，监督手段有限，监督力度不够，监督效果不明显，难以答复控告人、申诉人，控告人、申诉人将不断信访，控告检察部门处在两难的尴尬境地。

3. 化解息诉将更加困难。根据新刑事诉讼法规定产生的控告、申诉案件或信访案件，将很难化解息诉，原因有三：

一是一些控告申诉渠道变得明确、唯一。根据新刑事诉讼法的规定，一些原来由公安机关、人民法院自行处理决定的控告、申诉转由检察机关受理，这虽然明确了承办主体，避免推诿，进一步加强了对侦查、审判诉讼活动的监督，但也相应地缩小了控告人、申诉人权利救济的渠道，使检察机关成为控告人、申诉人救济诉讼权利的唯一通道和希望。如果检察机关对其诉求处理得不满意，或者公安机关、人民法院未按检察机关的纠正意见进行纠正，控告人、申诉人将不会息诉罢访，会长期在检察机关缠诉缠访。而在实际工作中，公安机关、人民法院面对信访群众时，经常会出现让信访人找检察机关监督的情况。根据新刑事诉讼法，这些明确规定转由检察机关受理的控告或申诉，包括此前正在由两部门处理的控告或申诉，公安机关、人民法院极有可能会推诿，让控告人、申诉人找检察院处理，这势必会造成处置更加困难。

二是一些事项关系切身利益，控告人、申诉人不会轻易止诉。新刑事诉讼法明确规定转由检察机关处理的主要是侦查和审判活动中的涉财事项，经了解，这些事项此前在公安机关、人民法院环节处理时都属老大难问题，为此长期上访的控告人、申诉人比比皆是，转由检察机关受理后，不满意、不息诉罢访的态势将可能会一直延续。

三是大多数控告、申诉事项难以查清。由于检察机关不直接参与侦查、审判活动的涉财处理，新刑事诉讼法也只规定控告人、申诉人到检察机关反映后，检察机关应当及时进行审查，"进行审查"不是调查核实，加上办理案件本身固有的隐蔽性，事后审查就显得力不从心，许多侦查、审判活动的涉财问题很难通过对书面材料的"审查"发现问题，更别说通知有关机关纠正了。这样就造成控告人、申诉人不满意，甚至长期滞留检察机关，层层控告、申诉，诉访不止。

（三）控告检察工作水平和能力面临挑战

刑事诉讼法修改后，控告、申诉主体层次、结构将发生变化，诉求进一步扩展，无序信访将更加突出，这些对控告检察工作的水平和能力提出了更高要求。

1. 控告申诉主体结构、知识层次、综合素质明显提高。新刑事诉讼法明确规定辩护人、诉讼代理人、利害关系人是一些诉讼事项的控告、申诉主体。例如，新《刑事诉讼法》第47条规定："辩护人、诉讼代理人认为公安机关、人民检察院、人民法院及其工作人员阻碍其依法行使诉讼权利的，有权向同级或者上一级人民检察院申诉或者控告。人民检察院对申诉或者控告应当及时进行审查，情况属实的，通知有关机关予以纠正。"辩护人、诉讼代理人熟悉法律，了解案情，掌握相关证据，对案件事实、因果关系、关键点、争议焦点十分清楚。控告申诉前，其已制定好诉讼策略、应对措施以及要突出反映的问题及诉讼目的，对整个控告或申诉，都有深刻的认识和理解。控告检察工作人员直接接触他们，具体负责接待、受理、转办、催办、督办、答复、反馈、稳控、息诉等工作，控告检察工作人员的一言一行、一举一动，代表着检察机关、检察官的形象、执法公信力和综合素质，决定了能否明辨是非、能否纠错、能否妥善处理控告或申诉诉求。这些都对控告检察工作人员的思想观念、工作作风、工作水平和能力，提出了更高的标准和要求。如果执法不文明、业务不精通、工作能力不强，对控告、申诉就难以依法受理、转办、催办、答复、反馈，无法让提出控告或申诉的辩护律师和诉讼代理人满意并息诉罢访，在一定程度上还会影响检察机关和检察官的形象，导致矛盾激化。

2. 检察监督事项进一步多元化、复杂化。新刑事诉讼法进一步加强了检察机关对侦查权、审判权和执行权的监督，尤其强调在强制措施、辩护制度、证据制度、侦查措施、执行程序、特别程序等容易侵犯诉讼权利的关键点，要进一步加强监督。这些监督事项对控告检察部门来说，是新增的课题，此前未有过接触或很少接触。这就要求控告检察人员在熟悉控告检察业务的基础上，不仅要精通侦查监督、审判监督、执行监督等相关诉讼监督业务，还要熟悉诉讼法律、证据制度、人权保障、刑事侦查、经济、科技等方面的知识，对民事等领域的相关法律、法规也要有所了解。只有这样，才能适应刑事诉讼法修改后对控告检察部门和工作人员提出的新要求和新期待，才能妥善处理刑事诉讼法修改后新产生的控告或申诉。

3. 信访秩序受到冲击。新刑事诉讼法坚持打击犯罪和保障人权并重的原则，加强了检察机关对诉讼过程中容易侵犯私权利的环节和关键点的监督，以确保诉讼公正；而新闻媒体对刑事诉讼法修改中保障人权方面的宣传，会使人民群众的维权意识进一步高涨。但是，根据以往实践，控告人、申诉人依法、依程序控告或申诉、服判止访的法律意识仍相对滞后，所以，无序信访将更加突出，信访秩序会受到冲击，这些对控告检察工作人员的工作能力提出了新要求。

一是信访人存在认识误区。新刑事诉讼法虽然加大了检察监督权，但大多是粗线条的，缺乏可操作性强的规定。这就导致一些控告人或申诉人认为检察机关是法律监督机关，对公安、法院的投诉或对这些机关的处理决定不服，均向检察机关控告或申诉，要求检察监督。

二是案件办理机制不健全。根据以前的工作实践，由于缺乏刚性的案件办理机制，导致一些控告或申诉事项，或处理不及时，或久拖不决，或相互推诿等，导致由诉讼变信访，层层控告、申诉，永无休止。

三是诉讼期望值与现实处理存在差距。近年来，公安、司法机关侵害当事人、辩护人、诉讼代理人、相关利害方权利的行为时有发生，群众反映强烈。目前检察监督仍然乏力，监督措施、手段有限，公安机关、人民法院对检察机关的纠正意见有时接受，有时置之不理，加上法律又未规定不予纠正的法律后果。同时，在实际工作中，公安机关、人民法院虽有执法错误，造成办案瑕疵，但审理结果有可能并不能得出推翻此前决定的情况。加之公安机关、人民法院在行使侦查权、审判权时存在技术性和隐蔽性的问题，检察机关又未具体参与办案，对于许多控告、申诉无法查清。控告人或申诉人，尤其是涉财案件的控告人或申诉人，事前预期一般都很高，要求彻底纠正相关机关的错误行为，对财物不仅要求还本付息，还要求进行赔偿或补偿。但由于上述原因，在现实处理中相关诉求往往或部分纠正、部分补偿，或不纠正、不补偿，甚至无法查清。这势必会与控告或申诉人的心理预期形成极大的反差，导致其情绪激动、行为过激，越级表达诉求，致使"倒三角金字塔"信访现象更加突出，严重影响控告检察工作秩序。

三、贯彻实施新刑事诉讼法控告检察部门应采取的举措

（一）坚持以人为本理念，进一步畅通信访渠道，切实保障公民的控告、申诉、举报等诉讼权利

新刑事诉讼法是深化司法体制改革和工作机制改革的需要，适应了发展社会主义民主政治、加快建设社会主义法治国家的要求，对着力保障公共安全，着力化解社会矛盾，解决人民群众反映强烈、影响社会和谐稳定的突出问题，对国家长治久安和人民安居乐业具有重要意义。控告检察部门是检察机关贯彻新刑事诉讼法的前沿哨所，是检察机关联系人民群众的桥梁和窗

口,是受理人民群众控告、申诉的重要渠道。所以,为确保新刑事诉讼法在控告检察环节得到坚决贯彻实施,在控告检察工作中要坚持以下几点:

1. 要坚持以人为本的理念,进一步转变观念,树立宗旨意识,把依法解决好人民群众的愿望和诉求作为工作的落脚点和出发点。深入学习新刑事诉讼法,熟悉管辖范围,热情接待,及时依法受理,妥善处理,把化解矛盾、促进和谐作为新时期控告检察工作人员的根本职责。

2. 进一步拓展群众诉求表达通道。新刑事诉讼法实施后,信访总量、涉法涉诉信访量、涉检信访量将大幅攀升,为了方便群众,使控告或申诉都能及时得到受理或依法妥善处理,要进一步拓宽人民群众诉求表达通道,在已有书信、电子邮件、传真、电话、走访等形式的基础上,要逐步开通视频接待群众通道,继续开展领导亲自接待上访群众、批阅信件、带案下访等活动,深入乡村、街道社区、厂矿企业等一线,依法受理群众控告、申诉,尤其是新刑事诉讼法实施后产生的控告或申诉,着力化解矛盾纠纷,促进社会和谐。

(二)充分发挥涉检信访功能价值,妥善处理诉求

涉检信访有四大功能价值。一是法律监督程序引导功能。检察机关通过涉检信访启动控告、申诉诉讼程序,挖掘和发现其背后的职务犯罪线索和执法不公等问题,把控告或申诉引入司法诉讼程序解决渠道,强化检察监督职能。二是映射功能。涉检信访是检察机关乃至于公安、司法机关执法状况的"晴雨表",是执法水平的一面镜子和映象,是对执法状况的真实写照和客观反映。通过对涉检信访的研究分析和总结,剖析公安、司法机关在执法思想、执法作风、执法水平、执法能力以及在机制和法制等方面存在的缺失,以便及时纠正和救济。三是救济功能。检察机关通过处理涉检信访,切实解决群众反映的实际问题,并通过检察建议等形式,建议相关部门对机制和法制等方面的问题进行制定、修改、补充和完善,建议对执法过错进行纠正。四是矛盾释放化解功能。涉检信访是民怨的释放通道和解决矛盾的有效途径,也是群众矛盾纠纷发现和化解的正常通道。这条通道不能削弱,必须加强。群众通过正常的涉检信访通道,释放怨气,诉说冤屈,表达诉愿,逐步化解矛盾,最终促进矛盾纠纷的妥善解决,促进社会和谐健康良性发展。有效防止群众矛盾纠纷激化升华,"小事变大、大事变炸",导致出现"井喷"或"堰塞湖"。所以,应充分发挥涉检信访的功能作用,依法及时妥善处理新刑

事诉讼法在实施过程中产生的涉检控告或申诉,推动检察监督工作深入开展,确保新刑事诉讼法的贯彻实施。涉检信访的四大功能价值,具体阐述如下:

1. 充分发挥法律监督程序引导功能,依法及时受理相关控告或申诉。检察监督权的实现必须遵循法定程序,监督的程序、对象、范围、措施都由相关法律规定。根据《人民检察院刑事诉讼规则》、《人民检察院复查刑事申诉案件规定》、《人民检察院举报工作规定》等相关规定,人民检察院控告检察部门统一受理群众举报、控告、申诉,审查后移送相应业务部门,业务部门必须在3个月以内办结并进行答复反馈,控告检察部门享有交办权、督办权、催办权、相关建议权、案件结果审查权,等等。这就是说,控告检察部门是检察监督工作的重要环节,对检察监督程序的启动起着引导作用。法律监督程序的启动对检察机关正确行使国家赋予的法律监督职责至关重要。目前,检察机关法律监督程序的启动,一部分是通过正常诉讼程序来实现的,如批准逮捕、提起公诉,但还有一部分要通过控告检察部门受理群众的控告、举报或申诉来引导。

新刑事诉讼法实施后,控告、举报或申诉的数量将会大幅上升。根据以往实践,依法受理、转办群众的控告、举报或申诉,及时引导进入诉讼监督程序,是妥善处理群众诉求的前提。比如,刘某到最高人民检察院申诉,反映犯罪嫌疑人田某持刀将其砍成重伤,某市公安分局侦查终结后移送该市检察院审查起诉,检察院不但不提起公诉,反而建议公安机关撤案,检察机关涉嫌包庇犯罪。控告检察部门通过接谈和翻阅该案相关法律文书及申诉材料,发现犯罪嫌疑人田某供述前后矛盾,申诉人(被害人)刘某陈述的犯罪嫌疑人特征与田某不符,证人证词前后不一致等疑点。因此,建议公安机关补充侦查。公安机关组成专案组,加大侦查力量,重新启动了对刘某被重伤一案的侦查程序。该案终于告破,真相大白。田某并非殴打致刘某重伤的真凶,殴打刘某致其重伤的真正犯罪嫌疑人系刘某的邻居潘某等5人。田某虽不是此案的真凶,但在继续侦查询问中,田某供述自己是另一起刑事案件的犯罪嫌疑人,已另案立案侦查。所以,涉检信访已成为检察机关启动法律监督程序的重要途径。

怎样才能做好新刑事诉讼法实施中产生的控告、举报或申诉的程序引导?首先应注意到,在实践中,群众反映的问题有以下几类:一是法律问题;二是法律问题终结后或因法律问题引起的善后落实问题;三是批评建议；四是反映的问题不属于检察机关管辖。第一个问题是诉的问题，后面的问题应该属于信访。在实际工作中，作为直接面对群众控告、举报和申诉的部门，不管是诉还是访，一般是按照有访必接、有信必拆的原则处理。但是，面对新刑事诉讼法实施后产生的大量控告、举报或申诉，依法、及时、高效、公正、妥善地处理是前提。所以，我们在首次受理时，就要坚持"诉访分离"的原则。所谓"诉访分离"，就是对群众的控告、举报和申诉，尤其是初信初访，及时进行审查，界定是"诉"还是"访"。"诉"是法律问题，"访"绝大多数是善后问题，或者是批评建议，或者反映的是需要我们指明投诉方向的非检察机关管辖的问题等。如果是"诉"就应及时引导进入法律程序，通过法律程序依法处理；如果是"访"就应通过相应的行政手段尽快予以解决，不拖拉，要把问题解决在初始阶段，避免矛盾激化。在目前最高人民检察院接待的群众中，有近90%在当地反映过，但当地初次受理时态度模糊，对群众诉求未明确是"诉"还是"访"，也未按照分类进行处理，错过了处理的最佳时机和主动权，致使本早就应息诉罢访的上访不断，越级访甚至成为上访老户。比如，黄某上访案，黄某因25年前的案件一直不定性下结论，导致其工作、生活无着落，经最高人民检察院交办后才纠正并妥善处理。

2. 充分发挥映射功能，了解新刑事诉讼法的贯彻落实情况。映射功能就是把信访作为一面镜子，通过群众信访了解检察机关在执法办案中存在的问题；了解新刑事诉讼法的贯彻实施情况、存在的问题；了解检察监督权在贯彻落实新刑事诉讼法中的执法状况、遇到的问题；了解人民群众对新刑事诉讼法的看法、意见和建议，从而总结经验和认识规律，提高检察监督水平和能力，促进依法、有效地贯彻实施新刑事诉讼法，促进矛盾纠纷化解。

近年来，群众涉检信访问题突出，信访量大，控告检察部门通过总结分析发现了检察机关在执法理念、执法思想、执法作风、执法行为以及相关执法环节存在不规范、不作为、不公正、监督不到位等问题，为领导决策提供了有价值的参考。新刑事诉讼法的贯彻实施是一项长期任务，要贯彻好、监督到位，必须要不断总结规律和经验，而控告检察部门直接面对群众和相关案件，相关信息直接、真实、及时、具体，所以有条件、有义务做好贯彻落实情况的信息收集和研判分析工作。在今后的控告举报工作中，控告检察部门要充分发挥信访映射功能的作用，注重信访信息情报收集和分析研判，通过控告、举报和申诉，了解群众的呼声，倾听群众的愿望，了解检察监督环节存在的问题，从而促进相关业务部门有针对性地查找原因，以便进一步完善措施，加以整改，促进和改进检察监督工作，提升检察机关的法律监督能力，规范执法行为，促进执法公正，确保新刑事诉讼法在检察监督环节顺利贯彻实施。

在新刑事诉讼法实施后，控告检察部门在受理群众信访、举报工作中，要从以下几个方面入手，了解新刑事诉讼法在检察监督环节的贯彻实施状况及需要改进完善的意见和建议，报告相关部门和领导：一是新刑事诉讼法实施后，信访总量、涉法涉诉信访量、涉检信访量的变化趋势。二是反映的主要诉求或问题，包括侦查环节的非法收集证据，违法采取强制措施，违法查封、扣押、冻结财物或将扣押财物截留或违法处理等问题；审判环节的审判活动、死刑复核、特殊程序决定和执行等问题；检察监督环节的监督职能发挥不充分、监督不到位，不起诉，违法查封、扣押、冻结财物等，以及辩护人、诉讼代理人等反映的其他问题。三是新刑事诉讼法在实践中的贯彻落实情况，尤其是在检察监督环节的贯彻落实情况与存在的问题，以及新刑事诉讼法修改和增加的条款在实践中的运用效果。对以上信息的收集，控告检察部门要主动积极收集，要从被动办信接访、受理举报工作中主动去发现挖掘信访背后的执法信息，从个别看一般，从点看面，加强分析研判，以新刑事诉讼法新规定的可操作性、检察监督机制及规范化、贯彻实施中出现的新情况、新问题等为切入点，写出有情况、有分析、有建议的综合分析材料，报送领导和相关部门参阅，为新刑事诉讼法在检察监督环节的顺利实施提供参考。同时，要通过个案、个访或一类问题的研判分析，做到预知、预判，掌握工作主动权。

3. 充分发挥救济功能，切实解决合理诉求。救济功能就是切实解决反映的实际问题。控告、申诉的根本目的就是要解决其反映的实际问题，所以始终要坚持在"事要解决"上下工夫。

一是加强督办、催办。督查制度是落实信访工作责任制，推进信访事项办理进度，提高信访办理质量，保护信访人合法权益的有效手段。督查工作是控告检察部门的一项重要职责，对防止信访事项转而不办、办而不决、决而不执具有重要意义。根据《人民检察院信访工作规定》的规定，对信访案件，相关业务部门对应当受理而拒不受理的，未按规定程序办理的，未按规定的办理期限办结的，未按规定反馈办理结果的，《交办信访事项处理情况报告》事实不清证据不足、定性不准、处理不当的，不执行信访处理意见的等，可以采用发催办函、通报、提出改进建议等方式，进行督办催办，促进控告或申诉事项的解决。在工作实践中，上级检察院派出工作组进行实地督查，会诊疑案，指导难案，纠正错案，取得了显著成效。新刑事诉讼法实施过程中产生的控告、举报和申诉，控告检察部门要根据《人民检察院信访工作规定》，依法及时受理、移送、督办、催办、答复、反馈，确保所有受理的控告、举报和申诉能依法、及时、高效地解决。

二是贯彻信访工作责任及责任追究制度。检察机关从多个方面对信访工作责任制度作出规定，建立健全了信访工作责任制度，为解决信访问题提供了坚实的责任保障。《人民检察院信访工作规定》第8条规定："各级人民检察院应当建立由本院检察长和有关内设部门负责人组成的信访工作领导小组，强化内部配合、制约机制，充分发挥各职能部门的作用，形成统一领导、部门协调，各负其责、齐抓共管的信访工作格局。"同时，规定了首办责任制，要求涉检信访案件解决在首次办理环节。建立健全信访责任追究工作制度，对加强法律监督能力建设，促进涉检信访问题的解决，从源头上预防和减少涉检信访问题的发生，具有极其重要的保障作用。比如，2008年，最高人民检察院向各省级人民检察院交办了60件重点涉检信访案件，办结后对产生涉检信访的深层次原因进行了分析，并对产生这些涉检信访案件的责任人发出了检察建议，建议进行倒查，并对负有责任的人员依法、依纪追究法律责任或给予党纪政纪处理，教育和引导广大干警提高工作责任心和业务水平，更好地服务于人民群众。对在办案中负有责任的人员，追究刑事责任2人（法官、政府官员各1人），给予党纪政纪处分或组织处理40人（公安机关19人，检察机关6人，人民法院15人）。这些处置，起到了重要的警示作用，有力地促进了问题的解决和执法规范。新刑事诉讼法在实施中产生的控告或申诉，大部分会是初信初访，所以，在办理时，控告检察部门一定要坚持责任制和责任追究制度，既要依法及时妥善解决，又要预防新的控告或申诉的产生。

三是加强与相关业务部门的沟通、协调，形成合力。新刑事诉讼法在实施中产生的控告、举报或申诉，是新领域、新业务，专业性、技术性强，对控告、举报或申诉的办理要求高。所以，加强与相关业务部门的沟通、交流，有助于了解案情及进度，做好稳控答复，把好质量关，并形成合力化解息诉。

四是逐步探索妥善解决控申诉求的新模式、新方法和新途径。在实践中，要逐步探索办理新刑事诉讼法贯彻实施中产生的控告或申诉的新模式、新方法和新途径，并逐步建立相关处理机制。

4. 充分发挥矛盾释放化解功能，着力化解矛盾纠纷。矛盾是事物发展的根本原因，随着社会的快速发展进步，矛盾就会越发凸显，这是人类文明进步的正常现象。但矛盾不是无止境的，必须有一个度。我们通过认识和解决相关矛盾，促进社会健康发展，促进社会和谐稳定。和谐和矛盾是两个相辅相成的因素，矛盾通过和谐进行缓冲，和谐弱化矛盾，同时通过化解矛盾促进和谐，只有和谐没有矛盾的社会是不存在的。在当前社会转型时期，城市化、市场化、国际化、多元化稳步迈进，社会发展过程中逐渐积累的矛盾也日益凸显。矛盾的积累要求化解矛盾也要循序渐进，也就是说，矛盾的化解也要有一个正常的通道、具体的场所、必要的过程和阶段，如果平时不注意化解矛盾，堵塞群众的矛盾释放通道，敷衍塞责、互相推诿，不作为、乱作为，就可能会出现"小事变大，大事变炸"，导致群众矛盾纠纷激化升华，出现"井喷"或"堰塞湖"，贵州瓮安群体性事件就是一个典型的例证。

刑事诉讼法修改的目的就是惩治犯罪、保障人权、化解矛盾、促进和谐，使人民安居乐业。新刑事诉讼法强化了检察机关对侦查权、审判权和执行权的监督，这实际上也是为控告人、申诉人指明了投诉方向、怨气释放通道和化解矛盾、解决诉求的有效途径与正常渠道，从而有利于化解矛盾纠纷，减少不和谐因素，维护社会和谐稳定。为此，控告检察部门要贯彻好新刑事诉讼法，要把化解矛盾纠纷、促进社会和谐稳定作为自己的根本任务。新刑事诉讼法在实施中产生的控告或申诉，有的可能是执法办案环节确实存在问题，应该纠正；有的可能只是对法律、法规的理解存在偏差，产生了误解；有的可能只是一些瑕疵案，但不影响结论；有的可能因为办案干警的某些行为或工作作风，导致控告人或申诉人不满意；有的甚至根本不属于检察机关受理范围或无理取闹，等等。根据实践工作经验，往往确实有错误，但应该纠正的只占少数，大部分属于后几种情况。所以，控告检察部门的重要职责之一就是做好后几种情况的矛盾化解工作。

一是控告检察部门要始终坚持以人为本理念，不管是否属于检察机关管辖，反映的问题是否有道理，都要充分发挥信访通道的矛盾释放化解功能，耐心热情接待，做好析理说法和稳控息诉工作。让信访渠道成为控告人或申诉人诉说冤屈的途径、场所和对象，成为控告人或申诉人释放怨气、表达诉愿、逐步化解矛盾的通道，最终促进矛盾纠纷的妥善解决，促进社会和谐健康良性发展。

二是要向控告或申诉群众敞开大门，解决群众"告状难，申诉难"的问题，贯彻好新刑事诉讼法。同时，要进一步改进工作作风，热情文明，给上访群众依靠感和温馨感，从而化解积怨，坚决杜绝"门难进、话难听、脸难看、事难办"的现象；坚决杜绝"冷、硬、横、推"的工作态度，做群众的"贴心人"，做群众的"主心骨"，坚持有访必接，动之以情、晓之以理、明之以法，耐心帮助、细心开导，把政策讲明，把法律讲清，把道理讲透。

三是坚持"法"、"理"、"情"的综合运用。价值目标的设定，讲究严格规则下的治理，确保了充分的程序公正。但由于严格的依法而治，往往会产生实质的非正义与结果的不妥当，同时由于司法程序以手头的案件为服务对象，很少关注案件背后的社会模式或制度惯例，对一些违反规则的行为的防范很难发挥作用，也难以避免有组织的规避法律的行为。新刑事诉讼法在实施中产生的控告或申诉，在处理中必须坚持"法"、"理"、"情"综合运用的理念。这里的"法"是现行的法律制度，"理"是法之外的道德、良好的社会习惯等，"情"是对人民群众的深厚感情。这里的"法"、"理"、"情"三者结合，不是用"理"、"情"去弱化"法"的运用和调节，或者用"理"、"情"代替"法"对控告或申诉问题的处理。"情"也不是徇私情，而是带着感情去处理群众的控告或申诉，真情感化，真心交流，促进矛盾化解。案中控告或申诉事项以"法"为基础，要依法治访；案外事项以及案结息诉要以"理"和"情"疏导。要做好每一件控告或申诉，既要处理法律实体事项，也要包括善后工作和息诉，这是一项综合工程。如果撇开"理"和"情"，只用"法"去调节和救济，是无法真正化解矛盾纠纷的。尤其是一些"情理之中，法度之外"的控告或申诉，只有带着感情，坚持以人为本，在法度内，充分考虑人的情感、人性等因素，才能让控告人、申诉人接受，促进息诉。实践中，大部分涉检信访问题实际上是通过调解沟通的方式解决的，在这种纠纷调解中，通情达理、合情合理是最重要的。比如，因不服1996年某市人民检察院以敬某等人涉嫌造假没收其价值1万元辣椒面的决定，敬某一直申诉上访。最高人民检察院经复查认为，敬某造假的可能性存在，但取证不到位，认定依据不足，某市人民检察院在办案中存在重大瑕疵，执法不规范，应予以纠正。但敬某认为检察机关的办案过错造成其心灵创伤，造成其经济困境，因此案结不息诉。后来，当地检察机关主动与敬某接触、商谈，并多次到敬某家中看望，送去煤、鸡蛋、大米等慰问品，真心实意地关心敬某的生活，并决定给予适当救济，敬某慢慢受到感化，逐渐消除其积压心中多年的不满，表示就此息诉罢访。

（三）以创建文明接待室为载体，着力提升控告检察工作水平

刑事诉讼法修改后，控告检察工作面临新的挑战，尤其在执法思想理念、控告举报工作水平和能力、工作作风、接待场所硬件建设、信息化建设、队伍建设等方面提出了更高的要求。要把新刑事诉讼法贯彻好、实施好，在实际工作中切实保障当事人及其他人的诉讼权利和其他合法权益，必须全面提升控告检察工作水平。从1992年开始，全国检察机关每三年开展一次创建文明接待室评比活动，目前已成为全面提升控告检察工作水平、深入推进控告检察工作的重要举措。文明接待室创建评比是对控告检察工作的全面考评和量化管理，是控申检察业务的具体细化和量化，是控告检察工作的全面反映和综合评价，通过把各项工作进行量化和打分，促进和引导控告检察工作全面而有重点地开展，从而全面提升控告检察工作水平和能力，改进工作作风，促进问题解决。20年来，文明接待室创建评比活动已得到最高人民检察院和各级人民检察院党组及领导的充分肯定与高度重视，各级检察机关纷纷把争创活动摆上突出位置，列入议事日程；加大硬件建设力度，信访环境得到优化；重视队伍建设，控申检察人员整体素质明显提高。党组成员积极垂范检察长接待和领导包案制度，切实解决了一大批控告或申诉问题，控申检察人员的工作作风明显提高。文明接待室创建评比已成为推进控告检察工作的重要抓手和平台。当前，要以贯彻实施新刑事诉讼法为契机，以创建评比文明接待室为平台，根据2007年修改下发的《人民检察院文明接待室评比标准》和《人民检察院文明接待室评比办法》，逐一对照检查，

大力加强工作能力建设、队伍建设、作风建设、信息化建设、接待场所建设，全力提升和推进各项控告检察工作，为新刑事诉讼法在控告检察环节的顺利贯彻实施奠定坚实的基础。

刑事诉讼法修改后刑事申诉检察
工作面临的挑战及应对措施

最高人民检察院刑事申诉检察厅厅长　穆红玉

一、刑事诉讼法中涉及刑事申诉检察工作的条文修改情况

刑事申诉检察工作,包括刑事申诉(含不服人民检察院处理决定的申诉和不服人民法院生效刑事裁判的申诉)、国家赔偿和刑事被害人救助三项业务。新刑事诉讼法没有直接对刑事申诉检察工作作出规定或者修改,但由于刑事申诉检察工作涉及刑事诉讼的方方面面,所以也可以说,此次所有修改内容几乎都关系到刑事申诉检察相关工作。其中,直接涉及的修改内容主要有:

1. 逮捕条件和程序的修改。此次修改,进一步明确了逮捕条件和审查批准逮捕程序,并明确提出对未成年犯罪嫌疑人、被告人应当严格限制适用逮捕措施。办理不服人民检察院不批准逮捕决定的申诉,是刑事申诉检察工作的一项重要任务,刑事诉讼法的上述修改直接涉及如何审查判断人民检察院不批准逮捕决定的正确与否问题。

2. 不起诉制度的修改。新刑事诉讼法增加规定了未成年人刑事案件诉讼程序,其中设置了附条件不起诉制度。新刑事诉讼法还设置了特定范围公诉案件的和解程序,其中规定,对于当事人达成和解协议的案件,犯罪情节轻微,不需要判处刑罚的,人民检察院可以作出不起诉的决定。办理不服人民检察院不起诉决定的申诉,是刑事申诉检察工作的一项重要任务,刑事诉讼法的上述修改直接涉及如何审查判断人民检察院不起诉决定的正确与否问题。

3. 审判程序的修改完善。新刑事诉讼法从五个方面对审判程序作出了

修改完善，其中包括对审判监督程序的补充完善。办理不服人民法院生效刑事裁判的申诉，是刑事申诉检察工作的一项重要任务，刑事诉讼法的上述修改直接涉及如何审查判断人民法院生效刑事裁判的正确与否问题。

4. 违法所得没收程序的设置。新刑事诉讼法增加规定了犯罪嫌疑人、被告人逃匿、死亡案件违法所得的没收程序。实践中，有些刑事申诉案件是当事人不服追缴、没收涉案款物决定和查封、扣押、冻结涉案款物决定而提出的，刑事诉讼法的上述修改有利于审查判断人民检察院的相关决定正确与否。

5. 刑事被害人诉讼地位的提升。新刑事诉讼法从多个角度强化了被害人在刑事诉讼中的地位，特别是设置特定范围公诉案件的和解程序后，被害人在诉讼中将发挥重要作用。刑事诉讼法的上述修改给刑事被害人救助工作带来了新课题。

除了刑事诉讼法的修改外，近年来，根据中央关于司法体制和工作机制改革的部署和要求以及检察工作科学发展的需要，最高人民检察院先后就刑事申诉检察工作推出了一系列改革举措，这些举措与刑事诉讼法修改相呼应，成为检察机关实施刑事诉讼法和有关法律的重要规则，其中主要有：

1. 实行刑事申诉案件公开审查制度。自2000年5月最高人民检察院制发《人民检察院刑事申诉案件公开审查程序规定（试行）》以来，全国各级检察机关积极开展刑事申诉案件公开审查工作，刑事申诉案件结案率和息诉率得到提高，取得了良好的法律效果和社会效果。实践证明，公开审查制度是检察机关推行检务公开，主动接受人民监督的一项制度创新，是保障法律监督职能正确行使的重要举措，是促进申诉案件息诉罢访的有效方式。公开审查刑事申诉案件，一方面，可以在多方互动的过程中，满足人民群众表达权、参与权和知情权，实现"看得见"的公平公正，有利于化解矛盾纠纷，促进息诉罢访；另一方面，可以进一步深化检务公开，推进阳光执法，促进检察机关惩治和预防腐败体系建设，强化自我监督，提高执法公信力。近年来，该试行规定也反映出一些问题和缺陷，比如，公开审查可以采取多种形式，而当时只对听证会一种形式作了规定，方式过窄；听证程序运作复杂，运行成本高、效率低；公开审查在化解矛盾纠纷、促进息诉罢访方面的功能未得到充分发挥等。为适应形势需要，2011年12月29日，最高人民检察院第十一届检察委员会第六十九次会议通过了《人民检察院刑事申诉案件公开审查程序规定》。与试行规定相比较，新规定主要有三大变化：将原来的5部分36条修改为6章34条，既丰富了内容，又对相关条款进行了调整，结构布局更加合理；增加了除公开听证以外的公开示证、公开论证和公开答复等其他公开审查形式，内容更加完整；规定了公开示证、公开论证和公开答复等公开审查形式，可以参照公开听证的程序进行，采取其他形式公开审查刑事申诉案件的，可以根据案件具体情况，简化程序，注重实效。根据修改后的规定，人民检察院在办理不服检察机关处理决定的刑事申诉案件过程中，根据办案工作需要，可以采取公开听证、公开示证、公开论证和公开答复等形式，公开审查案件事实和证据，公开听取申诉人、受邀人员的意见，然后依法公正地对案件作出处理。

2. 调整生效刑事裁判申诉案件办理程序。根据《人民检察院刑事诉讼规则》的规定，刑事申诉检察部门对申诉材料进行审查后，认为需要提出抗诉的，要提出抗诉意见，移送公诉部门审查。公诉部门认为需要提出抗诉的，报请检察长提交检察委员会讨论决定。检察委员会决定抗诉后，由公诉部门出庭支持抗诉。公诉部门不同意抗诉的，程序就不再进行下去。经过多年实践，这种办理模式存在诸多弊端。2012年1月29日印发的最高人民检察院《关于办理不服人民法院生效刑事裁判申诉案件若干问题的规定》对此作出了调整。根据该规定，刑事申诉检察部门对已经发生法律效力的刑事判决或者裁定的申诉复查后，认为需要提出抗诉的，报请检察长提交检察委员会讨论决定。检察委员会决定抗诉后，人民法院开庭审理时，由刑事申诉检察部门派员出庭支持抗诉。这样调整，有利于提高诉讼效率，调动刑事申诉检察干警办案的积极性，加强内部监督制约，做好息诉罢访工作，促进社会和谐。

3. 及时出台适用修改后的国家赔偿法的规定。2010年4月29日，全国人大常委会对国家赔偿法作出了重要修改：一是取消了确认程序，对赔偿程序方面的一些操作程序进行了完善；二是明确了赔偿请求人和赔偿义务机关的举证责任；三是对精神损害赔偿作出了明确规定；四是对国家赔偿费用的支付作出进一步完善；五是规定了检察机关的赔偿监督职责。为了保障修改后的国家赔偿法的统一正确实施，2010年11月11日，最高人民检察院检察委员会讨论通过了《人民检察院国家赔偿工作规定》，对赔偿义务机关的立案条件、审查处理、复议程序、赔偿监督、赔偿决定的执行等问题作了明确规定。

4. 积极推进刑事被害人救助工作。2009 年 3 月,中央政法委、最高人民检察院、财政部等八部门联合下发《关于开展刑事被害人救助工作的若干意见》,之后,最高人民检察院专门下发通知,对检察机关开展刑事被害人救助工作进行了深入动员和严密部署。2010 年以来,全国检察机关共救助刑事被害人及其近亲属 11236 人,发放救助金额 8446 万元。

二、刑事诉讼法修改对刑事申诉检察工作的影响

刑事诉讼法的修改对刑事申诉检察工作的影响是重大而深远的,初步认为,其影响将主要表现为以下几个方面:

1. 不服人民检察院处理决定的申诉将呈现有降有升趋势。由于逮捕条件得到进一步明确,一般案件不服不批准逮捕决定的申诉可能减少;同时,由于增设了未成年人刑事案件诉讼程序,而且明确规定对未成年人应当严格限制适用逮捕措施,对这类案件不批准逮捕决定的申诉可能会增加。由于检察机关对双方当事人和解的刑事案件可以作出不起诉决定,对未成年人犯罪案件可以附条件不起诉,检察机关作出不起诉决定的案件将有所增加,相应地,申诉案件也可能增加。

2. 不服人民法院生效刑事裁判的申诉将有所增加。由于新刑事诉讼法放宽了当事人申诉案件的再审条件,今后的再审案件有可能增加,对不服人民法院生效刑事裁判的申诉也可能相应增加。

3. 国家赔偿案件有望下降。由于新刑事诉讼法进一步加大了人权保障力度,特别是进一步明确了逮捕的条件,确立了非法证据排除规则,冤假错案应当能够得到有效防止。

4. 刑事被害人救助工作将进一步得到重视和加强。此次修改刑事诉讼法,加大了被害人权利的保障力度,特别是刑事和解制度的建立,被害人将得到更多关注,被害人权利意识进一步得到提高,救助工作的工作量和难度都将加大。

三、刑事申诉检察部门贯彻实施新刑事诉讼法应采取的举措

根据以上分析,下一步刑事申诉检察工作需要在以下几方面着力:

1. 加大办理不服检察机关处理决定的刑事申诉案件力度，注重办案效果。严格根据《人民检察院复查刑事申诉案件规定》、《不服人民检察院处理决定刑事申诉案件办理标准》和《检察机关执法工作基本规范（2010年版）》，按照"受理一件，办理一件，息诉一件"的要求，及时受理，依法复查，按时办结，确保办案效果。要善于对办理的案件进行归纳研究，发现问题、总结经验、找出规律，不断提升办案层次。认真落实首办责任制和"两见面"制度，采取调解等多种措施做好案件的执行落实和善后息诉工作，把化解矛盾、维护群众合法权益贯穿于案件办理全过程，做好释法说理、心理疏导和帮扶教育工作，最大限度地兼顾法、理、情，努力实现法律效果、政治效果和社会效果的有机统一。注重风险防范，加强源头治理和内部监督制约，把刑事申诉案件复查与评价机制、考核奖惩机制挂钩，从根本上预防和减少不服检察机关处理决定刑事申诉案件的发生。

2. 落实修改后的刑事申诉案件公开审查制度，增强执法公信力。认真学习、贯彻落实修改后的《人民检察院刑事申诉案件公开审查程序规定》，积极实践公开听证以及其他公开审查方式，以公开促公正，增强执法公信力。要采取多种方式，积极开展公开审查工作。

一是要筛选适宜案件，积极开展公开审查。各地要迅速安排、部署、开展工作，选出适宜案件进行公开审查，力争推出一批法律效果好、社会效果好、当事人息诉的案件。

二是要综合运用多种方式，有效化解矛盾纠纷。各地在开展公开审查工作中，要根据案件的具体情况，积极运用公开听证、公开示证、公开论证和公开答复等多种方式，简化操作程序，提高工作效率，注重办案效果，有效化解矛盾纠纷。

三是要规范案件管理，严格一季一报制度。各省级检察院对公开审查案件要逐件登记、管理，做到底数清、情况明，并按照要求及时汇总、整理。

四是要加强调研、宣传，树立良好形象。

3. 全面推进不服法院生效刑事裁判申诉案件办理工作，加强刑事审判监督。要加强沟通协调，稳妥推进办案程序改革。

一是要争取领导支持，充实办案力量。各级检察院刑事申诉检察部门要对贯彻落实办案程序改革工作进行统筹研究，提出明确意见和建议，积极主动向院党组和分管院领导汇报，争取支持，特别是要将增加和充实办案力量等工作落到实处，为办案程序改革提供人员组织保障。各级检察院刑事申诉检察部门要指定专门人员负责办理不服人民法院生效刑事裁判申诉案件，有条件的地方可以在申诉检察部门下设专门的科室或办案组，各省级院、分市院在明确一定数量办案力量的基础上，要注意充实和调配具有公诉工作经历、具有出庭工作经验的办案人员，以保障案件办理和出庭支持抗诉工作的顺利开展。

二是要加大办案力度，提高办案水平。要加大办案投入，对符合立案复查条件的案件，依法进入立案复查程序，形成一定的办案规模。在准确把握刑事抗诉标准的基础上，对于原审裁判确有错误的案件，勇于提出监督意见，加大监督力度，保持应有的监督态势。各级刑事申诉检察部门要严格按照相关规定的要求，依法、规范办理不服人民法院生效刑事裁判申诉案件，严把事实关、证据关，提高办案质量和法律文书的制作水平。

三是要注意方式方法，力求监督实效。改革刑事申诉办案程序，是为了更好地维护人民法院正确的生效刑事裁判，纠正确有错误的生效刑事裁判，确保司法公正、高效和权威。

4. 依法办理国家赔偿案件，切实履行监督职责。要确保依法赔偿、及时赔偿、执行到位，正确履行赔偿义务机关和赔偿监督机关的职责，保护赔偿请求人的合法权益。要本着积极稳妥的原则，开展赔偿监督工作，拓宽监督渠道，突出监督重点，加强与法院赔偿委员会的沟通协调，建立信息通报、联席会议等工作机制，正确处理敢于监督、善于监督与依法监督、规范监督的关系。继续开展对精神损害赔偿等相关法律规定理解和适用问题的专题调研，明确精神损害抚慰金的支付标准。各地检察机关要结合工作实际，会同当地公安、法院等部门研究制定精神损害赔偿的有关规定。健全办案质量分析监测制度，定期通报国家赔偿案件办理情况，加强对案件办理质量的动态监控和反馈。

5. 推动和规范刑事被害人救助工作，妥善化解社会矛盾。采取案例收集、组织座谈、督导检查等多种方式，找准问题，总结经验，进一步推动和规范刑事被害人救助工作，及时妥善化解社会矛盾，促进社会和谐。继续完善与公诉等相关部门的信息共享机制，确保需要救助的对象能及时进入救助范围。在落实中央政法委等八部门联合发布的《关于开展刑事被害人救助工作的若干意见》的基础上，对进入检察环节确需救助的刑事被害人及其近亲属，积极开展救助。将经济救助、精神抚慰、其他社会保障等多种举措有机结合，实现救助效果最大化。

6. 完善各项刑事申诉检察工作制度，加强宏观指导。要提高宏观指导的针对性和有效性。立足刑事申诉检察职能，积极探索参与加强和创新社会管理的途径和方法，认真分析执法办案中发现的社会管理风险漏洞和制度缺陷，及时向党委、政府及有关部门提出治理对策和建议，充分发挥检察建议在促进社会管理法治化、规范化建设中的作用。完善刑事申诉案件公开审查、刑事被害人救助、法律文书释法说理、息诉罢访、化解社会矛盾等工作机制，推进交办案件指导、督办和刑事申诉法律文书备案审查等各项工作，加大案例指导、分析讲评力度，规范法律文书制作格式与内容，增强法律文书的说理性。坚持信息直报点制度，适时通报刑事申诉信息报送、刊用情况，加强对信息报送工作的指导督促，提高报送信息的质量。积极推进办案流程管理与信息化建设，转变办案方式、办案理念，指定专人负责刑事申诉检察业务统一应用软件的试点和上网测试工作，不断修改、完善，提高执法工作规范化、信息化水平。

认真贯彻新刑事诉讼法　全面强化刑事诉讼法律监督

最高人民检察院法律政策研究室主任　陈国庆

十一届全国人大五次会议通过的《全国人民代表大会关于修改〈中华人民共和国刑事诉讼法〉的决定》，对我国的刑事诉讼制度和司法制度作了重大改革和完善，这是继 1996 年刑事诉讼法修改后又一次重大、系统的修改。修法工作从我国基本国情出发，以加强惩罚犯罪和保护人民、加强和创新社会管理、维护社会和谐稳定、深化司法体制和工作机制改革为目标，统筹处理好惩治犯罪与保障人权的关系，着力解决在惩治犯罪和维护司法公正方面存在的突出问题，从立法精神、基本原则到具体条款的规定，都体现了有效打击犯罪、切实保障人权、加强监督制约的辩证统一。从总体看，此次修法工作对刑事诉讼法律监督制度的修改和完善，更有利于检察机关依法履行法律监督职能，维护司法的公正、高效和权威，同时，检察机关做好法律监督工作的责任更大、任务更重、规范化要求更高。检察机关应当切实按照新刑事诉讼法的要求，全面加强和改进刑事诉讼法律监督工作，维护司法公正。

一、正确理解和把握刑事诉讼法律监督的立法精神

（一）正确理解和把握刑事诉讼法律监督的立法精神

正确理解此次刑事诉讼法修改在完善检察制度、强化检察机关对刑事诉讼活动法律监督方面的立法精神，应当坚持"四个并重"：

1. 追究犯罪与保障人权并重。这次修改刑事诉讼法的指导思想之一，也是此次修改最为突出的一个特点是，坚持统筹处理好惩治犯罪与保障人权的关系。刑事诉讼法的修改完善，既要有利于准确及时地查明犯罪事实，正确运用法律惩罚犯罪分子，又要保障无罪的人不受刑事追究，尊重和保障人

权,保护公民的诉讼权利和其他合法权利。尊重和保障人权是我国宪法确立的一项重要原则,体现了社会主义制度的本质要求。新刑事诉讼法在总则中明确规定"尊重和保障人权",在程序设置和具体规定中也都贯彻了这一宪法原则。这样规定,既有利于更加充分地体现我国司法制度的社会主义性质,也有利于司法机关在刑事诉讼程序中更好地遵循和贯彻这一宪法原则。

2. 增强司法能力与强化监督制约并重。刑事诉讼法为适应与犯罪作斗争的实际需要,充实了公安司法机关查究犯罪的措施和手段,如适当延长案情特别重大、复杂案件的拘传时间;对特定严重犯罪可以指定居所监视居住;对于重大贪污、贿赂犯罪案件以及利用职权实施的严重侵犯公民人身权利的重大犯罪案件,检察机关可以采取技术侦查措施;等等。为了防止这些措施和手段被滥用而侵犯公民权利,法律规定了严格的适用条件和程序,并设定了必要的监督制约机制。

3. 打击犯罪与化解矛盾并重。当前,我国正处于社会转型期和矛盾凸显期,刑事案件居高不下,严重暴力犯罪增多,犯罪的种类和手段出现了新的变化,这些都对我国的社会管理工作提出了严峻挑战。通过刑事诉讼准确惩罚犯罪,维护社会秩序,对于加强和创新社会管理具有重要的和不可替代的作用。与此同时,社会管理的成本和压力十分巨大,维护社会和谐稳定的任务十分艰巨。这次修改刑事诉讼法,着力保障公共安全,着力化解社会矛盾,解决人民群众反映强烈、影响社会和谐稳定的突出问题,区别对待严重犯罪和普通犯罪,突出打击重点,集中打击力量和锋芒。对于严重危害国家安全、公共安全、公民人身安全的刑事犯罪,刑事诉讼法规定了更多的查究手段,对犯罪嫌疑人、被告人权利的限制更严格。与此同时,为促进矛盾化解,新刑事诉讼法规定,对于因民间纠纷引起,涉嫌侵犯公民人身权利、民主权利、侵犯财产犯罪案件,可能判处3年有期徒刑以下刑罚的,以及除渎职犯罪以外的可能判处7年有期徒刑以下刑罚的过失犯罪案件,犯罪嫌疑人、被告人真诚悔罪,通过向被害人赔偿损失、赔礼道歉等方式获得被害人谅解,被害人自愿和解的,双方当事人达成和解协议后,公安机关可以向人民检察院提出从宽处理的建议;人民检察院可以向人民法院提出从宽处罚的建议,对于犯罪情节轻微,不需要判处刑罚的,人民检察院可以作出不起诉的决定;人民法院可以依法对被告人从宽处罚。

4. 强化检察监督与规范检察权行使并重。新刑事诉讼法在进一步强化检察机关对诉讼活动进行法律监督的同时,也对检察机关正确履行法律监督职责提出了更高的要求,体现了监督者也要接受监督的理念。主要体现在:一是进一步完善了辩护制度,保障辩护律师执业权利,切实保障犯罪嫌疑人、被告人的诉讼权利,形成对司法权包括检察权的有效监督。检察机关在诉讼过程中,必须依法保障犯罪嫌疑人、被告人的诉讼权利,保障辩护律师依法履行职责,听取辩护人意见和依其申请调取证据等。二是完善了非法证据排除制度,检察机关在侦查、审查起诉时发现有应当排除的证据的,应当依法予以排除,不得作为起诉意见、起诉决定的依据。三是规定了对重大案件的讯问过程应当录音或者录像。四是进一步规范了公诉权的行使。新刑事诉讼法规定,犯罪嫌疑人没有犯罪事实的,人民检察院应当作出不起诉决定;适用简易程序审理公诉案件,人民检察院应当派员出席法庭;人民法院开庭审理的再审案件,同级人民检察院应当派员出席法庭。

(二) 检察机关开展诉讼监督工作的指导思想和工作原则

我国社会主义检察制度是中国特色社会主义司法制度的重要组成部分。检察机关依法履行法律监督职能、开展诉讼监督工作,应当坚持中国特色社会主义理论的指导,充分发挥中国特色社会主义司法制度、检察制度的优越性。在新形势下,检察机关加强对诉讼活动的监督工作应当坚持以下指导思想:高举中国特色社会主义伟大旗帜,以邓小平理论、"三个代表"重要思想为指导,深入贯彻落实科学发展观,坚持社会主义法治理念,坚持党的事业至上、人民利益至上、宪法法律至上,将加强诉讼监督作为检察工作的重要任务,不断增强做好诉讼监督工作、维护司法公正的责任感,严格依法履行人民检察院的法律监督职能,进一步加大工作力度,狠抓薄弱环节,突出监督重点,完善监督机制,强化监督措施,提高监督能力,增强监督实效,促进司法公正,切实维护诉讼当事人的合法权益,服务构建社会主义和谐社会,服务党和国家工作大局。

当前,检察机关开展诉讼监督工作,应当坚持和遵循以下几项工作原则:

一是敢于监督,善于监督,坚决履行诉讼监督职责。人民检察院在依法履行诉讼监督职能时,必须牢牢把握宪法和法律关于人民检察院是国家法律监督机关的职能定位,始终把"强化法律监督,维护公平正义"作为检察工作的根本任务,全面加强对诉讼活动的法律监督,以对党、对人民、对宪法和法律高度负责的态度，真正把工夫下在监督上，对于刑事诉讼、民事审判、行政诉讼活动中的违法行为，不断增强监督意识，加大监督力度，提高监督水平，做到既敢于监督，态度坚决，刚正不阿，敢于碰硬，又善于监督，慎重行事，讲究方式方法，不断提高监督工作水平，更好地担负起维护司法公正、维护社会主义公平正义的重任。

二是依法监督，规范监督。检察机关开展诉讼监督工作，必须严格依据法律赋予的职权，按照法律规定的程序，规范诉讼监督机制和手段，运用查处职务犯罪、抗诉、纠正违法通知书、检察建议、建议更换办案人等方式开展监督工作，及时纠正诉讼中的严重违法行为，严肃查处司法不公背后的职务犯罪，全力维护司法公正。

三是突出诉讼监督重点，注重诉讼监督实效。检察机关开展诉讼监督工作，应当突出重点，要紧紧抓住人民群众反映强烈的执法不严、司法不公问题，着力解决人民群众最关心、最直接、最现实的问题，加强对立案、侦查、审查逮捕、审查起诉、审判、执行等重点环节和关键岗位的监督，重点加大对诉讼中实体、程序方面的严重违法和司法不公背后的职务犯罪的监督和查处力度，切实提高攻坚克难能力和法律监督水平，把工作着力点放在增强实效上，使诉讼中的违法行为得到纠正，错误判决、裁定得到改正，职务犯罪得到查处，在诉讼监督中实现促进公安司法机关公正执法、公正司法的效果，切实尊重和保障人权。

四是监督的力度、质量、效率、效果相统一。检察机关加强诉讼监督工作，必须正确处理诉讼监督中的一系列关系，坚持监督的力度、质量、效率和效果的有机统一，加大监督力度，保证监督质量，提高监督效率，追求最佳的监督效果，使诉讼监督实现打击犯罪与保障人权，实体公正与程序公正，监督制约与协调配合，法律效果与政治效果、社会效果的有机统一。

五是处理好监督与支持的关系。人民检察院的法律监督，目的是促进司法机关严格依法行使职权，保障各机关协调有效地开展工作，确保宪法和法律得到全面正确地贯彻实施，维护社会主义法制的统一和尊严。人民检察院依法加强对刑事、民事、行政诉讼活动的法律监督，从根本上是为了支持各机关依法履行侦查、审判和刑罚执行职责，促进司法公正，维护司法权威。因此，人民检察院与人民法院、公安机关、刑罚执行机关虽然分工不同，但工作目标是一致的，都在各自职权范围内执行宪法和法律，为建设中国特色社会主义服务。检察机关在开展诉讼监督工作中,应当处理好监督与支持的关系。

二、全面强化检察机关对刑事诉讼活动的法律监督

检察机关作为国家法律监督机关,在刑事诉讼中依法履行侦查、审查批准逮捕、公诉、诉讼监督等职权,参与刑事诉讼的整个程序。可以说,自检察制度创设以来,检察机关的主要职权活动都是在刑事诉讼领域内,检察官最为基本的任务就是实施侦查、提起公诉以及监督刑事立案、侦查、审判、执行的合法性,特别是通过审查起诉控制审判的入口,作为刑事程序进展中决定性的过滤器,保证刑事诉讼的客观性与正确性。刑事诉讼法的修改与检察工作关系重大,许多内容均涉及检察机关的职责和工作程序。这次修改,全面强化了检察机关对刑事诉讼的法律监督制度和措施,是检察制度的重大改革和完善,对于深化司法改革、检察改革,使检察机关更有效地行使职权、促进司法公正,具有重要的意义。主要体现在十个方面:

(一)设立逮捕后羁押必要性审查程序,加强检察机关对羁押执行的监督

在犯罪嫌疑人、被告人被逮捕后,人民检察院仍应当对羁押的必要性进行审查。对不需要继续羁押的,应当建议予以释放或者变更强制措施。有关机关应当在10日以内将处理情况通知人民检察院。这是加强人民检察院对羁押执行监督的重要制度,有利于减少羁押,防止超期羁押和不当羁押。在犯罪嫌疑人、被告人被逮捕后,侦查阶段一般羁押2个月,特殊情况下还可以延长羁押期限。如果当事人不构成犯罪或者出现可以变更强制措施的情况,应当予以释放或者变更强制措施。在执行中要细化和完善这一制度,一是明确检察机关既可以主动审查,也可以被动审查,赋予当事人、辩护律师提请审查的权利;二是明确审查的方式和内容,要审查案卷材料,必要时听取公安机关、被追诉一方的意见特别是辩护律师的意见;三是明确审查的期限,及时作出决定;四是要为公安机关、被追诉一方提供救济途径,当一方对审查结果有异议的,可以申请复议等。

(二)明确对指定居所监视居住的决定和执行的监督

考虑到监视居住的特点和实际执行情况,新刑事诉讼法规定,对于涉嫌

危害国家安全犯罪、恐怖活动犯罪、特别重大贿赂犯罪的犯罪嫌疑人，在住处执行可能有碍侦查的，经上一级人民检察院或者公安机关批准，可以在指定的居所执行。但是，不得在羁押场所和专门的办案场所执行。为了防止这一措施在实践中被滥用，规定人民检察院对指定居所监视居住的决定和执行是否合法实行监督。这一规定对指定居所监视居住的特殊条件（特定严重犯罪）、适用程序（上一级批准）作了严格规定，明确检察机关对指定居所监视居住的决定程序和执行程序都要实施法律监督。作出决定的机关应当将相应情况、材料通知同级人民检察院，人民检察院对决定是否合法以及执行是否合法进行监督，定期进行审查、巡查，保证这一特殊措施的正确适用。人民检察院适用这一措施的，仅限于特别重大贿赂犯罪案件，具体范围要进行严格界定，经上一级人民检察院批准后，由办案部门适用和执行，并由其他业务部门如监所检察部门进行监督。

（三）加强对阻碍辩护人、诉讼代理人行使诉讼权利的违法行为的监督

新刑事诉讼法规定，辩护人、诉讼代理人认为公安机关、人民检察院、人民法院及其工作人员阻碍其依法行使诉讼权利的，有权向同级或者上一级人民检察院申诉或者控告；人民检察院对申诉或者控告应当及时审查，情况属实的，通知有关机关予以纠正。新刑事诉讼法明确犯罪嫌疑人在侦查阶段可以委托辩护人，完善了辩护律师会见在押犯罪嫌疑人、被告人的程序，辩护律师在侦查阶段可以行使一系列诉讼权利，包括提供法律帮助、代理申诉控告、申请变更强制措施等，律师在审查起诉、审判阶段均可以查阅、摘抄、复制本案的案卷材料，在侦查、审查起诉期间申请公安机关、人民检察院调取证据等。辩护人依法行使这些权利，对于有效进行辩护、维护被追诉人合法权益具有重要作用。人民检察院应当保障辩护人、诉讼代理人依法行使诉讼权利，对于妨碍其权利行使的，人民检察院作为监督机关应当依法纠正。应当明确辩护律师申诉、控告的具体范围及检察机关审查的期限，确有违法的，通知有关机关纠正。人民检察院要明确监督的工作部门，加强对自侦案件妨碍辩护人权益的行为的查处和纠正。

（四）通过依法排除非法证据，加强对非法取证行为的监督

为从制度上进一步遏制刑讯逼供和其他非法收集证据的行为，维护司法公正和刑事诉讼参与人的合法权利，新刑事诉讼法对非法证据的排除作出了

明确规定。新刑事诉讼法在规定严禁刑讯逼供的基础上,增加"不得强迫任何人证实自己有罪"的规定。同时,明确规定了非法证据排除的具体标准:采用刑讯逼供等非法方法收集的犯罪嫌疑人、被告人供述和采用暴力、威胁等非法方法收集的证人证言、被害人陈述,应当予以排除。收集物证、书证不符合法定程序,可能严重影响司法公正的,应当予以补正或者作出合理解释;不能补正或者作出合理解释的,对该证据应当予以排除。新刑事诉讼法特别规定了检察机关在排除非法证据中的职责:人民检察院接到报案、控告、举报或者发现侦查人员以非法方法收集证据的,应当进行调查核实。在审查起诉中发现可能存在非法取证行为的,可以要求公安机关对证据收集的合法性作出说明。对于确有以非法方法收集证据情形的,应当提出纠正意见;构成犯罪的,依法追究刑事责任。这就确立了人民检察院对非法取证行为的调查权和监督纠正权,并可以通过立案侦查刑讯逼供犯罪案件,追究有关非法取证人员的刑事责任。

(五)明确检察机关对查封、扣押、冻结等侦查措施的法律监督

为强化对侦查措施的规范、制约和监督,防止侦查措施的滥用,新《刑事诉讼法》第115条规定:"当事人和辩护人、诉讼代理人、利害关系人对于司法机关及其工作人员有下列行为之一的,有权向该机关申诉或者控告:(一)采取强制措施法定期限届满,不予以释放、解除或者变更的;(二)应当退还取保候审保证金不退还的;(三)对与案件无关的财物采取查封、扣押、冻结措施的;(四)应当解除查封、扣押、冻结不解除的;(五)贪污、挪用、私分、调换、违反规定使用查封、扣押、冻结的财物的。受理申诉或者控告的机关应当及时处理。对处理不服的,可以向同级人民检察院申诉;人民检察院直接受理的案件,可以向上一级人民检察院申诉。人民检察院对申诉应当及时进行审查,情况属实的,通知有关机关予以纠正。"

(六)加强对简易程序审判活动的监督

为在诉讼程序上贯彻宽严相济的刑事政策,实行案件的繁简分流,提高诉讼效率,新刑事诉讼法扩大了简易程序的适用范围,明确对于基层人民法院管辖的案件,符合下列条件的,可以适用简易程序审判:(1)案件事实清楚、证据充分的;(2)被告人承认自己所犯罪行,对指控的犯罪事实没

有异议的;(3)被告人对适用简易程序没有异议的。特别明确适用简易程序审理公诉案件,人民检察院应当派员出席法庭。公诉人出席简易程序审理公诉案件的法庭,一是履行公诉职能。凡是检察院提起公诉的案件,检察院均应当派员出席法庭,这是检察机关履行职责的客观需要,是维护控辩审合理诉讼结构的必然要求。二是履行对审判活动的法律监督职责。简易程序范围扩大后,可能会有1/3至1/2甚至更多的刑事案件适用简易程序,凡可能判处超过3年有期徒刑的案件,法院应当组成合议庭进行审判,如果检察院不派员出庭,诉讼活动将极不严肃。公诉人出席法庭,可以对适用简易程序的审判活动是否合法进行监督,发现审判程序违法的,可以以人民检察院的名义提出纠正意见,以维护审判的公正性和合法性。

(七)新刑事诉讼法将量刑纳入法庭审理过程中,有利于对量刑活动的监督制约

新刑事诉讼法明确规定,在法庭审理过程中,对与定罪、量刑有关的事实、证据都应当进行调查、辩论。将与量刑有关的事实、证据都纳入审判程序之中,进行调查和辩论,这是中央司法改革精神的要求。最高人民法院、最高人民检察院等部门就量刑程序制发了一系列文件,公诉人出席法庭除了依法参加量刑程序的调查、辩论外,还对量刑程序的合法性、相关审判活动的合法性进行监督,对量刑活动具有监督制约作用。

(八)完善死刑复核程序法律监督

根据死刑复核程序的性质,为进一步体现适用死刑的慎重,保证死刑复核案件质量,加强检察机关对死刑复核程序的法律监督,新刑事诉讼法规定,在复核死刑案件过程中,最高人民检察院可以向最高人民法院提出意见,最高人民法院应当将死刑复核结果通报最高人民检察院。

(九)完善检察机关对减刑、假释和暂予监外执行的法律监督

为进一步完善刑罚执行程序,完善检察机关对减刑、假释和暂予监外执行的监督机制,新刑事诉讼法规定:监狱、看守所提出暂予监外执行的书面意见的,应当将书面意见的副本抄送人民检察院。人民检察院可以向决定或者批准机关提出书面意见。被判处管制、拘役、有期徒刑或者无期徒刑的罪犯,在执行期间确有悔改或者立功表现,应当依法予以减刑、假释的时候,由执行机关提出建议书,报请人民法院审核裁定,并将建议书副本抄送人民

检察院。人民检察院可以向人民法院提出书面意见。

(十) 关于对强制医疗的决定和执行的监督

《刑法》第 18 条第 1 款规定:"精神病人在不能辨认或者不能控制自己行为的时候造成危害结果,经法定程序鉴定确认的,不负刑事责任,但是应当责令他的家属或者监护人严加看管和医疗;在必要的时候,由政府强制医疗。"为保障公众安全,维护社会秩序,新刑事诉讼法增加规定:实施暴力行为,危害公共安全或者严重危害公民人身安全,经法定程序鉴定依法不负刑事责任的精神病人,有继续危害社会可能的,可以予以强制医疗。对于公安机关发现并移送的或者在审查起诉过程中发现的精神病人符合强制医疗条件的,人民检察院应当向人民法院提出强制医疗的申请,由人民法院作出决定。同时明确规定,人民检察院对强制医疗的决定和执行实行监督,包括对人民法院的决定程序和强制医疗机构的执行活动均要实行监督。主要审查被强制医疗的主体是否符合法定条件、精神病鉴定是否依照法定程序进行、精神病人有无继续危害社会的可能,并对合议庭的组成和审理活动是否合法、被申请人是否依法行使诉讼权利等进行监督。要明确强制医疗机构的范围及执行程序,人民检察院监督其依法实行强制医疗活动,维护被强制医疗人的合法权益和诉讼权利。

三、加强对检察机关执法活动的监督制约,提高司法公信力

(一) 完善审查起诉和出庭支持公诉制度

审查起诉、出庭支持公诉是检察机关的重要职责。在侦查终结之后通过审查起诉,决定起诉或者不起诉,是控审分离、不告不理原则的重要体现。在审判时出庭支持公诉是检察官的基本任务,对犯罪提出指控并协助法院发现事实真相,依法行使指控、参加辩论、调查证据等职责,是审判正常进行的重要条件。新刑事诉讼法对审查起诉、出庭支持公诉制度作了一系列完善的规定。特别是在构建和谐社会思想的指导下,贯彻宽严相济刑事政策,对未成年人贯彻教育为主、惩罚为辅的原则,增设了当事人和解的公诉案件诉讼程序,未成年人刑事案件附条件不起诉制度,从政策层面和具体程序方面完善了我国的公诉制度。

1. 新刑事诉讼法完善了不起诉制度,增加了犯罪嫌疑人没有犯罪事实

的，人民检察院应当作出不起诉决定的规定。

2. 适用简易程序审理公诉案件，人民检察院应当派员出席法庭。人民法院开庭审理的再审案件，同级人民检察院应当派员出席法庭。

3. 明确了检察官的举证责任，规定公诉案件中被告人有罪的举证责任由人民检察院承担。

4. 为更好地配置司法资源，提高诉讼效率，根据司法实践和实际的需要，新刑事诉讼法规定了第一审普通程序的案卷移送制度。人民检察院认为犯罪嫌疑人的犯罪事实已经查清，证据确实、充分，依法应当追究刑事责任的，应当作出起诉决定，按照审判管辖的规定，向人民法院提起公诉，并将案卷材料、证据移送人民法院。

5. 增设了开庭前的准备程序。在开庭以前，审判人员可以召集控辩双方就回避、出庭证人名单、非法证据排除等与审判相关的问题，了解情况，听取意见，做好庭审的准备工作，将事实、证据等庭审重点以外的问题解决在庭前，以保证庭审的正常进行。公诉人通过庭前准备程序，整理、明确诉讼争点，做好案件的分流处理，为出庭支持公诉做好充分准备。

6. 增设了量刑程序，赋予检察机关量刑建议权。

7. 针对实践中一些重大、复杂案件阅卷时间不足，影响办案质量的问题，新刑事诉讼法规定，第二审人民法院应当在决定开庭审理后及时通知人民检察院查阅案卷，人民检察院应当在1个月内查阅完毕。

8. 增设再审案件强制措施的决定程序。人民检察院提出抗诉的再审案件，需要对被告人采取强制措施的，由人民检察院依法决定。

9. 规定未成年人刑事案件附条件不起诉制度。为更好地保障未成年人的诉讼权利和其他合法权益，新刑事诉讼法在总结实践经验的基础上，针对未成年人刑事案件的特点，对办案方针、原则、诉讼环节的特别程序作出规定。其中，设置了附条件不起诉制度，规定对于未成年人涉嫌侵犯公民人身权利、民主权利犯罪、侵犯财产犯罪、妨害社会管理秩序犯罪，可能判处1年有期徒刑以下刑罚，符合起诉条件，但有悔罪表现的，人民检察院可以作出附条件不起诉的决定。同时，为有利于未成年犯更好地回归社会，设置了犯罪记录封存制度。

10. 设置特定范围公诉案件的和解程序。1996年刑事诉讼法对自诉案件的和解作了规定，为有利于化解矛盾纠纷，需要适当扩大和解程序的适用范围,将部分公诉案件纳入和解程序。同时,考虑到公诉案件的国家追诉性质和刑罚的严肃性,为防止出现司法不公,建立这一新的诉讼制度宜审慎把握,和解程序的适用范围不能过大。新刑事诉讼法规定,公诉案件适用和解程序的范围为因民间纠纷引起,涉嫌侵犯公民人身权利、民主权利犯罪,侵犯财产犯罪,可能判处3年有期徒刑以下刑罚的案件,以及除渎职犯罪以外的可能判处7年有期徒刑以下刑罚的过失犯罪案件。但是,犯罪嫌疑人、被告人在5年以内曾经故意犯罪的,不适用这一程序。对于当事人之间达成和解协议的案件,人民法院可以依法对被告人从宽处罚。

(二)改革审查批准逮捕程序,使逮捕措施适用具有公开性、诉讼性和救济性

逮捕是为保证刑事诉讼的正常进行而剥夺犯罪嫌疑人、被告人人身自由的最为严厉的强制措施。宪法、刑事诉讼法对逮捕条件、程序作了原则性规定,公安机关需要逮捕犯罪嫌疑人的,应当由人民检察院审查批准。以往检察机关主要是通过对公安机关单方面移送的材料进行审查,从而作出批准逮捕或者不批准逮捕的决定。针对司法实践中对逮捕条件理解不一致的问题,为有利于司法机关准确掌握逮捕条件,新刑事诉讼法细化了逮捕条件,明确了逮捕条件中"发生社会危险性,而有逮捕必要"的具体条件。为了提高逮捕质量,防止错误逮捕,适应诉讼公开化的发展,保证人民检察院正确行使批准逮捕权,新刑事诉讼法增加了人民检察院审查批准逮捕时讯问犯罪嫌疑人、听取辩护律师意见的程序。为及时纠正错捕,减少不必要的羁押,新刑事诉讼法增设了羁押必要性审查的制度。

1. 细化逮捕条件。为了进一步明确逮捕条件,增强可操作性,新《刑事诉讼法》第79条规定:"对有证据证明有犯罪事实,可能判处徒刑以上刑罚的犯罪嫌疑人、被告人,采取取保候审尚不足以防止发生下列社会危险性的,应当予以逮捕:(一)可能实施新的犯罪的;(二)有危害国家安全、公共安全或者社会秩序的现实危险的;(三)可能毁灭、伪造证据,干扰证人作证或者串供的;(四)可能对被害人、举报人、控告人实施打击报复的;(五)企图自杀或者逃跑的。对有证据证明有犯罪事实,可能判处十年有期徒刑以上刑罚的,或者有证据证明有犯罪事实,可能判处徒刑以上刑罚,曾经故意犯罪或者身份不明的,应当予以逮捕。被取保候审、监视居住

的犯罪嫌疑人、被告人违反取保候审、监视居住规定，情节严重的，可以予以逮捕。"

2. 强化审查批准逮捕程序的公开性、诉讼性。人民检察院审查批准逮捕，可以讯问犯罪嫌疑人；有下列情形之一的，应当讯问犯罪嫌疑人：（1）对是否符合逮捕条件有疑问的；（2）犯罪嫌疑人要求向检察人员当面陈述的；（3）侦查活动可能有重大违法行为的。人民检察院审查批准逮捕，可以询问证人等诉讼参与人，听取辩护律师的意见；辩护律师提出要求的，应当听取辩护律师的意见。

3. 延长人民检察院自侦案件审查批准逮捕的时间。人民检察院对直接受理的案件中被拘留的人，认为需要逮捕的，应当在14日以内作出决定。在特殊情况下，决定逮捕的时间可以延长1日至3日，即特殊案件可延长至17日。

4. 建立羁押必要性审查制度。为强化人民检察院对羁押措施的监督，防止超期羁押和不必要的关押，新刑事诉讼法规定：犯罪嫌疑人、被告人被逮捕后，人民检察院仍应当对羁押的必要性进行审查。对于不需要继续羁押的，应当建议予以释放或者变更强制措施。有关机关应当在10日以内将处理情况通知人民检察院。

（三）健全辩护制度，强化犯罪嫌疑人、被告人诉讼权利保障

为进一步完善辩护制度，保障律师执业权利，新刑事诉讼法规定：犯罪嫌疑人自被侦查机关第一次讯问或者采取强制措施之日起，有权委托辩护人；在侦查期间，只能委托律师作为辩护人。侦查机关在第一次讯问犯罪嫌疑人或者对犯罪嫌疑人采取强制措施时，应当告知犯罪嫌疑人有权委托辩护人。辩护律师持律师执业证书、律师事务所证明和委托书或者法律援助公函要求会见在押的犯罪嫌疑人、被告人的，看守所应当及时安排会见，至迟不得超过48小时。为加大惩治腐败犯罪力度，提高检察机关查办特别重大贿赂犯罪的能力，新刑事诉讼法规定，特别重大贿赂犯罪案件，在侦查期间辩护律师会见在押的犯罪嫌疑人，应当经侦查机关许可。

辩护人认为在侦查、审查起诉期间公安机关、人民检察院收集的证明犯罪嫌疑人、被告人无罪或者罪轻的证据材料未提交的，有权申请人民检察院、人民法院调取。在案件侦查终结前，辩护律师提出要求的，侦查机关应当听取辩护律师的意见，并记录在案。辩护律师提出书面意见的，应当

附卷。

辩护人、诉讼代理人认为公安机关、人民检察院、人民法院及其工作人员阻碍其依法履行职责的，有权向同级或者上一级人民检察院申诉或者控告。人民检察院对申诉或者控告应当及时进行审查，情况属实的，通知有关机关予以纠正。

（四）完善非法证据排除制度，严格规范执法司法行为

新刑事诉讼法明确规定，严禁刑讯逼供和以威胁、引诱、欺骗以及其他非法方法收集证据。采用刑讯逼供等非法方法收集的犯罪嫌疑人、被告人供述和采用暴力、威胁等非法方法收集的证人证言、被害人陈述，应当予以排除。收集物证、书证不符合法定程序，可能严重影响司法公正的，应当予以补正或者作出合理解释；不能补正或者作出合理解释的，对该证据应当予以排除。在侦查、审查起诉、审判时发现有应当排除的证据的，应当依法予以排除，不得作为起诉意见、起诉决定和判决的依据。

人民检察院接到报案、控告、举报或者发现侦查人员以非法方法收集证据的，应当进行调查核实。对于确有以非法方法收集证据情形的，应当提出纠正意见；构成犯罪的，依法追究刑事责任。在对证据收集的合法性进行法庭调查的过程中，人民检察院应当对证据收集的合法性加以证明。现有证据材料不能证明证据收集的合法性的，人民检察院可以提请人民法院通知有关侦查人员或者其他人员出庭说明情况。人民检察院审查案件，可以要求公安机关提供法庭审判所必需的证据材料；认为可能存在以非法方法收集证据情形的，可以要求其对证据收集的合法性作出说明。

侦查人员在讯问犯罪嫌疑人的时候，可以对讯问过程进行录音或者录像；对于可能判处无期徒刑、死刑的案件或者其他重大犯罪案件，应当对讯问过程进行录音或者录像。录音或者录像应当全程进行，保持完整性。

四、完善诉讼监督机制，强化诉讼监督措施

检察机关恢复重建三十多年来，忠实履行宪法和法律赋予的职责，诉讼监督工作取得了重要成就，积累了宝贵的经验。从总体上看，现行法律关于检察机关诉讼监督制度的规定是可行的，符合我国现阶段的国情。但是，随着经济社会的快速发展和人民群众司法需求的日益增长，关于诉讼监督的体制、机制及相关法律制度在某些方面也出现了一些不适应的问题，迫切需要

进一步发展和完善。根据中央关于司法体制和工作机制改革的有关精神，认真贯彻新刑事诉讼法，进一步完善诉讼监督机制，强化诉讼监督措施，以更好地发挥检察机关的法律监督职能。

（一）完善诉讼监督机制

1. 加强诉讼监督的规范化建设。检察机关要认真总结诉讼监督工作中存在的问题，完善检察机关关于刑事立案监督、侦查活动监督、审判监督、执行监督等各项监督工作制度以及各业务部门执法办案内部监督制约机制，加快制定和修改完善与监督工作有关的司法解释以及各类规范性文件，明确监督的范围、方式、程序和责任主体。重点围绕容易发生执法不规范问题的关键岗位和关键环节，严格流程管理和过程控制，加强诉讼监督的规范化和制度化，健全权责明确、程序严密、监督有效的执法工作机制。

2. 完善与侦查、审判、刑罚执行机关的沟通协调机制。建立健全检察机关与侦查、审判、刑罚执行机关的联席会议、信息共享等制度。对监督中发现的普遍性问题，及时向侦查、审判、刑罚执行机关通报和反馈。加强与侦查、审判、刑罚执行机关的沟通协商，联合制定有关诉讼监督工作的文件，解决实践中的突出问题。

3. 研究建立有关机关对人民检察院监督意见的反馈机制。检察机关可以积极与有关部门沟通协商，研究建立人民检察院向有关机关提出纠正违法通知、检察建议等监督意见的，有关机关应当在一定期限内依法作出处理的工作机制。

4. 完善检察长列席人民法院审判委员会会议制度。按照中央司法体制改革的精神，商有关部门尽快落实检察长和受委托的副检察长列席人民法院审判委员会会议制度，规范列席会议的职责、范围和程序。对重大、疑难案件或者与人民法院认识有分歧的案件以及人民检察院抗诉的案件，检察长或者受检察长委托的副检察长应当列席同级人民法院审判委员会会议，充分阐述检察机关的意见。

5. 完善检察机关内部衔接配合机制。要加强检察机关内部职务犯罪侦查、侦查监督、公诉、监所检察、民事行政检察、控告申诉检察等部门之间的衔接配合，建立内部情况通报、信息共享、线索移送、侦结反馈制度，形成监督合力。侦查部门以外的各部门在办案过程中发现司法不公背后的职务犯罪案件线索的，应当依照规定及时移送，并加强与侦查部门的协作配合。

各部门在办案过程中发现侦查、批捕、起诉、审判、执行等环节存在违法行为,但不属于本业务部门职责范围的,应当及时通报相关的部门依法进行监督。

6. 明确、规范检察机关调阅审判卷宗材料,调查违法行为的程序。要按照中央司法体制改革的精神,加快与有关部门的沟通协调,明确检察机关调阅审判卷宗的程序。研究建立健全对有关机关办理案件程序是否违法以及司法人员是否存在贪污受贿、徇私舞弊、枉法裁判等违法行为进行调查的程序、措施等相关制度。

7. 健全检察工作一体化机制,发挥诉讼监督的整体效能。研究完善诉讼监督职权在上下级检察机关之间、检察机关各内设机构之间的优化配置,进一步健全上下一体、分工合理、权责明确、相互配合、相互制约、高效运行的诉讼监督体制。进一步完善信息共享和线索通报移送制度,加快实现检察机关对案件线索统一管理、对办案活动统一指挥、对办案力量和设备统一调配的机制。进一步规范交叉办案、异地办案、授权办案、联合办案等办案模式,优化办案资源,确保诉讼监督工作顺利进行。

8. 完善诉讼监督考评机制和激励机制。研究建立适应诉讼监督工作特点的科学考评机制,提高诉讼监督在综合业务考评中的权重,加大考核力度,对诉讼监督工作的法律效果、政治效果、社会效果进行综合评价,提高检察人员开展诉讼监督的积极性和诉讼监督的质量。对诉讼监督取得突出成绩的单位、部门和人员,及时予以表彰。

(二)强化诉讼监督措施

1. 拓宽诉讼监督案件的来源和渠道。要重视人民群众举报,当事人申诉、控告和人大代表、政协委员、新闻媒体的反映,逐步推进与纪检监察机关、行政执法机关、审计机关、侦查机关、审判机关、刑罚执行机关之间的信息沟通、联席会议、案件移送等制度建设,加强与律师、律师行业组织的联系,完善检察机关各业务部门之间的信息共享和线索移送制度。

2. 善于综合运用多种监督手段。根据诉讼活动的实际需要,采取多种方法开展诉讼监督工作。将抗诉与再审检察建议相结合,将诉讼监督与查办职务犯罪相结合,将办案与预防工作相结合,多方面、多层次、多渠道地做好诉讼监督工作。将事中、事后监督与事前预防相结合,通过提前介入重大案件侦查等方式,将监督关口前移。将个案监督与综合监督相结合,在纠正具体违法行为的同时,对侦查、审判、执行机关在执法中存在的普遍性问题提出综合性的监督意见。

3. 突出重点,积极开展专项监督活动。针对立案、侦查、审判、执行等环节中人民群众反映强烈的执法不严、司法不公问题,适时开展专项监督活动,争取每年解决几个重点问题。将专项监督活动与日常监督工作相结合,对在监督活动中发现的突出问题,建议相关部门建章立制。必要时,上级人民检察院可以挂牌督办一批有影响、有示范性的典型案件,不断推动诉讼监督工作。

4. 加大依法查办执法不严、司法不公、违法办案背后的职务犯罪的力度。健全查办司法人员职务犯罪的内部分工和协作机制,依法查处在立案、侦查、批捕、起诉、审判、执行等环节的贪污受贿、徇私舞弊、枉法裁判等犯罪行为。坚持把大案要案作为查办职务犯罪工作的重点,强化上级检察院对办案工作的指挥和协调,加强跨地域侦查的协作配合,提高发现和突破大案要案的能力。发现其他违法违纪线索的,及时移交有关部门查处。要加强对司法人员职务犯罪特点和规律的研究,积极向有关部门提出规范司法人员行为的建议。

5. 加强诉讼监督能力建设。不断提高检察人员发现问题的能力,收集证据、证实违法犯罪的能力,运用法律政策的能力,排除阻力干扰的能力,与有关部门沟通协调的能力。加强诉讼监督业务的学习培训,通过总结办案经验、举办诉讼监督技能竞赛和业务评比等活动,努力培养具有丰富实践经验和扎实理论基础的诉讼监督人才。深入实际,调查研究诉讼监督工作存在的问题,认真总结诉讼监督工作的特点和规律,全面提高诉讼监督能力。

6. 加强对诉讼监督工作的领导。各级人民检察院要把诉讼监督列入重要议事日程,切实加强领导,不断研究诉讼监督的新思路,探求诉讼监督的新举措,开拓诉讼监督的新渠道,努力开创诉讼监督工作的新局面。上级人民检察院要切实加强对诉讼监督工作的领导力度,积极协调侦查、审判、刑罚执行机关督促其下级机关纠正诉讼中的违法行为。对诉讼监督工作中存在的突出问题,下级人民检察院要及时向上级人民检察院报告,对上级人民检察院的决定,必须坚决执行。进一步规范交叉办案、异地办案、授权办案中的诉讼监督机制。推行领导亲自办案制度,地方各级人民检察院的检察长、副检察长要带头办案,对于当地有重大影响、疑难复杂、新类型或者对于履行诉讼监督职能有重大创新意义的监督案件,要及时加强指挥和协调,并注意总结指导。

加强对诉讼活动的法律监督,既是检察机关的法定职责,也是党和人民对检察机关的期望与要求。同时,诉讼监督工作任务重、困难多,需要我们各级检察机关和检察人员共同努力,不断总结经验,调整思路,开拓创新,改革和完善相关的工作机制和工作措施,进一步履行好对诉讼活动的法律监督职责,为构建社会主义和谐社会提供充分的法律保障和服务。

五、制定相关司法解释,保证检察机关刑事诉讼法律监督工作依法顺利进行

(一)转变执法观念

检察机关深入贯彻实施新刑事诉讼法,不仅要严格按照法律文本的表述去准确理解法律的具体规定,更要树立正确的刑事诉讼观念。观念的转变和树立,对于我们准确理解法律、正确履行职责、抓好配套制度机制建设等,具有十分重要的意义。我们要密切联系实际,认真研究在与检察工作相关的若干重大问题上,如何转变不合时宜的执法观念,自觉适应新刑事诉讼法的要求。要树立打击犯罪与保护犯罪嫌疑人、被告人合法权利并重的观念,公开、公平、公正的观念,严格规范文明执法的观念,贯彻宽严相济刑事政策、注重矛盾化解的观念,强化法律监督与加强自身监督并重的观念,以及讲求司法效率、优化司法效果的观念。特别要注意防止重打击轻保护、重实体轻程序、重监督别人轻自身监督、重案件查办轻矛盾化解等偏向。

(二)制定完善有关司法解释和工作机制

刑事诉讼法修改中新增加的内容,有不少在检察工作具体适用中需要司法解释予以明确,一些根据1996年刑事诉讼法制定的司法解释随着刑事诉讼法的修改,要进行清理、修改和完善,一些与新刑事诉讼法实施相配套的制度和机制也迫切需要建立健全。要修订《人民检察院刑事诉讼规则》,该规则是最高人民检察院为正确实施1996年刑事诉讼法而制定的司法解释,是检察机关贯彻实施1996年刑事诉讼法、全面正确履行刑事诉讼职能最为重要的规范性文件。此次刑事诉讼法修改涉及面广,修改以及新增诉讼制度繁多,对检察工作有重大影响。以刑事诉讼法为依据制定的、以贯彻实施刑

事诉讼法为宗旨的刑事诉讼规则必须相应地进行修改。需要遵循的一个基本原则是：只要能写入规则的，尽量在规则中体现；不宜写入或者必须专门制定规范性文件的，另行制定；需要与其他有关机构会签文件的，另行沟通，联合制定有关文件。拟对检察机关使用技术侦查手段的具体审批、相关机制、运行程序和监督，特别重大贿赂犯罪案件的界定，特别重大贿赂犯罪案件中律师会见检察机关通知看守所制度，检察机关查办的职务犯罪案件指定居所监视居住由公安机关执行制度，羁押必要性审查中检察机关与侦查机关、法院和看守所的信息沟通和配合机制，辩护人、诉讼代理人向检察机关申诉、控告的受理、审查机制，公安机关应检察机关的要求就侦查取证合法性作出说明的机制，公诉人出席简易程序公诉案件与法院沟通建立集中排期审理制度，死刑复核法律监督的具体程序等作出具体规定。对于检察机关各个执法环节贯彻执行新刑事诉讼法的问题，如职务犯罪尤其是特别重大贿赂犯罪案件中的律师会见、检察机关直接立案侦查案件审查逮捕期限、审查逮捕阶段讯问犯罪嫌疑人和听取辩护律师意见、拘传时间和监视居住的具体适用、审查逮捕和审查起诉阶段对非法证据的排除、未成年人附条件不起诉的具体适用等，要通过修订《人民检察院刑事诉讼规则》以及相关法律文书，或者制定相关规定加以解决。此外，还要对刑事诉讼类的司法解释进行集中清理，根据新刑事诉讼法的内容明确相关解释的效力，并明确其与已出台的司法改革文件的关系。

此外，还要及时修改、制定有关法律文书和工作文书。根据法律的最新规定，应当制定新的文书种类，如没收违法所得申请书、强制医疗申请书、要求说明侦查取证合法性通知、附条件不起诉决定书、撤销附条件不起诉决定书、封存犯罪记录通知书等。

（三）做好新刑事诉讼法实施的保障工作

新刑事诉讼法赋予了检察机关更多的执法任务和监督职责，如对指定居所监视居住的监督，对羁押必要性的审查，对不服查封、扣押、冻结等侦查措施的申诉、控告的处理，对辩护人、诉讼代理人对公检法机关及其工作人员妨碍其依法行使诉讼权利的申诉或控告的审查及纠正，简易程序公诉案件公诉人出庭，对附条件不起诉的未成年人的监督考察，受理公安机关、被害人的复议、复核申请，公诉案件中的和解程序，对逃匿、死亡的贪污贿赂犯罪嫌疑人、被告人的违法所得进行调查核实和提出没收申请，对精神病强制医疗机构活动的监督等，都增加了检察机关的工作任务和职责。这些新的工作任务和职责的履行，需要相应的人力、物力、财力等司法资源配置来予以保障。

（四）加强调查研究，确保新旧法律平稳衔接

由于这次修改涉及问题多，对1996年刑事诉讼法的许多重大制度都作了补充、修改、调整，对检察机关参与刑事诉讼的有关规定特别是刑事诉讼法律监督制度的修改幅度较大，这些修改必将对今后一段时间检察机关的执法活动产生深远的影响。从现在开始的一个比较长的时期，我们既要按1996年刑事诉讼法的规定做好工作，又要为新刑事诉讼法的实施做好准备，确保新旧法律的平稳衔接，防止工作上的失误、疏漏和执法管辖上的空白。这就要求我们通过深入的调查研究，及时、全面、准确掌握各级检察机关实施新刑事诉讼法面临的突出问题、普遍问题及困难和障碍，同时，寓指导、宣讲于调研中，在调研工作中，做到边调研边分析、边调研边指导、边调研边总结，为检察机关深入贯彻新刑事诉讼法提供强有力的理论支持。

大力加强案件管理工作 切实保障新刑事诉讼法正确贯彻执行

最高人民检察院案件管理办公室主任 王 晋

2012年3月14日,第十一届全国人民代表大会第五次会议表决通过了《全国人民代表大会关于修改〈中华人民共和国刑事诉讼法〉的决定》(以下简称《决定》),该《决定》自2013年1月1日起施行。案件管理与刑事诉讼法关系密切,刑事诉讼法的修改完善,既对案件管理工作提出了新的要求和挑战,也为案件管理工作带来了难得的发展机遇。各级检察机关案件管理部门要认真理解法律修改意图,严格遵守各项新的法律规定,同时通过履行自身职能,切实保障新刑事诉讼法在检察机关得以全面正确贯彻执行。

一、充分认识刑事诉讼法修改给案件管理工作带来的新挑战、新要求、新任务

本次刑事诉讼法修改修订幅度大、涉及范围广、涵盖内容多,必将从执法理念、执法方式、执法行为、制度规范等方面给检察机关带来全方位的影响。

(一)案件管理工作必须切实转变观念,牢固树立新的思维模式和执法理念

此次刑事诉讼法修改,不仅是简单的法律条文的增加和修改,更重要的是坚持和发扬了诸多的法治理念和思想,更加注重遵循司法规律与刑事诉讼规律,回应了时代发展对我国刑事诉讼制度提出的新要求,也反映出国家对刑事诉讼价值的认识和理解向前迈进了一大步,标志着我国刑事司法制度进入了一个以人为本的新的发展阶段。具体来说,这些法治理念和思想主要包

括以下几个方面：

1. 坚持惩治犯罪与保障人权相统一的理念。这次修改刑事诉讼法，立法机关提出，要统筹处理好惩治犯罪与保障人权的关系，既要有利于保证准确及时地查明犯罪事实，又要保障无罪的人不受刑事追究，尊重和保障人权。因此，惩罚犯罪和保障人权一直作为一条"红线"，贯穿于《决定》的众多条文之中。比如，在完善侦查措施方面，增加规定了口头传唤犯罪嫌疑人的程序，适当延长了特别重大、复杂案件传唤、拘传持续的最长时间，赋予公安机关、人民检察院对某些特定犯罪采取技术侦查措施的权力等。同时，在总则部分明确写入宪法所确立的"尊重和保障人权"原则，这是我国部门法中第一次的人权规定，具有十分重要的意义；在证据制度中，明确规定不得强迫任何人证实自己有罪；在强制措施中，严格限制采取拘留、逮捕措施后不通知家属的例外情形，规定拘留、逮捕后要立即将犯罪嫌疑人送看守所羁押，讯问犯罪嫌疑人必须在看守所进行，并规定了讯问时的录音录像制度。

2. 坚持实体公正与程序公正相统一的理念。在相当长的一段时期内，我们的立法、司法对程序正义的重视程度远远不够，将刑事诉讼法仅仅看做落实执行刑法的工具。在立法上，主要着眼于如何查明事实、如何追求案件的结果正确，对于一些不符合程序正义的行为没有作出规定，或者没有规定违反这些程序的后果。随着社会的发展进步，这些规定已经不太适应人们对公正的理解和需求，也不符合时代发展的潮流。《决定》强化了对实体公正与程序公正的保障。例如，在证据制度部分，明确规定对于采用刑讯逼供或者暴力、威胁等非法方法收集的言词证据，以及对于不符合法定程序收集的、可能严重影响司法公正且不能补正或作出合理解释的物证、书证，应当予以排除；在审查批准逮捕中，增加了讯问犯罪嫌疑人的内容；在开庭审理中，增加了对与量刑有关的事实、证据应当进行调查、辩论，增强了犯罪嫌疑人的程序参与性；在上诉不加刑中，增加规定第二审法院发回重审的案件，除检察机关补充起诉外，不得加重被告人的刑罚，以防止实践中以发回重审的方式对上诉的被告人加重刑罚这一违反程序正义的做法；在审判监督程序中，明确将"违反法律规定的诉讼程序，可能影响公正审判"作为应当重新审判的情形之一。

3. 坚持公正与效率相统一的理念。公正是刑事诉讼活动的基本价值追求，失去了公正，刑事诉讼活动就失去了其自身的意义。但与此同时，任何一个国家的刑事诉讼活动，都必须将效率作为重要的因素予以考量，效率低下，会让公正失去应有的意义，难以实现真正的公正。公正与效率之间有时会相互影响，确保公正可能会牺牲效率，提高效率可能会影响公正。因此，刑事诉讼法的修改完善，应当尽可能地做到二者的统一。我们说刑事诉讼立法要适合本国的国情，实际上很重要的一点就是追求公正要与本国现有的司法资源相适应，最大限度地实现公正与效率的平衡。这次修改刑事诉讼法，特别重视合理协调公正与效率之间的关系。例如，为了更好地查明案情，适当延长了传唤、拘传的最长时间和人民检察院直接受理的案件中对被拘留人决定逮捕的时间；在审判阶段，延长了第一审、第二审的审理期限，新增了第二审程序中检察机关的阅卷时间。同时，为了提高诉讼效率，将简易程序的适用范围扩大至"基层人民检察院管辖的"被告人认罪案件，从而使判处15年有期徒刑以下刑罚的案件，在理论上都有了适用简易程序的可能性。

4. 坚持强化监督的理念。对国家机关的诉讼行为实施监督是权力制衡理论在诉讼程序中的重要体现，是维护司法公正、尊重和保障人权的重要途径，也是当前和今后一个时期切实保障司法公正的客观需要。中央关于深化司法体制和工作机制改革的意见明确指出，要以加强权力监督制约为重点，优化职权配置。这次修改刑事诉讼法，以实现司法公正和保障人权为目标，强化了对诉讼活动的监督。例如，诉讼参与人认为侦查机关有刑讯逼供和暴力取证等行为的，可以向人民检察院报案、控告、举报，检察机关应当调查核实；诉讼参与人及有关利害关系人对受理申诉、控告的机关的处理不服的，可以向人民检察院提出申诉；在刑罚执行中，增加规定执行机关在提出暂予监外执行意见书和减刑、假释建议书时，应当将副本抄送人民检察院，人民检察院可以在有关机关作出决定或者裁定前提出书面意见。

5. 坚持宽严相济刑事政策的理念。宽严相济刑事政策是惩办与宽大相结合政策在新时期的发展和完善，也是我国维护国家安全、社会稳定和保护公民合法权益的长期实践经验的总结，对于实现法律效果和政治效果、社会效果的有机统一，促进社会主义和谐社会的构建，具有重要的作用。这次刑事诉讼法的修改，坚持贯彻宽严相济的刑事政策，针对犯罪的不同情况，区别对待，该宽则宽，当严则严，有宽有严，宽严适度。例如，在强制措施中，区别不同情况规定了应当逮捕和可以逮捕的情形；在未成年人刑事案件诉讼程序中，规定了附条件不起诉、犯罪记录封存制度；对于轻微刑事案件，规定了当事人和解的特殊诉讼程序等。

这些新的理念，反映了我国法治建设的发展与进步。有人说，中国现在不缺乏法律，也不缺乏具有法律知识的人，缺乏的恰恰是最基本的——法治的观念和思维。这话不无道理，由于历史、传统等方面的原因，包括检察机关在内的一些执法、司法机关，还存在一些与这次刑事诉讼法修改理念不相协调的观念：一是重打击、轻保护，片面强调打击犯罪，忽视保障人权。有的把维护稳定片面等同于从严从重打击，甚至把侵犯当事人的合法权利视为打击犯罪的必要代价。如对由于证据问题而诉不出、判不了的恶性案件在心理上不能接受，即使处理不了也不愿放人；超期羁押、刑讯逼供时有发生，甚至酿成冤假错案。二是重实体、轻程序，片面强调实体结果，对违反程序的不良后果缺乏认识。有的认为，只要是出于查获犯罪的目的，违反程序不是什么大不了的事，程序本来就是为了查获、打击犯罪服务的；有的认为，只要案件结果没有搞错，就是依法办案，程序对与不对并不重要；有的认为，程序束缚手脚，影响对犯罪的打击，因此可以不依法收集证据和采取强制措施、扣押、冻结等。三是过分讲求定罪、定重罪、判重刑，忽视司法机关应当履行的客观公正义务，忽视宽严相济刑事政策，对程序是不是合法、权利是不是得到充分保护、是不是轻罪重判、是不是宽严有度等关注不多，普遍存在"抗轻不抗重"的现象。四是满足于"捕得了、诉得出、判得了"，执法办案机械僵化，不重视办案的整体效果。有些案件虽然符合捕、诉、判的标准，检察机关、法院也都是依法起诉和判决，但结果却是被告人、被害人甚至社会公众都不满意。

贯彻执行新刑事诉讼法，关键就是要深刻理解刑事诉讼法修改的基本原则、价值取向、思想理念，切实转变执法观念，牢固树立和自觉践行正确的执法理念。但是，观念问题具有长期性、复杂性，只有通过长期不懈的努力才能改变。要转变多年来形成的执法观念，树立与科学发展、刑事诉讼法修改要求相适应的执法观念，对于全国各级检察机关、每一位检察人员来说，都是一个巨大的挑战，这是一个长期的过程，绝不是发一个通知、下一道命令就能完成的。案件管理作为检察机关内部促进执法规范化的重要保障，能否首先摒弃和主动更新长期形成的重打击轻保护、重实体轻程序、重配合轻监督等不合时宜的旧有观念和思维方式，树立新的、与刑事诉讼法修改理念相一致的理性思维和执法理念,是我们当前面临的一项紧迫挑战。同时,案件管理部门能不能通过自身严肃认真的工作,通过切实履行案件管理职责,保障和促进检察机关整体执法观念的转变,树立新的与刑事诉讼法要求相一致的执法理念,更是一件长期而艰巨的任务,需要我们高度重视,认真对待。

(二)案件管理部门必须尽快完善制度规范,以新的法律规定作为案件监督管理工作的依据和标准

案件管理是检察机关内部一项重要的管理监督机制,案件管理部门承担着管理、监督、服务、参谋的重要职能,主要职责就是对各个业务部门办理的案件,负责统一受理、流转、对外移送审核,对办案期限、办案程序等进行流程管理、预警监控,对查封、扣押、冻结、处理涉案款物以及开具法律文书等工作进行统一管理,组织对办案质量进行核查、评价以及对检察业务进行综合考评,同时还负责组织协调执法规范化建设及执法办案风险评估预警等工作。从法律赋予检察机关的职能来看,检察机关所办理的案件大部分属于刑事案件,主要业务是侦查职务犯罪、审查逮捕、审查起诉、提起公诉、办理刑事申诉案件以及对刑事诉讼活动进行法律监督等。因此,检察机关各个部门进行执法办案,所依据的法律主要就是刑法、刑事诉讼法等刑事法律,具体到执法程序方面,主要的法律依据就是刑事诉讼法。从检察机关自身制定的许多执法规范来看,与刑事诉讼法相关的内容占了很大一部分。如1999年施行的《人民检察院刑事诉讼规则》,规定了检察机关参与刑事诉讼的各种程序和制度;2010年颁布的《检察机关执法工作基本规范(2010年版)》,是涵盖检察机关各个业务部门、各个工作环节的统一、完备的业务工作规范,其内容大部分也是刑事诉讼程序的相关规定。

案件管理的对象是各个业务部门所办理的案件,工作的主要内容是对业务部门的执法办案活动是否合乎法律规定进行监督、管理。既然业务部门执法办案的主要法律依据之一是刑事诉讼法,那么作为案件管理工作来说,也理所当然地应把刑事诉讼法作为主要法律依据之一。在案件管理工作中,无论是案件受理、期限预警、办案程序监控、涉案款物和法律文书的管理,还是办案质量评查、业务综合考评以及执法规范化建设等工作,所遵从的重要依据和标准就是刑事诉讼法的各项规定。比如,受理案件时需要根据法律中有关管辖的规定来判断是否属于本院管辖;流程监控中需要根据法律中有关

期限的规定来判断是否属于超期办案;开具法律文书时需要根据法律中有关强制措施、侦查措施的规定判断是否符合开具条件;办案质量评查、业务综合考评很多内容为核查、评价执法办案是否符合刑事诉讼法的理念和具体规定,更要以刑事诉讼法作为评判依据和标准。

这次刑事诉讼法修改的许多条文都涉及案件管理的有关工作,例如,《决定》关于案件级别管辖的调整涉及案件的入口管理,对检察机关技术侦查权的赋予涉及法律文书的管理,对适用不起诉情形的调整涉及案件的出口管理,对办案期限的修改涉及案件的流程管理等。开展案件管理工作,必须要以刑事诉讼法修改后的内容作为依据,不能再以原来的规定作为监督和衡量其他部门工作的标准。案件管理部门能否尽快理解和掌握刑事诉讼法修改后的新规定,能否按照修改后的内容尽快调整完善案件管理的相关机制制度、操作规则、监督管理的依据标准等,是刑事诉讼法修改对案件管理工作提出的新要求。各级案件管理部门一定要及早动手,早做准备,抓紧制定或者修改完善相关的制度规范,以新规定作为开展案件管理工作的依据和标准,以适应法律修改所带来的新要求。

(三)案件管理工作必须切实发挥监督管理作用,保障新刑事诉讼法在检察机关的贯彻执行

刑事诉讼法规定了检察机关在刑事诉讼中的职权、责任、办案程序等,各个办案部门在刑事诉讼活动过程中必须严格遵守和执行。经过多年的努力,当前检察机关执法办案的规范化水平比以前有了很大的提高。但是,我们也必须承认,一些检察机关在执法过程中还存在不尽如人意的地方。比如,侦查人员中,有的采取传唤、拘传等措施时不按照规定的程序开具和使用法律文书,有的违法采取取保候审、监视居住;有的地方不严格依照法律规定的程序扣押、冻结当事人财物,不依照有关规定及时处理扣押、冻结的涉案款物;有的部门办案效率不高,超过法定办案期限不及时结案;有的地方违反法律规定撤销案件、不起诉或者对不符合条件的人员进行立案、起诉等。这些问题的存在,降低了检察机关的办案质量和效率,影响了检察机关的执法公信力和权威性,亟须得到有效的监督和解决。

案件管理机制改革的一个很重要的动因,就是针对当前检察办案中存在的实际问题,通过专门的案件管理部门对办案活动进行监督管理,保障执法

工作始终沿着法律的轨道运行，防止违法违规办案，促进检察机关整体办案质量和效率不断得到提高。在刑事诉讼案件中，案件管理的重要内容和主要任务，就是通过履行统一受理、结案审核、办案期限预警、办案程序监控、涉案款物监管、法律文书管理以及办案质量评查和检察业务综合考评等工作，加强对刑事诉讼活动和各个办案环节的监督管理，促进办案部门严格依照刑事诉讼法和其他有关法律规定履行职责。其中，保障刑事诉讼法的正确贯彻执行，防止和纠正违反刑事诉讼程序的执法行为，是案件管理工作的重要任务。

这次通过的《决定》有110余条，新刑事诉讼法条文由原来的225条增加至290条，修改的内容涉及基本任务、证据制度、强制措施、辩护制度、侦查措施、第一审程序、简易程序、第二审程序、死刑复核程序、执行程序等刑事诉讼的各个方面。修改内容多，涉及范围广，可以说涵盖检察机关办理的刑事案件的各个阶段和环节。《决定》中增加、修改的许多内容，有不少需要在检察工作的具体适用中给予进一步解释和明确，如《决定》规定，对于"特别重大贿赂犯罪案件"，辩护律师在侦查期间会见在押犯罪嫌疑人时应当经侦查机关许可，侦查机关可以对犯罪嫌疑人指定居所监视居住，对于"重大的贪污、贿赂犯罪案件"可以采取技术侦查措施等，这就需要对"特别重大"、"重大"等作出明确解释。一些根据1996年刑事诉讼法制定的司法解释及规范性文件，需要尽快清理、修改和完善，如《人民检察院刑事诉讼规则》、《检察机关执法工作基本规范（2010年版）》都需要修改、增补大量内容。一些与《决定》实施相配套的制度机制也迫切需要建立健全，如检察机关受理对侦查机关非法取证的报案、控告、举报及调查核实机制，受理当事人及其他诉讼参与人、利害关系人对违法侦查活动的申诉及审查处理机制等。同时，在贯彻执行过程中，也会遇到各种问题，比如，是不是能够正确理解条文的确切含义，理解之后是不是能够去严格执行条文的规定，现有的人力、物力条件是不是能够确保不折不扣地执行新规定等。因此，检察机关贯彻执行新刑事诉讼法，还有大量的工作需要去做，也会面临各种各样的矛盾和问题。对于检察机关内部专门履行监督职责、促进严格依法办事、提高执法规范化的案件管理部门来说，肩负着保障新刑事诉讼法在检察机关得以正确贯彻执行的重要责任和使命，同时也面临着极大的压力。如何切实履行职责，充分发挥监督、管理和保障作用，确保新刑事诉讼法能够在检察工作中全面、严格、不折不扣地贯彻执行，是摆在案件管理部门面前的一项迫切工作，需要我们高度重视，认真对待，努力完成好这项艰巨的任务。

二、刑事诉讼法修改对案件管理工作的主要影响

案件管理工作与刑事诉讼法关系密切，刑事诉讼法的修改给案件管理工作带来的重要影响，主要体现在以下几个方面：

（一）对案件受理和结案审核工作的影响

案件管理部门负责对案件的进口和出口管理，《决定》中与此相关的修改内容包括：

1. 级别管辖作了修改。新《刑事诉讼法》第 20 条关于中级人民法院管辖的第一审案件的规定，增加了恐怖活动案件，删去了外国人犯罪的刑事案件。这意味着基层人民法院以后也可以审理外国人犯罪的案件。因此，案件管理部门在案件受理以及案件结案、送达等工作中，对于这两类案件要注意审核，按照与审判管辖相对应的关系，对于依法不应属于本院管辖的案件，在受理审查逮捕、移送审查起诉时认真把关，防止不该受理的而受理；审查起诉结束后决定提起公诉的，对于不属于同级人民法院管辖的，在起诉书登记编号时注意与办案部门沟通交流，防止出现起诉层级的错误。反之，对于依据《决定》的规定应当由本院受理的案件，如基层人民检察院对于外国人犯罪的案件、地市级人民检察院对于恐怖活动的案件，应当依法予以受理。已经开展案件管理工作的人民检察院，应当及时修改相关的案件受理规定，对于已经使用管理软件的检察机关来说，还应当及时对系统程序作出修改和调整。

2. 对辩护人涉嫌犯罪案件的管辖作了特别规定。根据新《刑事诉讼法》第 42 条的规定，辩护人涉嫌犯罪的，应当由办理辩护人所承办案件的侦查机关以外的侦查机关办理。这就要求案件管理部门在受理公安机关提请批捕、移送审查起诉的辩护人涉嫌犯罪案件时，特别要查明该案的侦查机关，是不是与辩护人所承办的案件是同一个侦查机关。

3. 对应当决定不起诉的规定作了完善。根据新《刑事诉讼法》第 171 条第 4 款、第 173 条第 1 款的规定，检察机关应当决定不起诉的情形增加了两种：一种是经过二次补充侦查仍然认为证据不足，不符合起诉条件的，应当作出不起诉决定,这与原来规定的"可以作出不起诉的决定"(意味着也可以作出起诉决定)是明显不同的;另一种是犯罪嫌疑人没有犯罪事实的,应当作出不起诉决定,这与《人民检察院刑事诉讼规则》第262条规定的应当将案卷退回公安机关处理的做法也完全不同。这就要求案件管理部门在对决定起诉或者退回公安机关的案件进行结案审核时注意审查把关,发现适用法律错误、不应当提起公诉的,应当及时与相关部门沟通联系。

4. 对检察机关提起公诉时移送材料的范围作了规定。根据新《刑事诉讼法》第172条的规定,人民检察院向人民法院提起公诉的,应当将案卷材料、证据移送人民法院。这与原来只移送证人名单、证据目录和主要证据复印件或者照片的做法是不一样的。同时,新《刑事诉讼法》第234条增加规定,对于查封、扣押、冻结的财物及其孳息,应当制作清单,随案移送。这些都需要案件管理部门在对决定起诉的案件进行结案审核、向法院移送材料时注意审查把关。

(二)对办案流程监管的影响

流程监管的主要任务,是对办案期限、办案行为有无违法进行提示预警、跟踪监督。这次刑事诉讼法修改的许多内容涉及检察机关的职权、义务,相应地,案件管理部门的流程监控任务也随之增加,对流程监控的影响较大。相关的修改内容主要包括:

1. 关于办案期限有新规定。新《刑事诉讼法》第103条第4款明确规定,期间的最后一日为节假日的,以节假日后的第一日为期满日期,但犯罪嫌疑人、被告人或者罪犯在押期间,应当至期满之日为止,不得因节假日而延长。实践中,办案部门基本上也都是以此来把握的,但因为以前只有最高人民法院的司法解释有规定,而法律上没有明确规定,因此偶尔也会引起一些争议和扯皮。今后,案件管理部门应当严格执行法律的明确规定,在流程监管工作中做好办案期限的预警提示工作。新《刑事诉讼法》第117条规定,对于案情特别重大、复杂,需要采取拘留、逮捕措施的案件,传唤、拘传持续的最长时间为24小时,比以前的12小时有所延长。新《刑事诉讼法》第149条规定,有关机关批准采取技术侦查措施决定的有效期限为3个月,期限届满需要继续采用的,应当再次经过批准。这些新规定需要案件管理部门在期限预警提示中注意掌握。

2. 对适用强制措施及侦查行为、审查起诉行为有新规定。根据新《刑事诉讼法》第83条、第91条的规定,拘留、逮捕后,应当立即将被拘留人、被逮捕人送看守所羁押,至迟不得超过24小时。并且,除无法通知或者涉嫌危害国家安全犯罪、恐怖活动犯罪通知可能有碍侦查的情形以外,应当在拘留后的24小时以内通知家属;除无法通知的以外,应当在逮捕后的24小时以内通知家属。根据新《刑事诉讼法》第73条的规定,指定居所监视居住的,除无法通知的以外,应当在执行监视居住后24小时以内通知家属。新《刑事诉讼法》第86条规定,检察机关在审查批准逮捕时,属于对是否符合逮捕条件有疑问的、犯罪嫌疑人要求向检察人员当面陈述的,以及侦查活动可能有重大违法行为的案件的,应当讯问犯罪嫌疑人。根据新《刑事诉讼法》第50条、第54条、第55条的规定,严禁刑讯逼供和以威胁、引诱、欺骗以及其他非法方法收集证据,不得强迫任何人证实自己有罪;对采用刑讯逼供等非法方法收集的犯罪嫌疑人、被告人供述和采用暴力、威胁等非法方法收集的证人证言、被害人陈述,检察机关在侦查、审查起诉中应当予以排除,不得作为起诉意见、起诉决定的依据;检察机关接到报案、控告、举报或者发现侦查人员以非法方法收集证据的,应当调查核实并予以纠正。根据新《刑事诉讼法》第116条、第117条、第121条的规定,侦查人员应当保证被传唤人、被拘传人的饮食和必要的休息时间;讯问被羁押的犯罪嫌疑人,应当在看守所内进行;对符合法定条件的讯问犯罪嫌疑人过程要进行录音或者录像。案件管理部门在工作中需要正确理解和严格执行上述规定,按照新的要求做好提示预警、监督管理与纠正工作,如果发现办案部门存在违反上述法律规定程序的情形,可以及时提出意见。

3. 保障犯罪嫌疑人及其他诉讼参与人的权利有新规定。根据新《刑事诉讼法》第33条、第34条、第37条的规定,侦查机关在第一次讯问犯罪嫌疑人或者对犯罪嫌疑人采取强制措施的时候,应当告知犯罪嫌疑人有权委托辩护人;对符合法定条件的,应当通知法律援助机构指派律师为其辩护;辩护人会见在押的犯罪嫌疑人的权利应当予以保障,只有危害国家安全犯罪、恐怖活动犯罪、特别重大贿赂犯罪案件,才能在侦查期间限制辩护律师会见犯罪嫌疑人,其他案件不得禁止会见。根据新《刑事诉讼法》第47条的规定,辩护人、诉讼代理人向检察机关申诉或控告其被有关机关阻碍依法行使诉讼权利的,检察机关的相应部门应当及时进行审查,情况属实的,通知有关机关予以纠正。根据新《刑事诉讼法》第62条的规定,检察机关应当对危害国家安全犯罪、恐怖活动犯罪、黑社会性质的组织犯罪、毒品犯罪等特定案件中的证人、鉴定人、被害人及其近亲属进行特别保护,如不公开真实姓名、住址和工作单位等个人信息,不暴露外貌、真实声音等出庭作证,对人身和住宅采取专门性保护措施,禁止特定的人员接触等。根据新《刑事诉讼法》第73条的规定,人民检察院对指定居所监视居住的决定和执行是否合法实行监督。根据新《刑事诉讼法》第95条的规定,检察机关收到犯罪嫌疑人、被告人及其法定代理人、近亲属或者辩护人要求变更强制措施的申请后,应当在3日以内作出决定,不同意变更的,应当告知申请人并说明理由。根据新《刑事诉讼法》第115条的规定,诉讼参与人及有关利害关系人对侦查机关、侦查人员采取强制措施、侦查措施违法的,有权向该机关申诉或者控告,对受理机关的处理不服的,可以向检察机关申诉。案件管理部门在流程监控工作中,应当对检察机关是否依法保障诉讼参与人的诉讼权利等方面的工作加强监督,发现相关部门没有依法保障上述人员合法权利或者故意阻碍其行使权利的,应当履行监督职责,做好提示、预警工作,必要时,可以依据有关规定发送流程监控通知。

4. 保护未成年犯罪嫌疑人、被告人有新规定。为了更好地保障未成年人的诉讼权利和其他合法权益,本次修改在总结实践经验的基础上,针对未成年人刑事案件的特点,专门增设了"未成年人刑事案件诉讼程序"一章,对未成年人刑事案件的办案方针、原则、诉讼环节的特别程序作出规定。例如,对未成年人刑事案件,要求由熟悉未成年人身心特点的人员承办;未成年犯罪嫌疑人、被告人没有委托辩护人的,应当为其安排法律援助机构指派的律师提供辩护;严格限制适用逮捕措施,审查批捕时应当讯问未成年犯罪嫌疑人、被告人,听取辩护律师的意见;未成年人被拘留、逮捕和执行刑罚的,应当与成年人分别关押、分别管理、分别教育;讯问未成年犯罪嫌疑人时,应当通知其法定代理人到场,无法通知、不能到场或者是共犯的,通知其他成年亲属,所在学校、单位、基层组织或者未成年人保护组织的代表到场;讯问女性未成年犯罪嫌疑人,应当有女工作人员在场;等等。案件管理部门在工作中,在受理未成年人刑事案件后,应当加大对执法办案活动的监督管理,特别注意办案部门是否严格遵守上述有关规定,切实保护未成年犯罪嫌疑人、被告人的诉讼权利和其他合法权利。

（三）对法律文书监管的影响

案件管理部门负责统一管理一些重要法律文书的开具、登记工作，《决定》的许多内容与开具法律文书是紧密相关的：一是《决定》对取保候审、监视居住、拘留、逮捕等强制措施的适用对象、适用条件作了调整，案件管理部门在开具适用这些强制措施的法律文书时，除了审查办案部门的手续是否合法齐全外，也要审查适用对象是否合适，对于明显违反法律、不符合适用条件的，可以与办案部门沟通协商，必要时可以向主管领导提出意见，防止适用错误。二是新刑事诉讼法增加了"技术侦查措施"一章，且明确规定使用技术侦查措施需要有严格的审批程序。检察机关需要尽快设计出使用、解除技术侦查措施的相关法律文书。三是增加了查封的措施，因此实践中不能再用过去的扣押来代替查封，案件管理部门要及时协调有关部门抓紧制定与查封措施相关的法律文书。四是扩大了冻结的对象，如债券、股票、基金份额等，有关法律文书也需要相应调整。

（四）对律师接待工作的影响

实践中，一些地方检察机关的案件管理部门负责统一接待律师、提供案卷查询等工作。《决定》完善了辩护制度，扩大了辩护人的权利，需要案件管理部门在工作中予以注意。一是对辩护人在审查起诉阶段、审判阶段的阅卷范围作了调整。1996年刑事诉讼法规定："辩护律师自人民检察院对案件审查起诉之日起，可以查阅、摘抄、复制本案的诉讼文书、技术性鉴定材料……自人民法院受理案件之日起，可以查阅、摘抄、复制本案所指控的犯罪事实的材料……"新《刑事诉讼法》第38条将阅卷范围一律扩大为"本案的案卷材料"，案件管理部门在实际工作中要注意按照法律规定的范围提供材料。二是根据新《刑事诉讼法》第86条、第159条、第170条的规定，辩护律师在审查逮捕、侦查终结、审查起诉时可以要求检察机关听取其意见，也可以提交书面意见。因此，案件管理部门在工作中，对于律师要求检察机关听取其意见的，应当及时协调办案人员听取辩护人的意见；对于辩护人提交的书面意见，应当及时转交办案部门，以便及时附卷。

（五）对案件质量评查和综合考评的影响

案件质量评查及综合考评是在案件办结后，从程序、实体以及法律效果、政治效果、社会效果等方面对执法办案工作进行综合评价、核查的活动。其中，办案部门是否贯彻执行刑事诉讼法的理念、精神，是否严格按照刑事诉讼法规定的程序办案，是案件评查和考评的重要内容。这次《决定》的内容对检察机关的各项业务都将产生深远影响，必然也会对案件质量评查和综合考评产生重要影响。

简要地说，案件管理部门开展案件质量评查或者综合考评，要特别注意以下几个方面：一是案件办理是否符合刑事诉讼法的修改理念。本次刑事诉讼法修改坚持打击犯罪与保障人权并重，坚持贯彻宽严相济刑事政策，并据此修改了逮捕的适用条件，增加了附条件不起诉、刑事和解、技术侦查措施等，案件评价标准的多元化要求案件评查和综合考评工作必须树立正确的评价理念，不能简单化、机械化。二是证据收集活动是否合法以及是否依法排除非法证据。对证据收集的合法性的证明是否合理，具有说服力。本次修改建立了非法证据排除规则，并赋予检察机关证明证据收集的合法性的责任，评查、考评对此要予以关注。三是对犯罪嫌疑人的权利保护是否到位。如是否告知委托辩护权，是否依法提供法律援助，是否及时送看守所羁押，对未成年犯罪嫌疑人、被告人的保护是否符合法律和政策等。四是对辩护人、证人、鉴定人、被害人等诉讼参与人的权益保护是否到位。如辩护人的会见权、阅卷权是否得到保障，对特定案件中的证人、被害人是否采取特殊保护措施等。五是对其他机关的诉讼监督是否及时、合法、准确，是否达到了法律效果和政治效果的有机统一，是否存在该监督不监督或者不该监督乱监督的情况。

三、大力加强案件管理工作，切实保障新刑事诉讼法的正确贯彻执行

刑事诉讼法修改对检察工作和案件管理工作带来的影响是多方面的，各级检察机关案件管理部门要认真准备，积极应对，主动适应新刑事诉讼法带来的新要求、新挑战，转变观念，完善制度，敢于监督，善于管理，确保新刑事诉讼法在检察机关得到全面正确贯彻执行。

（一）切实转变观念，为保障刑事诉讼法修改后的正确执行提供有力思想武器

观念问题至关重要，是执法工作中带有根本性的一个问题，是执法活动

的灵魂。没有能力,做不好执法工作,但是,观念更带有根本性,有什么样的执法观念,就会有什么样的执法行为和态度。执法观念如果不科学、不正确,执法行为、执法态度就会发生偏颇,执法的层次、境界就上不去。因此,贯彻执行新刑事诉讼法,最根本、最重要、最迫切的任务,就是真正贯彻落实刑事诉讼法的修改理念,切实以这些理念指导自身的执法办案活动和各项工作。新刑事诉讼法通篇贯穿着惩治犯罪与保障人权相统一,实体公正与程序公正相统一,公正与效率相统一,监督与配合相统一,办案法律效果与政治效果、社会效果相统一的理念。这对于检察机关坚持正确的执法观,严格依照法律规定履行职责,具有重要的指导意义。

观念也是案件管理工作的先导和指南,决定着案件管理工作的走向和层次。案件管理要保障刑事诉讼法修改后的正确执行,第一位的要求也是转变观念。首先是要摒弃那些旧的、与时代精神不相适宜的思维模式,树立新的、刑事诉讼法修改所确立的理性思维和执法观念,提升案件管理工作的层次、境界,以自身的观念转变推动和促进检察机关整体执法观念的转变。

一是要切实树立尊重和保障人权的理念。要尊重犯罪嫌疑人作为"人"所应当享有的基本权利,尊重犯罪嫌疑人的人格尊严,依法处罚,而不能对其施加法律之外的、不人道的惩罚。

二是切实树立客观公正的理念。检察机关从来就不是作为一个单纯的控诉机关而存在的,因此要改变那种单纯以"控诉者"的身份、时刻以"敌人"的眼光对待犯罪嫌疑人、被告人的思维方式,坚持站在客观公正的立场办理案件,给当事人以公平、公道、公正的对待和处理,不能搞先入为主、有罪推定,一味地追求有罪、罪重、严惩重判等。

三是牢固树立理性、平和、文明、规范执法的理念。在建设和谐社会的环境下,司法工作要弘扬人文精神,倡导人文关怀,把理性、平和作为工作的内在要求,理性地对案件作出判断、采取措施、适用法律、得出结论,真正做到以法为据、以理服人。

四是树立讲求办案效果的观念。贯彻宽严相济刑事政策,运用各种手段化解矛盾,讲求最佳的效果,力争做到案结事了,防止机械执法,就案办案。

（二）加强机构和队伍建设，为保障刑事诉讼法修改后的正确执行提供坚实组织基础

健全的机构和高素质的队伍是做好案件管理工作的基础。最高人民检察院案件管理办公室成立后，不少地方检察机关积极行动，加快推进机构建设（目前已经有约 20 个省级检察院成立了专门机构），并按照选优选强的原则，配齐配强了队伍。在短时间内，全国案件管理系统集中了一大批责任心强、懂业务、善思考、会管理、综合素质高的优秀人才，充实和丰富了案件管理的人才资源。

刑事诉讼法修改实施后，检察机关履行法律监督职能、加强内部监督制约、促进执法规范化的任务更为繁重，加强案件管理机构和队伍建设显得尤为重要和迫切。对于一些尚未建立案件管理机构的检察院来说，需要尽快按照最高人民检察院的部署要求，加快机构建设步伐。已经成立机构的，今年要把学习新刑事诉讼法作为一项重要工作，制订专门的计划，对全体工作人员进行系统、全面的教育培训，使大家真正吃透弄懂修改的精神，了解熟悉修改的内容，理解掌握条文的确切含义，明确此次修改给检察工作和案件管理工作带来的重要影响，提高大家理解适用刑事诉讼法的能力和水平。通过健全机构、培训队伍，为保障刑事诉讼法的正确贯彻执行打下坚实良好的组织基础。

（三）完善机制建设，为保障刑事诉讼法修改后的正确执行提供有效制度依据

科学、合理的工作机制和制度规范，既是案件管理工作顺利开展的重要前提和保障，也是确保新刑事诉讼法贯彻执行的重要依据。各级检察机关要在前期工作的基础上，及时研究制定各项工作制度规范，建立健全案件管理的各项工作机制和制度。通过完善机制建设，为贯彻执行新刑事诉讼法提供科学、有效、合理、宜行的制度依据。

当前，要按照曹建明检察长"建立统一受案、全程管理、动态监督、案后评查、综合考评的执法办案管理新机制"的要求，重点建立健全以下几项工作机制：

一是案件统一进出口机制。由案件管理部门统一受理和登记案件，统一进行结案审查并对外移送，保证进入检察机关办案程序的案件都要接受案件

管理部门的监督管理,通过把好案件的入口关、出口关,也可以防止不符合受理条件的案件进入检察环节或者不符合结案条件的案件移送其他机关。

二是流程监控机制。建立健全案件管理部门对办案过程特别是对办案的关键节点实施监控的机制、措施,及时对办案期限、法律文书、涉案款物等进行管理监督,适时预防和发现、纠正执法办案中的问题。

三是案件评查机制。要建立重点评查、专项评查与个案核查相结合的工作机制,加强对重点案件和办案重点环节的检查督查,促进办案质量的提高。

四是业务运行态势分析研判机制。要建立定期分析报告机制,定期对检察业务运行情况进行统计分析,把握检察业务的总体趋势,及时发现问题并提出改进的对策建议,为院领导统筹决策和业务部门改进工作提供客观翔实的参考依据。

五是业务考评机制。进一步研究完善业务考评机制和考评体系,提高考评工作的科学性、指导性,使其更加符合检察工作规律。

六是结合刑事诉讼法修改后的新规定,研究健全服务业务部门、服务辩护律师和诉讼参与人的工作制度,更好地保障新刑事诉讼法的贯彻执行。

(四)加快推进信息化建设,为保障刑事诉讼法修改后的正确执行提供高效技术支撑

信息化建设对案件管理工作至关重要。曹建明检察长多次强调,信息化是案件管理的基础,要以信息化为依托,推进案件管理机制改革。当前,许多地方检察机关已经自行开发了案件管理软件系统并且投入使用,有力地支持和促进了案件管理工作。下一步,高检院将在充分总结利用地方检察机关经验的基础上,结合刑事诉讼法的新规定,加快推进全国统一的案件管理软件的研究开发工作,构建案件办理、管理、统计一体的技术平台,争取尽快推广运用,实现办案网上运行、网上监督、网上考评。要通过更为便捷、高效的管理软件系统,进一步做好各项案件管理工作,更加有效、有力地发挥案件管理部门的监督管理作用,及时、快捷地发现和纠正违反刑事诉讼法的执法办案行为,对可能违反刑事诉讼法的行为及时给予预警提示,促进检察机关各个部门的执法办案活动严格依照刑事诉讼法的规定有序进行。

总之,案件管理工作与刑事诉讼法的关系非常密切,刑事诉讼法的修改

完善，既对案件管理工作提出了新的要求，也为案件管理工作注入了新的内容，提供了难得的发展机遇。全国各级检察机关案件管理部门，要认真学习新刑事诉讼法，既要在自身工作中严格执行刑事诉讼法的各项规定，又要通过加强案件管理监督工作，促进和保障新刑事诉讼法在检察机关得到切实贯彻执行，并以此为契机，抓住机遇，奋力进取，推动案件管理工作全面深入开展，努力开创案件管理工作新局面！

强化执法办案内部监督 确保
刑事诉讼中检察权的正确行使

最高人民检察院监察局局长 王洪祥

一、检察机关执法办案内部监督的功能与作用

（一）内部监督的基本内涵及与外部监督的关系

所谓检察机关内部监督，或称自身监督、自我监督，是相对来自检察机关外部的监督如党委、政法委的执法监督，人大及其常委会的监督，各民主党派、无党派人士的民主监督，人民群众的社会监督，新闻媒体的舆论监督，诉讼参与人的监督等而言的，是指检察机关对自身执法办案活动和检察人员在履行执法办案职责时遵守法律、纪律和规章制度的情况实施的监督。它是基于宪法和人民检察院组织法规定的检察机关上下级领导关系和各内设机构之间分工负责、互相配合、互相制约而必然产生的一种相互监督的关系和活动。这种监督的方式主要有工作报告、请示、审查批准、备案审查、违纪违法调查、异议复议、批评建议、案件评查、执法过错追究等。在这种监督关系和活动中，包括纵向、横向两种形式。纵向包括自上而下和自下而上两种形式。自上而下是指上级检察机关在推行决策、决定过程中对下级检察机关及其检察人员实施的监督，以保证检察机关上下一体、检令畅通，在这种监督形式中，最高人民检察院和上级人民检察院具有主导性；自下而上是指下级检察机关及其检察人员对上级检察机关及其检察人员提出意见和建议，对违法违纪行为进行的检举、控告等。横向监督既包括同级院纪检监察机构的专门监督，又包括综合管理部门和业务部门之间、业务部门之间的相互监督制约。

事实上，随着人们对权力的特点及其运行规律认识的深化，除强化权力

行使的外部监督之外，完善权力主体内部职能科学配置和分解，并着力构建系统内部缜密的审核、把关、监督、预防纠错机制已经逐步成为一种共识和普遍现象。例如，人民法院内部实行立审分离、审执分离、审监分离就是一种内部分工监督的模式。近年来随着司法改革的深化，人们注意到过于集中的执行权及实践中出现的问题，从而对执行职能进行了进一步分解，把执行裁决权与执行实施权加以分离，并且就是对执行实施行为也实行分段集约式的分工。

内部监督与外部监督各自具有不同的特点。虽然通说认为，外部监督更具有中立性、客观性、公正性、权威性，公信力更高，但是这种外在的监督往往程序比较复杂、启动和运行时间较长、涉及面广、投入成本较高，且由于在体制外有时监督的触角难以深入到内部。而内部监督则具有体制内便捷、高效、反应灵敏，启动和运转迅速，投入成本小，有条件及时发现和自我纠正错误的优点。因此，外部监督与内部监督不能相互替代，相反，在不断加大外部监督力度的同时，毫不放松并逐步完善内部监督，使两者相得宜彰，有效对接，形成合力，确保权力规范、正确、公正行使，则是一种趋势。

正是在这样的背景下，作为法律监督机关的人民检察院如何回应谁来监督监督者、正人必先正己的关切，在自觉接受各种外部监督的同时，高检院党组始终头脑清醒，高度重视，并一直致力于以比监督别人更高的要求、更严的标准来健全、完善内部监督体制机制。提出"要把加强对执法办案的监督作为检察机关党风廉政建设和自身反腐败工作的切入点和着力点，进一步健全执法办案各个环节的监督制约机制，强化监督措施，加大监督力度"。近年来，曹建明检察长多次强调，要坚持把强化内部监督放在与强化法律监督同等重要的位置来抓，做到"两手抓、两手都要硬"。检察机关对内部监督的认识发展到一个全新阶段。在第十三次全国检察工作会议上，曹建明检察长强调指出，要牢固树立监督者更要自觉接受监督的权力观，始终把强化自身监督放在与强化法律监督同等重要的位置，坚持职权由法定，有权必有责，用权必监督，滥用必追究。他还强调，坚持贯彻检察工作总要求，努力实现强化法律监督、强化自身监督、强化队伍建设的有机统一。坚持以强化法律监督为立身之本，做到敢于监督、善于监督、依法监督、规范监督；坚持以强化自身监督为发展之基，严以律己，切实保障检察权依法正确行使;坚持以队伍建设为根本保证,做到坚定理想信念、提高能力素质、锤炼品德意志、矢志奋斗拼搏、确保公正廉洁。

(二) 加强检察机关内部监督的重要意义

内部监督是人民检察院对自身执法办案活动采取的自我监督,根本目的是为了保证人民检察院及其检察人员正确履行法律赋予的职责,保证检察权依法依规正确运行,严格、公正、文明、廉洁执法,以维护人民群众的合法权益,维护社会公平正义,促进社会和谐稳定,促进经济平稳较快发展。检察机关内部监督应当贯彻从严治检的方针,坚持实事求是、有错必纠、立足防范、注重教育的原则,促进执法办案规范化。

加强内部监督是坚持和完善中国特色社会主义检察制度、保证检察事业科学发展的必然要求,也是党和人民的殷切希望。加强法律监督是检察机关的立身之本,加强内部监督是检察机关的发展之基。不重视对自身的监督,必将损害检察事业的发展,甚至动摇检察制度的根基,法律监督也就不会有公信力。刚刚结束的十一届全国人大五次会议在关于最高人民检察院工作报告的决议中要求:"更加注重提高队伍素质,强化自身监督,规范执法行为,不断提高执法水平。"各级检察机关要把内部监督工作放到完善中国特色社会主义检察制度、保证检察事业科学发展的大局中,放在践行"立检为公,执法为民"的宗旨,满足人民群众对检察工作的新要求和新期待的高度上来认识和把握,进一步明确内部监督工作在检察事业发展中的地位,认清强化内部监督工作的关键作用,切实保证检察机关更加有效地担负起强化法律监督、维护公平正义的重要职责,提升检察机关的执法公信力和社会形象。

加强内部监督是落实中央关于司法改革部署,确保检察权依法正确行使,防止检察权滥用的根本措施。这些年来,中央关于司法体制和工作机制改革的部署一以贯之地强调规范司法行为,加强对司法权的监督,既包括完善检察机关的法律监督,也包括加强对检察权行使的内外部监督。加强内部监督是履行好法律监督职责的基础和前提,是源头治腐,确保严格、公正、文明、廉洁执法的重要举措。检察机关只有切实加强内部监督,才能正确行使人民赋予的检察权,正确履行宪法和法律赋予的法律监督职能。各级检察机关要突出抓好内部监督机制建设,不断加强对自身执法活动的监督制约,确保检察机关按照法定权限和程序行使权力、履行职责,保证检察权依法正确行使。

加强内部监督是检察机关加强队伍建设和自身反腐倡廉工作的基本要求。加强内部监督，本质上是对广大检察人员政治上的关心和爱护，是对广大检察人员切身利益的真正维护，是检察队伍建设的重要保证。各级检察机关和广大检察人员要牢固树立自觉接受监督的观念，用比监督别人更严的要求、更高的标准来监督自己。要坚持从严治检方针，努力做到自身正、自身硬、自身净，秉公执法，清正廉洁，通过加强内部监督工作，全面提升检察队伍建设水平。在检察机关自身反腐倡廉教育、制度、监督、改革、纠风、惩治六项工作中，监督是关键，如果监督不力，教育、制度、改革、纠风、惩治等各项部署都可能落空，惩防体系建设也难以奏效。各级检察机关要紧紧抓住监督这个关键环节，把加强内部监督作为检察机关惩防体系建设的重要内容，完善监督体制机制，改进监督方法和措施，加大监督制约力度，促进检察机关自身反腐倡廉建设。

（三）近年来加强检察机关内部监督的历程回顾和主要内容

随着检察工作的发展，按照加强内部监督的要求，高检院本着突出重点、循序渐进的原则，不断完善内部监督制度体系。早在1998年就出台了《关于完善人民检察院侦查工作内部制约机制的若干规定》，明确人民检察院对于贪污贿赂、渎职等职务犯罪的查处工作，由不同内设机构承办，互相制约。即举报中心负责人民检察院直接受理侦查的贪污贿赂、渎职犯罪案件的举报线索的受理、管理工作，反贪污贿赂侦查部门、法纪检察部门（即渎职侵权检察部门）负责贪污贿赂、渎职犯罪案件的侦查工作，审查逮捕部门负责贪污贿赂、渎职犯罪案件的审查决定逮捕工作，审查起诉部门负责贪污贿赂、渎职犯罪案件的审查起诉工作，控告申诉部门负责贪污贿赂、渎职犯罪案件的申诉复查工作，财务部门统一管理侦查部门办案扣押的款物，纪检、监察部门承担侦查部门及其工作人员违法违纪的查处工作，人民检察院建立对侦查工作集体决策机制，实行侦查部门负责人轮岗制度，加强上级人民检察院对下级人民检察院侦查工作的领导。这一规定初步构建了对检察机关职务犯罪侦查工作的内部监督制约机制。同年还出台了检察机关办案纪律"九条硬性规定"。

2000年，为规范检察机关的监察工作，强化内部监督，保证检察机关及其工作人员忠实于宪法和法律，正确履行职责，公正司法，保证检察机关政令畅通，维护检察纪律，促进廉政建设，最高人民检察院正式出台了

《人民检察院监察条例》。

2004年12月中共中央《关于转发中央司法体制改革领导小组关于司法体制和工作机制改革的初步意见》中要求加强对检察机关职务犯罪侦查活动的监督,对立案、决定逮捕报上一级人民检察院备案,对撤销案件、不起诉报上一级人民检察院批准。根据这一要求,2005年最高人民检察院分别制定了《人民检察院直接受理侦查案件立案、逮捕实行备案审查的规定(试行)》、《关于省级以下人民检察院对直接受理侦查案件作撤销案件、不起诉决定报上一级人民检察院批准的规定(试行)》。

为了适应新形势下开展职务犯罪侦查工作的需要,规范执法行为,及时全面固定证据,防止犯罪嫌疑人翻供,强化对讯问活动的监督,防止刑讯逼供等违法讯问行为的发生,从2005年年底开始,讯问职务犯罪嫌疑人实行全程同步录音录像制度,并不断完善这一制度,扩大适用范围,近年来明确要求讯问所有职务犯罪嫌疑人都要全面、全部、全程实行同步录音录像。

2007年9月最高人民检察院制定了《检察人员执法过错责任追究条例》,2008年1月最高人民检察院制定了《人民检察院执法办案内部监督暂行规定》,对内部监督的体制、方针、原则、监督对象和内容、监督主体及其职责、监督措施和方式等作出了系统而明确的规定,对检察人员在执法办案活动中故意违反法律或者有关规定,或者工作严重不负责任、导致实体错误、程序违法以及其他严重后果或者恶劣影响的行为如何进行责任追究作出了规定。应当说,这是检察机关执法办案内部监督的重要指导性、纲领性文件。

根据2008年年底中央关于深化司法体制和工作机制改革的部署,在新一轮司法改革中,在强化检察机关内部监督方面又出台了一系列新的制度和规定:2009年9月4日最高人民检察院下发了《关于省级以下人民检察院立案侦查的案件由上一级人民检察院审查决定逮捕的规定(试行)》,明确规定省级以下(不含省级)人民检察院立案侦查的案件,需要逮捕犯罪嫌疑人的,应当报请上一级人民检察院审查决定;2009年9月11日最高人民检察院下发了《关于完善抗诉工作与职务犯罪侦查工作内部监督制约机制的规定》,明确规定负责抗诉的部门不承担职务犯罪侦查工作,与侦查部门之间各司其职,严格执行内部监督制约规定,确保依法公正地行使职权。此外,其他司法改革文件还规定,对于司法人员涉嫌渎职犯罪需要立案侦查的，对渎职犯罪的侦查和对诉讼活动的其他法律监督工作应当分别由不同的部门和人员办理。

2010年11月最高人民检察院制定下发了《检察机关领导干部廉洁从检若干规定（试行）》，对检察机关领导干部廉洁自律和公正廉洁执法，加强检察机关自身反腐倡廉建设提出了明确要求。在进行扣押、冻结款物专项检查活动的基础上针对制度、管理中存在的问题于2010年5月9日发布了《人民检察院扣押、冻结涉案款物工作规定》，废止了最高人民检察院2006年3月27日发布的《人民检察院扣押、冻结款物工作规定》，相关规定内容更加细致完善。

2011年最高人民检察院又先后下发了《关于强化上级人民检察院对下级人民检察院执法办案活动监督的若干意见》、《关于加强检察机关内部监督工作的意见》，使检察机关执法办案内部监督的制度体系进一步健全和完善。2012年年初，高检院又将对人民法院生效刑事裁判不服申诉的受理审查部门由公诉部门调整为刑事申诉检察部门，进一步科学配置职能，更有利于发挥刑事申诉检察部门复查把关、监督纠错的作用。

从上述执法办案内部监督的简要历程回顾来看，执法办案内部监督工作正在与时俱进，不断规范化、制度化，日臻成熟和完善。

检察机关内部监督工作在实践中内容广泛，涉及检风检纪、执法办案活动监督及各项检察事务监督管理。其核心内容是执法办案活动监督。根据已有规定和各地实践，人民检察院在执法办案内部监督中，应当重点监督下列案件：初查后决定不立案的具有较大影响的职务犯罪案件；对犯罪嫌疑人、被告人变更强制措施的职务犯罪案件；侦查机关或者侦查部门持有异议的不予逮捕或者不予起诉的刑事案件；犯罪嫌疑人、被告人被逮捕后撤销案件、不起诉或者撤回起诉的刑事案件；人民法院作出无罪判决，或者被人民法院改变犯罪性质、改变罪名后明显影响量刑的刑事案件；当事人长期申诉、上访，经备案审查、复查、复核后改变原处理决定的刑事案件及民事、行政申诉案件，或者决定给予国家赔偿的刑事案件及民事、行政申诉案件；人民监督员提出不同意见，或者在人民检察院内部存在重大意见分歧的职务犯罪案件；社会普遍关注，或者人民群众反映强烈的刑事案件、民事、行政申诉案件；其他依法依规应当重点监督的案件。

在执法办案内部监督中，应当重点防止和纠正下列行为：侵犯举报、控告、申诉人合法权益，或者泄露、隐匿、毁弃、伪造举报、控告、申诉等有关材料的；违法违规剥夺、限制诉讼参与人人身自由，或者违反办案安全防范规定的；非法搜查，违法违规查封、扣押、冻结追缴款物，或者违法违规处理查封、扣押、冻结追缴款物及其孳息的；违法违规采取、变更、解除、撤销强制措施，或者超期羁押犯罪嫌疑人、被告人的；刑讯逼供、暴力取证，或者以其他非法方法获取证据的；违法使用警械警具，或者殴打、体罚虐待、侮辱诉讼参与人的；隐匿、毁弃、伪造证据，违背事实作出勘验、检查、鉴定结论，包庇放纵被举报人、犯罪嫌疑人、被告人，或者使无罪的人受到刑事追究的；违反法定程序或者办案纪律干预办案，或者未经批准私自办案的；私自会见案件当事人及其亲友、辩护人、代理人，或者接受上述人员提供的宴请、财物、娱乐活动的；为案件当事人及其亲友、代理人打探案情、通风报信，或者泄露案件秘密的；越权办案、插手经济纠纷，利用执法办案之机拉赞助、乱收费、乱罚款，让发案单位、当事人报销费用，或者占用发案单位、当事人的交通、通讯工具的；违法违规剥夺、限制当事人诉讼权利，或者妨碍律师参与刑事诉讼的；具有法定回避情形而不申请回避的；其他不履行或者不正确履行法律监督职责的。

执法办案内部监督工作的责任主体是各级人民检察院的检察长、分管执法办案的副检察长、监察部门、执法办案部门负责人及其检察人员。其中，监察部门对执法办案内部监督负责归口管理，承担组织协调职责。包括研究制定有关的工作措施和规章制度，对本院执法办案部门和下级人民检察院执法办案内部监督工作进行指导、督促和检查，对本院检察人员和下级检察院的领导干部履行执法办案的职责进行监督，受理、核查、处理在执法办案内部监督中发现的执法过错和违法违纪线索，向本院领导和上级人民检察院监察部门报告执法办案内部监督工作的情况，对执法办案活动中存在的问题提出监察建议，并督促落实，完成上级交办的其他执法办案内部监督任务。

二、刑事诉讼法修改后检察机关内部监督工作面临的新机遇、新挑战

第十一届全国人民代表大会第五次会议审议通过了《全国人民代表大会关于修改〈中华人民共和国刑事诉讼法〉的决定》，这次是继1996年第八届人民代表大会第四次会议后对刑事诉讼法进行的又一次重大修改和完

善，对于落实中央深化司法体制和工作机制改革的重要内容，适应社会经济的发展，有效惩罚犯罪、切实保障人权，推进我国刑事司法制度完善，提升我国刑事诉讼活动的科学化、民主化水平具有重要意义。

检察机关作为法律监督机关，承担着侦查、提起公诉等刑事诉讼职能和对刑事诉讼活动实施法律监督的双重职能，是唯一一个从立案到刑罚执行全程参与刑事诉讼活动的机关。刑事诉讼法的修改必将对检察权的运行产生广泛而深远的影响。既为检察机关充分发挥各项法律监督职能，有效地惩治犯罪、保障人权提供了制度平台和法律保障，解决了实践中存在的困扰和制约检察机关在法律监督的范围、手段、机制、程序方面的立法"瓶颈"，又对严格、公正、廉洁执法和理性、平和、文明、规范执法提出了更高的要求。"正人者必先正己"，检察机关理所应当做严格执行刑事诉讼法的表率和模范。因此，要从战略和全局的高度，在贯彻和落实新刑事诉讼法的过程中把强化自身监督放在与强化法律监督同等重要的位置，以比强化法律监督更高的要求、更严的标准强化内部监督，按照职权由法定、有权必有责、用权受监督、滥用必追究的要求，努力实现强化自身监督与强化法律监督和强化队伍建设的有机统一，确保刑事诉讼中检察权的正确行使，把握好刑事诉讼法修改对检察工作的拓展提供的新机遇，提出的新任务、新挑战。

（一）新刑事诉讼法在注重加强犯罪控制，赋予检察机关必要手段的同时对之也作出了严格限定，对检察机关内部监督工作提出了新要求

新刑事诉讼法为提升刑事司法体系有效控制、打击犯罪的能力，完善手段，健全机制，完善程序，及时、准确地惩罚犯罪，维护国家安全和社会稳定，维护广大人民群众的合法利益，赋予了公安司法机关必要的手段，对于检察机关而言：

一是适当延长了对犯罪嫌疑人的拘传时间，规定对案情特别重大、复杂，需要采取拘留、逮捕措施的，拘传时间由不得超过12小时延长至24小时。

二是明确规定，人民检察院在立案后，对于重大贪污、贿赂犯罪案件，利用职权实施的严重侵犯公民人身权利的重大犯罪案件，根据侦查犯罪的需要，以及对于追捕被通缉或者批准、决定逮捕的在逃的犯罪嫌疑人，经过批准，可以采取追捕所必需的技术侦查措施。

三是明确对特别重大贿赂犯罪案件,在住处执行监视居住可能有碍侦查的,经上一级人民检察院批准,可以指定居所监视居住。

四是对于特别重大贿赂犯罪案件,在侦查阶段辩护律师会见在押的犯罪嫌疑人,需要经过检察机关许可。

五是为适应犯罪嫌疑人财产形态的实际变化,在查询、冻结财产范围中增加规定了债券、股票、基金份额等财产形式。

六是为严厉打击贪污贿赂、恐怖活动犯罪等重大犯罪,增加规定犯罪嫌疑人、被告人逃匿或者死亡案件违法所得财产没收的特别程序。

检察机关一方面要充分认识这些修改对于有效打击和惩治犯罪的重要作用,要在执法办案实践中有效地运用这些手段,防止应作为而不作为;另一方面,任何公权力都是一把"双刃剑",都有边界和底线,这些新增加的措施和手段都涉及对公民人身自由、财产权利、通讯秘密、个人隐私等基本人权的限制和影响,因此,必须严格依法行使,才能符合立法的价值取向和要旨。新刑事诉讼法赋予了检察机关必要的侦查手段,但同时也明确了这些措施和手段的适用范围、条件、规则和程序。例如,对于延长至24小时的拘传,仅限于案情特别重大、复杂,需要采取拘留、逮捕措施的案件,而不是任何直接受理立案侦查的案件。同时还要注意拘传不具有羁押的性质,要保证犯罪嫌疑人的饮食和必要的休息时间。在技术侦查措施的采用上,只能按照批准的对象、种类、期限来采取,只能用于侦查犯罪的需要,必须遵守党内和法律规定的严格审批程序,由相关部门执行,绝对不允许滥用。在指定居所监视居住时,要经上一级人民检察院批准,并且按照规定将监视居住的原因和地点通知被监视居住对象的家属;对于特别重大贿赂犯罪案件,犯罪嫌疑人聘请的律师会见在押的犯罪嫌疑人要经过检察机关的许可,但是执行中绝不能变成一律不许可。上述法律的明文规定,要切实得到遵守和执行,就要求检察机关内部监督工作适应新要求,在不影响并有效促进执法办案部门打击犯罪的同时,创新内部监督的方法措施,对其使用的犯罪控制手段等进行严格的监督,切实防止检察权滥用。

（二）"尊重和保障人权"的明确规定，对刑事诉讼参与人合法权益的保护进一步完善，新刑事诉讼法对检察机关履行刑事诉讼职能和诉讼监督职能的要求进一步严格和细化，对检察机关内部监督提出了新内容

尊重和保障人权是宪法确立的一项基本原则，体现了社会主义制度的本质要求。刑事诉讼法明确将"尊重和保障人权"写入总则，并将这一原则的精神自始至终体现、渗透在全部刑事诉讼程序中。其中许多内容涉及检察职能：

一是人身权利保护方面，在证据制度中，规定了不得强迫任何人证实自己有罪，建立了比较严格的非法证据排除制度，检察机关对于收集证据的合法性承担证明责任。在强制措施中，完善了逮捕条件和人民检察院审查批准逮捕程序，人民检察院对于指定居所监视居住进行监督；犯罪嫌疑人、被告人被逮捕后，人民检察院仍然应当对羁押的必要性进行审查，对于没有继续羁押必要性的，可以提出解除或者变更强制措施的建议。对于被拘留、逮捕的犯罪嫌疑人的讯问必须在看守所内进行；对于被羁押的犯罪嫌疑人及其法定代理人、近亲属、辩护人申请变更强制措施的，人民检察院必须在3日内作出决定，不同意变更强制措施的，应当告知申请人，并说明不同意的理由。在辩护制度中，明确了犯罪嫌疑人在侦查阶段可以委托辩护人，完善了律师会见和阅卷的程序。在侦查环节，完善了讯问犯罪嫌疑人录音录像制度等规定。在审查起诉环节，增加规定，审查起诉中对于没有犯罪事实的，应当作出不起诉决定；对于经过二次补充侦查，证据仍然达不到起诉条件的，应当作出不起诉决定。在特别程序中，对未成年人犯罪嫌疑人设置了附条件不起诉和犯罪记录封存制度，人民检察院对附条件不起诉未成年犯罪嫌疑人进行监督考察；对强制医疗的决定和执行是否合法进行监督。

二是财产权利保护方面，规定人民检察院对于侦查中查封、扣押、冻结的涉案财物及其孳息，应当妥善保管，并制作清单，随案移送，并应当根据判决对被查封、扣押、冻结的财物及孳息进行处理。规定了当事人和辩护人、诉讼代理人、利害关系人认为司法机关及其工作人员不依法退还取保候审保证金，违法采取查封、扣押、冻结，不依法解除查封、扣押、冻结等侵害其合法权益时的申诉、控告及处理程序。

这些新变化，既是此次修改在完善刑事诉讼中人权保障方面的新进展、新亮点，也对检察机关内部监督工作增加了新的任务，赋予了新的责任。检

察机关虽然承担侦查、控诉职能,但并不是一味地追求对犯罪嫌疑人、被告人不利的结果,而是必须承担客观性义务,对于有利于犯罪嫌疑人、被告人的事实、证据也要同等重视,全面收集、审查判断,以求案件依法得到公正的处理,要尊重和保障犯罪嫌疑人、被告人的合法权益,保障辩护人、诉讼代理人依法履行职责。更何况作为法律监督机关,检察机关负有保证法律统一正确实施,监督纠正其他司法机关及其工作人员违法侵犯当事人和其他诉讼参与人合法权益的行为的责任。因此,必须把加强内部监督制约体现在对职务犯罪侦查、批捕、起诉、变更强制措施以及履行诉讼监督职责等各个环节的监督上,切实将刑事诉讼法保障人权的要求落到实处,防止检察权滥用,保障诉讼参与人合法权益。

值得注意和提及的是,新刑事诉讼法本身对检察机关在刑事诉讼中履行职责的一些重要环节的内部监督作出了明确规定。立法上通过这种程序设置,有效地发挥上级检察院对下级检察院执法办案活动中可能存在的错误监督纠正的功能作用,更好地严格把关,保证办案质量。例如,新刑事诉讼法虽然未直接对检察机关立案侦查的职务犯罪案件审查逮捕由上一级检察机关决定作出规定,但是针对"上提一级"改革后出现的办案时限紧张的问题在立法上适当延长了审查期限;再如,对于特别重大贿赂犯罪案件,在犯罪嫌疑人住处监视居住有碍侦查的,需要由上一级检察院批准后,才能对犯罪嫌疑人适用指定居所监视居住;当事人、辩护人、诉讼代理人、利害关系人对于检察机关及其工作人员采取强制措施、侦查措施违反法律规定的,可以向上一级人民检察院申诉等。

(三)新刑事诉讼法注重使刑事诉讼程序构建更加科学、公正、民主,对检察机关内部监督工作提出了新课题

程序公正是司法公正的重要内容,它不仅保证实体公正的实现,而且推动司法公开、透明,规制司法权的行使,保障诉讼参与人的权利,畅通权利救济渠道,新刑事诉讼法对刑事诉讼程序进行了修改完善。对于检察机关而言:

一是完善审查逮捕程序,增加了人民检察院审查批准逮捕可以讯问犯罪嫌疑人的规定,提升了审查逮捕的公开性和司法化水平。

二是调整简易程序的适用范围,并规定适用简易程序审判的公诉案件,

人民检察院应当派员出席法庭,以依法充分履行指控犯罪的职责,并对审判活动是否合法进行监督。

三是完善一审程序中的起诉案卷移送制度,规定人民检察院在提起公诉时,应当将案卷材料、证据移送人民法院,符合我国的司法实际。

四是完善死刑复核程序,规定最高人民法院复核死刑案件,最高人民检察院可以向最高人民法院提出意见,拓宽了检察机关刑事诉讼监督的范围,更好地保证正确适用死刑。

五是明确规定违反法律规定的诉讼程序,可能影响公正审判的,是可以启动审判监督程序的法定理由,以彰显程序的价值和功能。

六是加强检察机关对刑罚执行活动的法律监督,规定监狱、看守所提出减刑、假释的建议或暂予监外执行的意见,应当同时抄送人民检察院,人民检察院可以向决定或者批准机关提出书面意见,在法律上将人民检察院监督关口前移。

七是在新增加的特别程序,包括未成年人的刑事案件诉讼程序,当事人和解的特定范围公诉案件诉讼程序,对依法不负刑事责任的精神病人强制医疗程序,检察机关都被赋予了重要的职责。

刑事诉讼程序的完善和健全,使程序设置更为科学、合理、精细、严格,由此对检察机关履行刑事诉讼职能和诉讼监督职能的要求进一步细化,涉及刑事诉讼各个环节、办理时限等诸多内容,对强化内部监督提出了新课题。要通过完善内部监督规定,进一步找准内部监督工作的着力点和切入点,强化对遵守诉讼程序行为的监督,维护程序的严肃性和权威性,使诉讼程序的运行顺畅、有效管用。完善各业务部门之间的监督制约机制,强化纪检监察机构、案件管理等部门的违纪违法监督和全程监督,逐步建立科学完备、衔接配套、有效管用的内部监督机制。

三、与时俱进,强化内部监督,确保检察权的正确行使

为适应新刑事诉讼法提出的新要求,我们要积极探索并不断完善适应检察工作特点的内部监督制约机制,坚决落实把强化自身监督放到与强化法律监督同等重要的位置的要求,认真解决不同程度存在的忽视、削弱甚至拒绝接受监督的错误认识,加强对执法办案重要岗位和人员以及关键环节的监督,加强对检察机关自侦案件和执法不廉问题、社会关注度高和群众反映强

烈的突出问题的监督,保证执法办案活动进行到哪里,内部监督工作就延伸到哪里。

(一) 着力营造强化内部监督的工作氛围

牢固树立监督者必须接受监督的意识,既要勇于监督别人,更要勇于接受监督。各级院领导班子和领导干部,要正确对待监督,主动接受监督,乐于接受监督,习惯接受监督,学会和适应在有效监督下开展工作、履行职责。要加强内部监督的组织领导。各级检察院党组要把强化内部监督工作摆上重要议事日程,加强领导,明确责任。检察长要带头履行监督职责,自觉接受监督,对内部监督工作负总责,其他班子成员要按照职责分工抓好分管部门的内部监督工作,各业务部门主要负责人要切实履行"一岗双责"职责。明确各部门的内部监督职责,落实监督责任,细化监督措施,切实营造强化内部监督的浓厚氛围。

(二) 着力完善检察职权的内部科学配置

监督制约必须以科学分解和合理配置权力为前提,形成科学的权力结构和运行机制。要根据新刑事诉讼法中新增加的涉及检察工作的内容和事项,按照科学分工、合理配置、运转高效、监督制约健全的原则完善执法办案部门的业务分工,明确职责权限、工作标准。例如,对于犯罪嫌疑人、被告人被逮捕后的羁押必要性审查的承担部门及其职责,对于指定居所监视居住的监督,对于辩护人、诉讼代理人投诉司法机关及其工作人员妨碍其履行职责的受理、审查、监督部门,对于职务犯罪侦查适用技术侦查措施的检察机关内部审批权限和程序的确定等,明确上述规定是构建相应监督机制的前提。

(三) 着力完善刑事诉讼中检察权的运行机制

要抓紧系统梳理此次刑事诉讼法修改对于原有检察机关执法办案规范的影响和变化,特别是新增加的内容和进一步完善、明确的内容,与之相适应地清理、修改、完善《人民检察院刑事诉讼规则》、《检察机关执法工作基本规范(2010年版)》以及其他司法解释和规范性文件,深入推进执法规范化建设,严密构建公正执法的制度平台,最大限度地减少机制障碍和制度漏洞与缺陷,使各个程序、各个环节检察权的行使都有严格的规范和制度遵循。

(四) 着力加强监督制度建设和执行

要把制度建设作为强化内部监督工作的基础,下大力气抓紧抓好抓出实效。以建立健全惩治和预防腐败体系各项制度为重点,以制约和监督检察权运行为核心,努力健全发现问题、纠正错误和追究责任的机制,提高内部监督工作的制度化、规范化、科学化水平,建立有权必有责、用权受监督、失职要追究的执法办案内部监督机制。要以刑事诉讼法修改涉及检察权行使的内容为重点,在完善检察权配置和运行机制的同时,要同步构建、补充完善监督制度。例如,对延长拘传时间的监督,对技术侦查措施适用的监督,对职务犯罪嫌疑人指定居所监视居住的监督,对保障律师会见权、阅卷权、听取律师意见的监督,对公诉案件当事人和解检察机关从宽处理的监督等,防止出现监督空当和死角。要深化并不断完善职务犯罪案件审查逮捕"上提一级"、抗诉权与职务犯罪侦查权由不同部门行使等改革。以坚定的决心和有力的措施全面、全部、全程实施讯问职务犯罪嫌疑人全程同步录音录像,加强对讯问活动的监督,保障犯罪嫌疑人权利,提高执法水平和办案质量。认真落实最高人民检察院《关于办理直接立案侦查案件安全防范工作及责任追究暂行规定》和《人民检察院司法警察看管工作细则》,严格规范讯问、询问工作,规范办案区设置和管理,发挥司法警察的职能作用,狠抓办案安全。坚持和完善自侦案件不诉、撤案报上一级院批准制度和立案报上一级院备案审查等,加强和完善上级检察院对下级检察院执法办案活动的监督措施、执法过错责任追究等规定。

以提高制度执行力为抓手,加强对制度执行情况的监督检查,确保制度落到实处。严格执行《人民检察院执法办案内部监督暂行规定》、最高人民检察院《关于上级检察院对下级检察院执法活动监督的若干意见》、最高人民检察院《关于加强检察机关内部监督工作的意见》和《检察人员执法过错责任追究条例》等执法办案监督各项基础性制度。全面建立和推行检察人员执法档案制度。把执法办案人员的办案数量、质量、效率、效果以及执法办案活动中遵守办案纪律、工作纪律、保密纪律、廉政纪律等情况记录归档,并作为绩效考评、奖惩、干部选拔任用的重要依据。

(五) 着力健全行之有效的监督形式

要认真研判新修改的内容在实际执行中由于执法行为不当、不廉可能引发的各种风险，积极推进、不断健全执法办案风险预警和防控体系建设，使执法办案与风险防控、化解同部署、同落实。要进一步充实和完善"一案三卡"、网上监督、流程监督、跟踪监督等行之有效的监督形式，切实抓好案前、案中和案后的监督。加强办案一线党组织建设，在党员达3人以上的办案组设立临时党组织，充分发挥临时党组织对执法办案活动的领导、监督和保障作用。深入开展案件质量检查、案件复查和重点案件回访，进一步规范检察人员执法办案行为。积极推广"制度＋科技"等监督手段。充分利用网络信息技术实施办案流程动态管理和质量监控检查，发挥科技在内部监督工作中的作用。

（六）着力加强内部监督各方面力量的整合

从目前的状态来看，内部监督的力量整合还不够，没有形成检察权内部监督制约的综合优势和整体效应，需要着力加强力量整合，使之有机统一，紧密衔接，互相支持，互相配合，相辅相成。要注意发挥新设案件管理部门的案件受理、流转和流程监控；查封、扣押、冻结款物的监管；案件文书的监管；统一负责组织办案质量评查；业务统计、分析的流程监督作用。业务部门、纪检监察机构要加强对执法办案全过程的流程监督和网上动态监督。检察机关纪检监察机构还要充分履行内部监督工作组织协调职能，完善与政工部门以及各个业务部门的协作配合机制，整合内部监督的资源和力量。

（七）着力发挥执法监察、巡视、检务督察等监督平台的作用

要围绕人民群众反映强烈的突出问题，注意运用执法监察、巡视、检务督察等监督平台的作用，认真解决自身执法办案中的问题，持续组织开展扣押、冻结涉案款物、规范安全文明执法等多形式、多主题的专项检查和专项整治工作，着力解决受利益驱动办案，违法查封、扣押、冻结和处理涉案款物，侵犯当事人合法权益，特权思想和霸道作风等突出问题，坚决防止和纠正各种损害群众利益的行为和不正之风。要完善相关工作机制，加大责任追究力度。凡因疏于监督检查，致使班子成员或单位发生严重违纪违法行为的，要按照相关工作制度和检察工作纪律，严肃追究单位主要领导和有关部门负责人的责任。

（八）着力构建内部监督与外部监督相互衔接的机制

要把强化内部监督与自觉接受外部监督紧密结合起来，形成内外监督相

互衔接的整体效能。要认真贯彻落实关于党委政法委员会对政法部门执法活动进行监督的有关规定，自觉接受、积极配合党委政法委的执法检查、案件督办、对案件及有关法律政策问题的协调、案件评查，对重大执法活动和事项及时报告备案。要进一步完善接受人大监督、民主监督、社会监督以及其他执法司法机关依法制约的工作机制，不断拓宽接受监督的渠道，创新接受监督的方式，不断深化检务公开和人民监督员制度改革。

贯彻实施新刑事诉讼法
深化死刑复核法律监督

最高人民检察院死刑复核检察工作办公室

《全国人民代表大会关于修改〈中华人民共和国刑事诉讼法〉的决定》已由第十一届全国人民代表大会第五次会议表决通过。新刑事诉讼法对死刑复核程序作了重要修改,尤其新增的第240条规定:"最高人民法院复核死刑案件,应当讯问被告人,辩护律师提出要求的,应当听取辩护律师的意见。在复核死刑案件过程中,最高人民检察院可以向最高人民法院提出意见。最高人民法院应当将死刑复核结果通报最高人民检察院。"此次刑事诉讼法的修改,改变了以往死刑复核程序完全封闭的状态,进一步加大了对死刑的立法、司法控制,对于完善死刑复核程序,加强诉讼监督,保证严格慎重适用死刑,维护司法公正和保障人权具有重要意义。

一、检察机关开展死刑复核法律监督的重要意义

(一)有利于进一步完善死刑复核法律程序

死刑是我国最严厉的刑罚,死刑复核实质上是刑事审判活动的重要组成部分,但是目前死刑复核程序仅在法院系统内封闭运行,缺乏必要的诉讼监督,诉讼当事人及其辩护人也不能有效参与。这种状况,既不符合我国刑事诉讼规律的客观要求,也不符合确保严格慎重适用死刑和程序公正的必然要求。对此,政法界和理论界都提出过改进建议,更引起了中央的重视。2008年,《中共中央转发〈中央政法委员会关于深化司法体制和工作机制改革若干问题和意见〉的通知》对司法改革五年规划的任务作出部署,提出了"进一步完善死刑复核法律程序"的明确要求。此次刑事诉讼法的

修改，使司法改革的精神和成果得以体现，尤其是新增的第 240 条的规定，对死刑复核程序有一定程度的去行政化作用，使检察机关诉讼监督职能在这一诉讼阶段得以具体化，同时也彰显了保障人权的法律原则。这对于进一步健全死刑复核制度、完善死刑复核程序具有重要的意义。

（二）有利于加强对死刑的司法控制和保障人权

死刑是剥夺犯罪分子生命的最严厉的刑罚，我国一直贯彻执行"保留死刑，严格控制死刑"的基本死刑政策。同时，我国宪法明确规定国家尊重和保障人权，联合国《公民权利和政治权利国际公约》第 6 条规定："人人有固有的生命权，生命权受法律保护，不得任意剥夺任何人的生命。"因此，司法机关在适用死刑时，必须严格贯彻国家的死刑政策，确保剥夺生命权的法律程序的正当性和公正性。

当前，由于政治、经济、文化等因素的制约，我国在一定时期内不可能废除死刑，但是应当严格限制和逐渐缩小死刑适用的范围。设立死刑复核程序的目的，一方面是加强对死刑的司法控制，另一方面是确保死刑案件裁判的准确与公正。检察机关对死刑复核实行法律监督，可以更加有效地确保死刑复核程序发挥应有的作用，有利于保障罪行不是极其严重或者不是必须立即执行的被告人的生命权不被剥夺，有利于促使每一个死刑案件被告人的人权得到切实的尊重和保护。

（三）有利于进一步促进司法公正

死刑复核是人民法院刑事审判活动的重要组成部分，对其进行法律监督，是宪法和法律赋予检察机关的重要职责，是人民检察院法律监督性质和职能的重要体现。目前，检察机关对于死刑的监督，事实上仅限于对一审过程和结果、二审过程以及执行死刑的监督，对于最终决定死刑适用的复核程序，则成为监督空白。同时，由于死刑二审裁判未经核准不发生法律效力，检察机关无法进行抗诉监督，因此，目前对死刑二审结果也无法进行监督，使得判处死刑这一最为重要的审判行为反而比其他审判行为少了一道应有的监督制约程序，这显然不利于保障死刑裁判的公正性，也不符合国际公约的基本要求。因此，无论是从死刑复核程序的诉讼化改造来看，还是从检察机关的法律监督职能来看，检察机关都应当对死刑复核实行法律监督，确保准确、公正适用死刑，最大限度地实现死刑复核制度的法律价值和社会价值，确保死刑复核的过程和结果的合法性和公正性。

二、死刑复核检察工作的现状

为应对死刑第二审案件开庭审理和死刑核准权上收,最高人民检察院党组于 2006 年年初决定在公诉厅增设第四处,负责死刑二审案件的指导和监督。2007 年 3 月下旬,最高人民检察院党组决定筹建一个工作机构,承担对最高人民法院死刑复核活动的法律监督。经过 3 个月的筹备,于 7 月初设立死刑复核检察工作办公室,作为厅级临时机构,按机关内设机构进行管理。自成立以来,死刑复核检察工作办公室主要做了以下工作:

(一)加强基础建设

机构建立后,制定下发了《最高人民检察院死刑复核检察工作暂行办法》,建立死刑复核案件备案审查制度,组织编辑了《死刑复核法律监督法规文件汇编》等,使死刑复核检察工作一开始就能有章可循,沿着规范的轨道发展。

(二)办理死刑复核案件

在现有法律框架内,通过办理最高人民法院征求意见案件、省级人民检察院备案和专题报告、当事人不服死刑裁判的申诉案件,院领导列席最高人民法院审判委员会等方式开展死刑复核法律监督。

1. 突出案件审查重点。一是加强对最高人民法院听取意见案件的办理工作,积极稳妥地提出回复意见;二是加强对省级人民检察院备案案件的审查,及时向省级人民检察院反馈审查意见。

2. 确保办案质量。认真落实"两个证据规定"及最高人民检察院贯彻"两个证据规定"指导意见,严格证据审查,强化证据合法性证明,依法排除非法证据,提高办案质量;切实贯彻死刑政策和宽严相济刑事政策,正确理解和把握死刑适用标准;坚持集体讨论、逐级审核、重要案件多方面听取意见的办案方式,严把案件质量关。

3. 注重法律效果与社会效果的有机统一。针对死刑复核案件上访压力大、矛盾化解困难等特点,探索建立风险评估预警机制,在办理死刑复核案件过程中,进行风险评估,提出有针对性的防范措施,防止因执法不当激化矛盾或者引发新的矛盾,确保办案的法律效果和社会效果。

自死刑复核检察工作办公室设立以来,共办理各类案件二百余件,经审查,向最高人民法院提出监督意见和反映重要情况二十余件,为确保死刑案件质量作出了积极贡献。

(三)开展综合应用研究

1. 针对死刑适用标准不统一、法律监督渠道不畅这两个各地反映强烈的突出问题,积极开展专题应用研究。一是组织专题调研,从总体上摸清了死刑案件监督工作的运行情况和主要问题,提出了对策建议。二是2008年配合中央政法委组织的"提高死刑案件质量和效率"专题调研活动,按照院领导指示,充分反映并争取解决死刑复核法律监督遇到的突出问题,为中央政法委下决心改革死刑复核程序、强化法律监督提供了客观依据。三是开展死刑复核裁判文书实证研究工作。重点研究了复核案件的特点,剖析了影响死刑裁量的因素及裁判规律,梳理出需要进一步研究解决的问题。四是针对各地反映较多的"民间矛盾激化引发案件与死刑适用"、"积极赔偿被害人经济损失与死刑适用"、"被害人过错与死刑适用"等八个问题开展实证研究,形成了一批研究报告。

2. 组织研究刑法和刑事诉讼法修改相关问题,为两法修正案征求意见稿提出立法修改建议。2010年全国人大法工委就《刑法修正案(八)(草案)》征求意见,死刑复核检察工作办公室重点就"死刑和刑罚制度"部分提出了"逐步减少死刑罪名,调整刑罚结构"的修改建议方案,并对相关条文的修改提出具体意见。2011年,在刑事诉讼法修改征求意见过程中,死刑复核检察工作办公室以强化法律监督为出发点,结合司法改革的实际,重点就死刑复核法律程序的完善进行研究并提出了修改的书面建议。建议已被吸收在最高人民检察院向立法机关提出的修改意见之中。

(四)积极推动完善死刑复核法律程序的改革

《中共中央转发〈中央政法委员会关于深化司法体制和工作机制改革若干问题的意见〉的通知》规定:"完善死刑复核的法律程序。最高人民法院不予核准死刑或长期不能核准的,应当通报最高人民检察院并听取意见,以利于提高死刑案件复核的质量和效率。"

2009年以来,按照中央关于司法体制和工作机制改革的要求,我们坚持以贯彻中央的改革精神和强化法律监督为原则,积极参与完善死刑复核法律程序的司改工作，深入开展建立健全死刑复核法律监督程序和机制的调研和论证，与最高人民法院多次沟通、协商，经过3年多的艰苦努力，对改革的具体实施方案基本达成共识。

1. 研究提出最高人民检察院的改革意见。为了明确死刑复核法律监督的原则、重点程序和手段，积极组织系统内的调研论证，并在组织部分法学专家研讨会，以及征求各省级院公诉部门意见的基础上，研究起草了完善死刑复核法律监督程序的研究意见。其中，既包括中央文件规定的最高人民法院拟不核准死刑或者长期不能核准案件向最高人民检察院通报并听取意见的程序，也包括列入检察改革五年规划的"对于检察机关认为不应当核准死刑案件的监督"的程序。对审查案件的范围、审查时机、期限等关键问题提出具体建议，研究意见稿的形成，为提出改革方案奠定了良好的基础。

2. 派员参加最高人民法院牵头的为完善死刑复核法律程序而组织的专题调研。在调研基础上将当前死刑复核及法律监督工作中遇到的突出问题及解决意见书面反馈给最高人民法院，阐明检察机关实施法律监督对提高死刑案件办理质量的必要性和重要性。对最高人民法院代拟的给中央政法委的关于完善死刑复核的法律程序的调研报告，经慎重研究，征求多方意见，重点就检察机关在死刑复核法律程序中的职能定位和工作权限、程序等提出了具体的修改意见。

3. 对改革的实施意见进行反复磋商。为促进改革进程，与最高人民法院进行了多次工作层面的沟通，对改革的具体实施方案——最高人民法院、最高人民检察院《关于进一步加强死刑复核法律监督的意见（征求意见稿）》进行反复研究。并通过"两高"领导层面沟通，促使双方相互理解。按照中央司法体制改革领导小组第三次全体会议暨司法体制改革第八次专题汇报会精神，与最高人民法院就实施改革的具体内容和工作程序方面尚存的分歧进行了深入协商，至2011年已基本达成共识。

三、贯彻落实新《刑事诉讼法》第240条的构想

根据新《刑事诉讼法》第240条的规定，在复核死刑案件过程中，最高人民检察院可以向最高人民法院提出意见。最高人民法院应当将死刑复核结果通报最高人民检察院。为贯彻落实上述规定，我们提出如下构想：

(一) 最高人民检察院向最高人民法院提出意见的案件

对高级人民法院报请最高人民法院核准的死刑复核案件,最高人民检察院向最高人民法院提出意见的,我们认为主要包括以下几种情况:

1. 认为不应当核准被告人死刑的;
2. 发现新情况、新证据,可能影响被告人定罪量刑的;
3. 违反法律规定的诉讼程序可能影响公正审判的;
4. 其他需要提出意见的。

最高人民检察院死刑复核检察工作部门主要通过审查省级人民检察院公诉部门的备案或专题报告、直接受理当事人及其近亲属或者受委托的律师的申诉,获得上述情况信息和相关案件材料。

最高人民检察院死刑复核检察工作部门负责对上述案件进行审查。经审查认为应当提出意见的,经过严格的审核报批的程序正式向最高人民法院提出。

(二) 最高人民法院通报死刑复核结果的案件

根据新刑事诉讼法的规定,最高人民法院应当将所有的死刑复核案件,包括核准、不核准和长期不能核准的案件通报最高人民检察院。为了体现诉讼监督原则、突出监督重点,我们建议按照《中共中央转发〈中央政法委员会关于深化司法体制和工作机制改革若干问题的意见〉的通知》的规定,重点对最高人民法院不核准和长期不能核准的案件予以审查。有关案件通报和审查的程序,原则上可按前期"两高"根据中央司法改革文件精神所达成的一致意见予以确认。

最高人民检察院死刑复核检察工作部门负责审查相关的通报案件,经过审核报批程序并认为确有必要的,向最高人民法院提出意见。

四、贯彻落实新刑事诉讼法的相关准备工作

此次刑事诉讼法的修改,对检察机关履行职责既是新的机遇也是新的挑战,我们要充分认识刑事诉讼法修改的意义,全面准确理解立法精神,正确把握行使权力与约束权力的关系,在执法理念、执法方式等方面都要有相应的转变和调整。要进一步提高人员的综合素质和执法水平,制定和完善相关工作制度。

（一）研究提出贯彻实施新刑事诉讼法相关规定的建议意见

围绕新《刑事诉讼法》第 240 条第 2 款的规定，就开展死刑复核法律监督工作的程序和机制提出具体意见。新《刑事诉讼法》第 240 条的规定与最高人民检察院和最高人民法院密切相关，其贯彻落实需要"两高"就具体实施及建立相关工作机制等问题进行协商，并联合制定规范性文件。

（二）及时组织贯彻实施新刑事诉讼法的学习和培训

在组织复核办全体人员认真学习新刑事诉讼法的基础上，待贯彻实施新《刑事诉讼法》第 240 条的工作方案确定后，及时组织检察系统内的专题培训，进一步加强死刑复核检察工作的规范化、专业化。

（三）研究制定《最高人民检察院办理死刑复核案件工作规程》

按照新刑事诉讼法的规定以及"两高"的规范性文件，研究制定办理死刑复核案件的工作规程，对岗位职责、工作流程、工作要求、法律文书、案件信息的管理与保密，以及建立健全死刑二审案件备案审查和重大情况报告等工作机制予以明确和规范。

（四）加强对死刑政策执行标准的研究

死刑政策的把握在实践中是难点，有必要加强对故意杀人罪、抢劫罪、毒品犯罪等常见罪名死刑政策执行标准的研究。目前各地关于死刑政策把握反映较多的突出问题，主要集中于"民间矛盾激化引发"、"婚姻家庭、邻里纠纷引发"、"被害方过错行为"、"共同犯罪量刑平衡"等影响量刑的酌定情节的把握上。我们要加强综合调研，依靠系统力量和有关专家加大应用研究和解决实际问题的力度。

附 录

关于《中华人民共和国刑事诉讼法修正案（草案）》的说明

——2012年3月8日在第十一届全国人民代表大会第五次会议上

全国人民代表大会常务委员会副委员长　王兆国

各位代表：

我受全国人大常委会委托，现对《中华人民共和国刑事诉讼法修正案（草案）》作说明。

一、修改刑事诉讼法的必要性

刑事诉讼法是规范刑事诉讼活动的基本法律。我国现行刑事诉讼法于1979年制定，1996年八届全国人大四次会议进行了修正。实践证明，我国的刑事诉讼制度总体上是科学的、合理的。刑事诉讼法修改16年来，我国经济社会快速发展，在刑事犯罪方面也出现了新的情况，有必要在认真梳理代表议案、深入总结实践经验、广泛征求意见的基础上，按照中央深化司法体制和工作机制改革的要求，对刑事诉讼法予以修改完善。主要体现在以下几个方面：

修改刑事诉讼法是进一步加强惩罚犯罪和保护人民的需要。当前，在惩罚犯罪工作中面临许多新的情况，存在一些迫切需要解决的问题。同时，国家民主法制建设的推进和人民群众法制观念的增强，对维护司法公正和保护公民权利提出了更高要求。各方面对刑事诉讼法的修改十分关注。本届以来，全国人大代表有2485人次和1个代表团提出相关议案81件。司法机关和其他方面也在不断提出修改刑事诉讼法的建议。迫切需要通过完善刑事诉讼程序，进一步保障司法机关准确及时惩罚犯罪，保护公民诉讼权利和其他合法权利。

修改刑事诉讼法是加强和创新社会管理，维护社会和谐稳定的需要。当前，我国正处于社会转型期和矛盾凸显期，刑事案件居高不下，严重暴力犯罪增多，犯罪的种类和手段出现了新的变化，这些都对我国社会管理提出了严峻挑战。通过刑事诉讼准确惩罚犯罪，维护社会秩序，对于加强和创新社会管理具有重要和不可替代的作用。适时修改刑事诉讼法，着力保障公共安全，着力化解社会矛盾，解决人民群众反映强烈、影响社会和谐稳定的突出问题，对于国家长治久安和人民安居乐业具有重要意义。

修改刑事诉讼法是深化司法体制和工作机制改革的需要。深化司法体制和工作机制改革，是中央从发展社会主义民主政治、加快建设社会主义法治国家的高度，作出的重要战略部署。进一步规范司法行为，推进建设公正高效权威的社会主义司法制度，需要加快完善刑事诉讼制度。刑事诉讼法的修改，是贯彻落实中央深化司法体制和工作机制改革要求的具体举措。

二、修正案草案的形成过程

按照全国人大常委会的工作安排，全国人大常委会法工委从2009年初开始着手刑事诉讼法修改方案的研究起草工作。在多次听取全国人大代表和各方面意见的基础上，经反复与中央政法机关和有关单位共同研究，形成了刑事诉讼法修正案草案稿。2011年8月，十一届全国人大常委会第二十二次会议对刑事诉讼法修正案草案进行了初次审议。会后，将草案印发中央有关部门、各地和有关方面征求意见，中国人大网站全文公布草案向社会征求意见。根据常委会组成人员的审议意见和各方面意见，对修正案草案进行了修改完善。2011年12月，常委会第二十四次会议对刑事诉讼法修正案草案进行了再次审议。委员们认为，修正案草案经过常委会两次审议，吸收了常委会组成人员的审议意见和各方面意见，已趋成熟。会议决定将修正案草案提请十一届全国人大五次会议审议。

全国人大常委会办公厅按照法定程序，于今年1月11日将刑事诉讼法修正案草案发送全国人大代表进行阅读讨论。代表们总体赞成修正案草案，同时提出了一些修改意见。根据常委会组成人员的审议意见和代表们在讨论中提出的意见，对修正案草案作了进一步修改完善，形成了现在提请大会审议的刑事诉讼法修正案草案。

在修正案草案起草和修改工作中，注意把握了以下几个问题：一是，坚持从我国基本国情出发，循序渐进地推进我国刑事诉讼制度的完善。完善刑事诉讼程序和相关制度，应当立足于我国仍处于并将长期处于社会主义初级阶段的基本国情和阶段性特征，既要与时俱进，又不超越现阶段的实际，不盲目照搬外国的司法制度和诉讼制度。二是，坚持统筹处理好惩治犯罪与保障人权的关系。刑事诉讼法的修改完善，既要有利于保证准确及时地查明犯罪事实，正确应用法律，惩罚犯罪分子，又要保障无罪的人不受刑事追究，尊重和保障人权，保护公民的诉讼权利和其他合法权利。三是，坚持着力解决在惩治犯罪和维护司法公正方面存在的突出问题。通过深入调查研究，加强与各有关方面的沟通协调，努力形成共识，解决司法实践中的突出问题。同时，注意发挥法律的引导作用，为刑事诉讼活动提供明确的法律规范。

对于这次刑事诉讼法修改，各方面总体认为，修正案草案坚持社会主义法治理念，贯彻宽严相济刑事政策，落实中央深化司法体制和工作机制改革的要求，适应新形势下惩罚犯罪和保护人民的需要，着力解决当前司法实践迫切需要解决的问题，符合我国国情和实际。在常委会审议和征求意见过程中，各方面对修正案草案还提出了其他一些修改意见和建议。这些意见和建议中，有些各方面认识还不一致，有些还缺乏实践经验。考虑到刑事诉讼法的修改要根据经济社会发展的实际，循序渐进，逐步完善，对于这些问题，可以继续研究探索。

三、修正案草案的主要内容

刑事诉讼法修正案草案共110条，主要内容是：

（一）将"尊重和保障人权"写入刑事诉讼法

尊重和保障人权是我国宪法确立的一项重要原则，体现了社会主义制度的本质要求。刑事诉讼法在程序设置和具体规定中都贯彻了这一宪法原则。刑事诉讼制度关系公民的人身自由等基本权利，将"尊重和保障人权"明确写入刑事诉讼法，既有利于更加充分地体现我国司法制度的社会主义性质，也有利于司法机关在刑事诉讼程序中更好地遵循和贯彻这一宪法原则。据此，修正案草案将刑事诉讼法第二条修改为：中华人民共和国刑事诉讼法的任务,是保证准确、及时地查明犯罪事实,正确应用法律,惩罚犯罪分子,保障无罪的人不受刑事追究,教育公民自觉遵守法律,积极同犯罪行为作斗争,维护社会主义法制,尊重和保障人权,保护公民的人身权利、财产权利、民主权利和其他权利,保障社会主义建设事业的顺利进行。

(二) 关于证据制度

证据制度是刑事诉讼的基本制度,对于保证案件质量,正确定罪量刑具有关键作用。修正案草案重点完善了非法证据排除制度,强化证人出庭和保护制度。

1. 完善非法证据排除制度。现行刑事诉讼法对严禁刑讯逼供和以其他非法的方法收集证据作了规定。为从制度上进一步遏制刑讯逼供和其他非法收集证据的行为,维护司法公正和刑事诉讼参与人的合法权利,有必要在法律中对非法证据的排除作出明确规定。据此,修正案草案在刑事诉讼法规定严禁刑讯逼供的基础上,增加不得强迫任何人证实自己有罪的规定。同时,明确规定了非法证据排除的具体标准:采用刑讯逼供等非法方法收集的犯罪嫌疑人、被告人供述和采用暴力、威胁等非法方法收集的证人证言、被害人陈述,应当予以排除。违反法律规定收集物证、书证,可能严重影响司法公正的,应当予以补正或者作出合理解释;不能补正或者作出合理解释的,对该证据应当予以排除。还规定了人民法院、人民检察院和公安机关都有排除非法证据的义务,以及法庭审理过程中对非法证据排除的调查程序。

另外,为从制度上防止刑讯逼供行为的发生,修正案草案增加规定了拘留、逮捕后及时送看守所羁押,在看守所内进行讯问和讯问过程的录音录像制度。

2. 明确证人出庭范围,加强对证人的保护。证人出庭作证,对于核实证据、查明案情、正确判决具有重要意义。修正案草案规定:公诉人、当事人或者辩护人、诉讼代理人对证人证言有异议,且该证人证言对案件定罪量刑有重大影响,人民法院认为有必要的,证人应当出庭作证。并规定证人没有正当理由不出庭作证的,人民法院可以强制其到庭,对于情节严重的,可处以十日以下的拘留;同时,考虑到强制配偶、父母、子女在法庭上对被告人进行指证,不利于家庭关系的维系,规定被告人的配偶、父母、子女除外。

为进一步加强对证人以及鉴定人、被害人的保护,修正案草案增加规定:

对于危害国家安全犯罪、恐怖活动犯罪、黑社会性质的组织犯罪、毒品犯罪等案件，证人、鉴定人、被害人因在诉讼中作证，本人或者其近亲属的人身安全面临危险的，人民法院、人民检察院和公安机关应当采取必要的保护措施。证人、鉴定人、被害人认为因作证面临危险的，可以请求予以保护。

（三）关于强制措施

强制措施对于保障刑事诉讼活动的顺利进行具有重要作用。修正案草案重点完善了逮捕、监视居住的条件、程序和采取强制措施后通知家属的规定。

1. 进一步明确逮捕条件和审查批准程序。针对司法实践中对逮捕条件理解不一致的问题，为有利于司法机关准确掌握逮捕条件，修正案草案将刑事诉讼法关于逮捕条件中"发生社会危险性，而有逮捕必要"的规定细化为：可能实施新的犯罪；有危害国家安全、公共安全或者社会秩序的现实危险；可能毁灭、伪造证据，干扰证人作证或者串供；可能对被害人、举报人、控告人实施打击报复；企图自杀或者逃跑。还明确规定：对有证据证明有犯罪事实，可能判处十年有期徒刑以上刑罚的，或者可能判处徒刑以上刑罚，曾经故意犯罪或者身份不明的犯罪嫌疑人、被告人，应当予以逮捕。

为保证人民检察院正确行使批准逮捕权，防止错误逮捕，修正案草案增加规定了人民检察院审查批准逮捕时讯问犯罪嫌疑人和听取辩护律师意见的程序，以及在逮捕后对羁押必要性继续进行审查的程序。

2. 适当定位监视居住措施，明确规定适用条件。监视居住同取保候审类似，都是限制犯罪嫌疑人、被告人人身自由的强制措施，但限制自由的程度不同。现行刑事诉讼法对这两种强制措施规定了相同的适用条件。考虑到监视居住的特点和实际执行情况，将监视居住定位于减少羁押的替代措施，并规定与取保候审不同的适用条件比较妥当。据此，修正案草案规定监视居住适用于符合逮捕条件，但患有严重疾病生活不能自理的，怀孕或者正在哺乳自己婴儿的，系生活不能自理的人的唯一扶养人的，因为案件的特殊情况或者办理案件的需要，采取监视居住措施更为适宜的，以及羁押期限届满，案件尚未办结，需要采取监视居住措施的等情形。同时，规定对于涉嫌危害国家安全犯罪、恐怖活动犯罪、特别重大贿赂犯罪的犯罪嫌疑人，监视居住在住处执行可能有碍侦查的，经上一级人民检察院或者公安机关批准，可以在指定的居所执行，但是不得在羁押场所和专门的办案场所执行。为防止这一措施在实践中被滥用,规定人民检察院对指定居所监视居住的决定和执行实行监督。

3. 严格限制采取强制措施后不通知家属的例外情形。现行刑事诉讼法规定:拘留、逮捕后,除有碍侦查或者无法通知的情形以外,应当把拘留、逮捕的原因和羁押的处所,在二十四小时以内,通知被拘留人、被逮捕人的家属。其中,"有碍侦查"情形的界限比较模糊。另外,对指定居所监视居住后通知家属未作规定。综合考虑惩治犯罪和保护犯罪嫌疑人、被告人权利的需要,有必要对采取强制措施后不通知家属的例外情形作出严格限制。据此,修正案草案删去了逮捕后有碍侦查不通知家属的例外情形,明确规定,采取逮捕和指定居所监视居住措施的,除无法通知的以外,应当在逮捕或者执行监视居住后二十四小时以内通知家属。同时,将拘留后因有碍侦查不通知家属的情形,仅限于涉嫌危害国家安全犯罪、恐怖活动犯罪,并规定有碍侦查的情形消失以后,应当立即通知被拘留人的家属。

(四) 关于辩护制度

辩护制度是刑事诉讼程序中保障犯罪嫌疑人、被告人依法行使辩护权的重要制度。修正案草案重点完善了辩护人在刑事诉讼中法律地位和作用的规定,扩大了法律援助的适用范围。

1. 明确犯罪嫌疑人在侦查阶段可以委托辩护人。修正案草案将刑事诉讼法关于犯罪嫌疑人在侦查阶段只能聘请律师提供法律帮助的规定修改为:犯罪嫌疑人在侦查期间可以委托律师作为辩护人。

2. 完善律师会见程序。关于辩护律师会见在押的犯罪嫌疑人、被告人,现行刑事诉讼法规定:在侦查阶段,对于涉及国家秘密的案件,律师会见在押的犯罪嫌疑人,需经侦查机关批准。修订后的律师法规定,律师凭律师执业证书、律师事务所证明和委托书或者法律援助公函,有权会见犯罪嫌疑人。经同有关方面反复研究认为,在刑事诉讼法中应当吸收律师法的相关规定,但对于极少数案件,从维护国家安全、公共安全的实际情况考虑,律师在侦查阶段会见犯罪嫌疑人,事先经侦查机关许可是必要的。据此,修正案草案规定,危害国家安全犯罪、恐怖活动犯罪、特别重大贿赂犯罪案件,在侦查期间辩护律师会见在押的犯罪嫌疑人,应当经侦查机关许可。

关于律师阅卷,修正案草案规定,辩护律师在审查起诉和审判阶段,均可以查阅、摘抄、复制本案的案卷材料。

3. 扩大法律援助的适用范围。为进一步保障犯罪嫌疑人、被告人的辩护权和其他权利，修正案草案扩大了法律援助在刑事诉讼中的适用范围，将审判阶段提供法律援助修改为在侦查、审查起诉、审判阶段均提供法律援助，并扩大了法律援助的对象范围。

（五）关于侦查措施

侦查是侦查机关为追究犯罪，依法进行的专门调查工作和有关的强制性措施。修正案草案重点完善了讯问犯罪嫌疑人的程序和必要的侦查措施，同时，强化对侦查措施的规范和监督，防止滥用。

1. 完善侦查措施。根据侦查取证工作的实际需要，修正案草案增加规定了口头传唤犯罪嫌疑人的程序，适当延长了特别重大、复杂案件传唤、拘传的时间，增加规定了询问证人的地点，完善人身检查的程序，在查询、冻结的范围中增加规定债券、股票、基金份额等财产。

国家安全法、人民警察法规定，侦查机关因侦查犯罪的需要，根据国家有关规定，经过严格的批准手续，可以采取技术侦查措施。现行刑事诉讼法对于技术侦查措施没有作出规定。修正案草案增加了严格规范技术侦查措施的规定。

2. 强化对侦查活动的监督。为保护相关诉讼参与人的合法权利，修正案草案增加规定，当事人和辩护人、诉讼代理人、利害关系人，对司法机关及其工作人员采取强制措施法定期限届满不予以释放、解除或者变更的，应当退还取保候审保证金不退还的，对与案件无关的财物采取查封、扣押、冻结措施的，应当解除查封、扣押、冻结不解除的，贪污、挪用、私分、调换、违反规定使用查封、扣押、冻结财物的等行为有权申诉、控告，并规定了相应程序。

（六）关于审判程序

审判是决定被告人是否构成犯罪和判处刑罚的关键阶段。修正案草案进一步完善了审判程序中的重要环节。

1. 调整简易程序适用范围，完善第一审程序。在保证司法公正的前提下，适当调整简易程序的适用范围，实行案件的繁简分流，有利于提高诉讼效率。为此，修正案草案将适用简易程序审判的案件范围，修改为基层人民法院管辖的可能判处有期徒刑以下刑罚、被告人承认自己所犯罪行的案件。

附录 关于《中华人民共和国刑事诉讼法修正案（草案）》的说明

同时，根据审判工作实际，对第一审普通程序中的案卷移送制度、开庭前的准备程序、与量刑有关的程序、中止审理的程序等作了补充完善。

2. 明确第二审应当开庭审理的案件范围，对发回重审作出限制规定。一是，为保证案件的公正审理，修正案草案进一步明确了第二审应当开庭审理的案件范围，增加规定：上诉人对第一审认定的事实、证据提出异议，可能影响定罪量刑的，被告人被判处死刑的上诉案件等，第二审人民法院应当开庭审理。二是，为避免案件反复发回重审，久拖不决，增加规定：对于因事实不清楚或者证据不足，第二审人民法院发回原审人民法院重新审判的案件，原审人民法院再次作出判决后，被告人提出上诉或者人民检察院提出抗诉的，第二审人民法院应当依法作出判决或者裁定。三是，为落实上诉不加刑原则，避免发生在上诉案件中第二审人民法院发回重审，下级人民法院在重审中加刑的情况，增加规定：第二审人民法院发回重新审判的案件，除有新的犯罪事实，人民检察院补充起诉的以外，原审人民法院也不得加重被告人的刑罚。此外，修正案草案还完善了查封、扣押、冻结的财物及其孳息的处理程序等。

3. 完善附带民事诉讼程序。附带民事诉讼程序对于有效化解社会矛盾纠纷，保证被害人及时得到赔偿，具有重要作用。在总结司法实践经验的基础上，修正案草案对附带民事诉讼程序作了补充修改。一是，增加规定：被害人死亡或者丧失行为能力的，被害人的法定代理人、近亲属有权提起附带民事诉讼。二是，增加规定：附带民事诉讼的原告人或者人民检察院可以申请人民法院采取保全措施。三是，增加规定：人民法院审理附带民事诉讼案件，可以进行调解，或者根据物质损失情况作出判决、裁定。

4. 对死刑复核程序作出具体规定。为体现适用死刑的慎重，进一步保证死刑复核案件质量，加强对死刑复核程序的法律监督，修正案草案明确规定：最高人民法院复核死刑案件，应当作出核准或者不核准死刑的裁定。对于不核准死刑的，最高人民法院可以发回重新审判或者予以改判。同时，增加规定：最高人民法院复核死刑案件，可以讯问被告人，辩护律师提出要求的，应当听取辩护律师的意见。在复核死刑案件过程中，最高人民检察院可以向最高人民法院提出意见。最高人民法院应当将死刑复核结果通报最高人民检察院。

5. 对审判监督程序进行补充完善。通过审判监督程序对确有错误的生效判决、裁定予以纠正，有利于确保案件质量，维护司法公正。修正案草案对申诉案件决定重审的条件，指令原审人民法院以外的下级人民法院审理，人民检察院派员出席法庭，再审案件强制措施的决定程序，原判决、裁定的中止执行等内容作了补充完善。

（七）关于执行程序

刑罚执行程序是惩罚和改造罪犯的重要规范。修正案草案重点完善了暂予监外执行规定，强化人民检察院对减刑、假释、暂予监外执行的监督。

1. 严格规范暂予监外执行的适用。暂予监外执行，是对符合法定条件的罪犯在监狱外执行刑罚的制度。修正案草案进一步严格规范了暂予监外执行的决定、批准和及时收监的程序，为防止罪犯利用这一制度逃避刑罚，并增加规定：不符合暂予监外执行条件的罪犯通过贿赂等非法手段被暂予监外执行的，其在监外执行的期间不计入执行刑期；罪犯在暂予监外执行期间脱逃的，脱逃的期间不计入执行刑期。

2. 强化人民检察院对减刑、假释、暂予监外执行的监督。修正案草案增加规定：监狱、看守所提出减刑、假释建议或者暂予监外执行的书面意见的，应当同时抄送人民检察院。人民检察院可以向人民法院或者批准机关提出书面意见。

（八）增加规定特别程序

根据刑事诉讼活动的实际情况和近年来各地积极探索的好的经验，有必要针对未成年人刑事案件等特定案件和一些特殊情况，规定特别的程序。修正案草案增加一编"特别程序"，对有关程序作出专门规定。

1. 规定未成年人刑事案件诉讼程序。为更好地保障未成年人的诉讼权利和其他合法权益，修正案草案在总结实践经验的基础上，针对未成年人刑事案件的特点，对办案方针、原则、诉讼环节的特别程序作出规定。其中，设置了附条件不起诉制度，规定对于未成年人涉嫌侵犯人身权利民主权利、侵犯财产、妨害社会管理秩序犯罪，可能判处一年有期徒刑以下刑罚，符合起诉条件，但有悔罪表现的，人民检察院可以作出附条件不起诉的决定。同时，为有利于未成年犯更好地回归社会，设置了犯罪记录封存制度。

2. 设置特定范围公诉案件的和解程序。刑事诉讼法对自诉案件的和解作了规定。为有利于化解矛盾纠纷，需要适当扩大和解程序的适用范围，将部分公诉案件纳入和解程序。同时，考虑到公诉案件的国家追诉性质和刑罚的严肃性，防止出现新的不公正，对建立这一新的诉讼制度宜审慎把握，和解程序的适用范围也不能过大。修正案草案规定，公诉案件适用和解程序的范围为因民间纠纷引起，涉嫌侵犯人身权利民主权利、侵犯财产犯罪，可能判处三年有期徒刑以下刑罚的故意犯罪案件，以及除渎职犯罪以外的可能判处七年有期徒刑以下刑罚的过失犯罪案件。但是，犯罪嫌疑人、被告人在五年以内曾经故意犯罪的，不适用这一程序。并规定对于当事人之间达成和解协议的案件，可以依法对被告人从宽处罚。

3. 设置犯罪嫌疑人、被告人逃匿、死亡案件违法所得的没收程序。为严厉惩治腐败犯罪、恐怖活动犯罪，并与我国已加入的联合国反腐败公约及有关反恐怖问题的决议的要求相衔接，需要对犯罪所得及时采取冻结追缴措施。修正案草案增加规定：对于贪污贿赂犯罪、恐怖活动犯罪等重大犯罪案件，犯罪嫌疑人、被告人逃匿，在通缉一年后不能到案，或者犯罪嫌疑人、被告人死亡，依照刑法规定应当追缴其违法所得及其他涉案财产的，人民检察院可以向人民法院提出没收违法所得的申请。并设置公安机关移送人民检察院的程序和人民法院的审理程序。

4. 设置依法不负刑事责任的精神病人的强制医疗程序。刑法第十八条规定：精神病人在不能辨认或者不能控制自己行为的时候造成危害结果，经法定程序鉴定确认的，不负刑事责任，但是应当责令他的家属或者监护人严加看管和医疗；在必要的时候，由政府强制医疗。为保障公众安全，维护社会秩序，修正案草案增加规定：实施暴力行为，危害公共安全或者严重危害公民人身安全，经法定程序鉴定依法不负刑事责任的精神病人，有继续危害社会可能的，由公安机关移送人民检察院，人民检察院向人民法院提出强制医疗的申请，由人民法院作出决定。并对案件的审理程序、法律援助和法律救济、强制医疗的解除和人民检察院的监督等作出规定。

此外，根据有关方面的意见，修正案草案还对刑事案件证据种类、证明标准、举证责任，取保候审和监视居住的监督管理，辩护人和诉讼代理人的申请回避权，辩护人对阻碍其依法行使诉讼权利的申诉控告及处理机制，中级人民法院的管辖范围，人民法院案件审理期限，社区矫正执行等规定作了补充完善。

《中华人民共和国刑事诉讼法修正案（草案）》和以上说明，请审议。

全国人民代表大会关于修改
《中华人民共和国刑事诉讼法》的决定

(2012年3月14日第十一届全国人民代表大会第五次会议通过)

第十一届全国人民代表大会第五次会议决定对《中华人民共和国刑事诉讼法》作如下修改:

一、将第二条修改为:"中华人民共和国刑事诉讼法的任务,是保证准确、及时地查明犯罪事实,正确应用法律,惩罚犯罪分子,保障无罪的人不受刑事追究,教育公民自觉遵守法律,积极同犯罪行为作斗争,维护社会主义法制,尊重和保障人权,保护公民的人身权利、财产权利、民主权利和其他权利,保障社会主义建设事业的顺利进行。"

二、将第十四条第一款修改为:"人民法院、人民检察院和公安机关应当保障犯罪嫌疑人、被告人和其他诉讼参与人依法享有的辩护权和其他诉讼权利。"

删去第二款。

三、将第二十条修改为:"中级人民法院管辖下列第一审刑事案件:

"(一)危害国家安全、恐怖活动案件;

"(二)可能判处无期徒刑、死刑的案件。"

四、将第三十一条修改为:"本章关于回避的规定适用于书记员、翻译人员和鉴定人。

"辩护人、诉讼代理人可以依照本章的规定要求回避、申请复议。"

五、将第三十三条修改为:"犯罪嫌疑人自被侦查机关第一次讯问或者采取强制措施之日起,有权委托辩护人;在侦查期间,只能委托律师作为辩护人。被告人有权随时委托辩护人。

"侦查机关在第一次讯问犯罪嫌疑人或者对犯罪嫌疑人采取强制措施的

时候，应当告知犯罪嫌疑人有权委托辩护人。人民检察院自收到移送审查起诉的案件材料之日起三日以内，应当告知犯罪嫌疑人有权委托辩护人。人民法院自受理案件之日起三日以内，应当告知被告人有权委托辩护人。犯罪嫌疑人、被告人在押期间要求委托辩护人的，人民法院、人民检察院和公安机关应当及时转达其要求。

"犯罪嫌疑人、被告人在押的，也可以由其监护人、近亲属代为委托辩护人。

"辩护人接受犯罪嫌疑人、被告人委托后，应当及时告知办理案件的机关。"

六、将第三十四条修改为："犯罪嫌疑人、被告人因经济困难或者其他原因没有委托辩护人的，本人及其近亲属可以向法律援助机构提出申请。对符合法律援助条件的，法律援助机构应当指派律师为其提供辩护。

"犯罪嫌疑人、被告人是盲、聋、哑人，或者是尚未完全丧失辨认或者控制自己行为能力的精神病人，没有委托辩护人的，人民法院、人民检察院和公安机关应当通知法律援助机构指派律师为其提供辩护。

"犯罪嫌疑人、被告人可能被判处无期徒刑、死刑，没有委托辩护人的，人民法院、人民检察院和公安机关应当通知法律援助机构指派律师为其提供辩护。"

七、将第三十五条修改为："辩护人的责任是根据事实和法律，提出犯罪嫌疑人、被告人无罪、罪轻或者减轻、免除其刑事责任的材料和意见，维护犯罪嫌疑人、被告人的诉讼权利和其他合法权益。"

八、增加一条，作为第三十六条："辩护律师在侦查期间可以为犯罪嫌疑人提供法律帮助；代理申诉、控告；申请变更强制措施；向侦查机关了解犯罪嫌疑人涉嫌的罪名和案件有关情况，提出意见。"

九、将第三十六条改为二条，作为第三十七条、第三十八条，修改为：

"第三十七条　辩护律师可以同在押的犯罪嫌疑人、被告人会见和通信。其他辩护人经人民法院、人民检察院许可，也可以同在押的犯罪嫌疑人、被告人会见和通信。

"辩护律师持律师执业证书、律师事务所证明和委托书或者法律援助公函要求会见在押的犯罪嫌疑人、被告人的，看守所应当及时安排会见，至迟不得超过四十八小时。

"危害国家安全犯罪、恐怖活动犯罪、特别重大贿赂犯罪案件,在侦查期间辩护律师会见在押的犯罪嫌疑人,应当经侦查机关许可。上述案件,侦查机关应当事先通知看守所。

"辩护律师会见在押的犯罪嫌疑人、被告人,可以了解案件有关情况,提供法律咨询等;自案件移送审查起诉之日起,可以向犯罪嫌疑人、被告人核实有关证据。辩护律师会见犯罪嫌疑人、被告人时不被监听。

"辩护律师同被监视居住的犯罪嫌疑人、被告人会见、通信,适用第一款、第三款、第四款的规定。

"第三十八条 辩护律师自人民检察院对案件审查起诉之日起,可以查阅、摘抄、复制本案的案卷材料。其他辩护人经人民法院、人民检察院许可,也可以查阅、摘抄、复制上述材料。"

十、增加二条,作为第三十九条、第四十条:

"第三十九条 辩护人认为在侦查、审查起诉期间公安机关、人民检察院收集的证明犯罪嫌疑人、被告人无罪或者罪轻的证据材料未提交的,有权申请人民检察院、人民法院调取。

"第四十条 辩护人收集的有关犯罪嫌疑人不在犯罪现场、未达到刑事责任年龄、属于依法不负刑事责任的精神病人的证据,应当及时告知公安机关、人民检察院。"

十一、将第三十八条改为第四十二条,修改为:"辩护人或者其他任何人,不得帮助犯罪嫌疑人、被告人隐匿、毁灭、伪造证据或者串供,不得威胁、引诱证人作伪证以及进行其他干扰司法机关诉讼活动的行为。

"违反前款规定的,应当依法追究法律责任,辩护人涉嫌犯罪的,应当由办理辩护人所承办案件的侦查机关以外的侦查机关办理。辩护人是律师的,应当及时通知其所在的律师事务所或者所属的律师协会。"

十二、增加二条,作为第四十六条、第四十七条:

"第四十六条 辩护律师对在执业活动中知悉的委托人的有关情况和信息,有权予以保密。但是,辩护律师在执业活动中知悉委托人或者其他人,准备或者正在实施危害国家安全、公共安全以及严重危害他人人身安全的犯罪的,应当及时告知司法机关。

"第四十七条 辩护人、诉讼代理人认为公安机关、人民检察院、人民法院及其工作人员阻碍其依法行使诉讼权利的,有权向同级或者上一级人民检察院申诉或者控告。人民检察院对申诉或者控告应当及时进行审查,情况属实的,通知有关机关予以纠正。"

十三、将第四十二条改为第四十八条,修改为:"可以用于证明案件事实的材料,都是证据。

"证据包括:

"(一)物证;

"(二)书证;

"(三)证人证言;

"(四)被害人陈述;

"(五)犯罪嫌疑人、被告人供述和辩解;

"(六)鉴定意见;

"(七)勘验、检查、辨认、侦查实验等笔录;

"(八)视听资料、电子数据。

"证据必须经过查证属实,才能作为定案的根据。"

十四、增加一条,作为第四十九条:"公诉案件中被告人有罪的举证责任由人民检察院承担,自诉案件中被告人有罪的举证责任由自诉人承担。"

十五、将第四十三条改为第五十条,修改为:"审判人员、检察人员、侦查人员必须依照法定程序,收集能够证实犯罪嫌疑人、被告人有罪或者无罪、犯罪情节轻重的各种证据。严禁刑讯逼供和以威胁、引诱、欺骗以及其他非法方法收集证据,不得强迫任何人证实自己有罪。必须保证一切与案件有关或者了解案情的公民,有客观地充分地提供证据的条件,除特殊情况外,可以吸收他们协助调查。"

十六、将第四十五条改为第五十二条,增加一款,作为第二款:"行政机关在行政执法和查办案件过程中收集的物证、书证、视听资料、电子数据等证据材料,在刑事诉讼中可以作为证据使用。"

将第二款改为第三款,修改为:"对涉及国家秘密、商业秘密、个人隐私的证据,应当保密。"

十七、将第四十六条改为第五十三条,修改为:"对一切案件的判处都要重证据,重调查研究,不轻信口供。只有被告人供述,没有其他证据的,不能认定被告人有罪和处以刑罚;没有被告人供述,证据确实、充分的,可以认定被告人有罪和处以刑罚。

"证据确实、充分,应当符合以下条件:

"(一)定罪量刑的事实都有证据证明;

"(二)据以定案的证据均经法定程序查证属实;

"(三)综合全案证据,对所认定事实已排除合理怀疑。"

十八、增加五条,作为第五十四条、第五十五条、第五十六条、第五十七条、第五十八条:

"第五十四条 采用刑讯逼供等非法方法收集的犯罪嫌疑人、被告人供述和采用暴力、威胁等非法方法收集的证人证言、被害人陈述,应当予以排除。收集物证、书证不符合法定程序,可能严重影响司法公正的,应当予以补正或者作出合理解释;不能补正或者作出合理解释的,对该证据应当予以排除。

"在侦查、审查起诉、审判时发现有应当排除的证据的,应当依法予以排除,不得作为起诉意见、起诉决定和判决的依据。

"第五十五条 人民检察院接到报案、控告、举报或者发现侦查人员以非法方法收集证据的,应当进行调查核实。对于确有以非法方法收集证据情形的,应当提出纠正意见;构成犯罪的,依法追究刑事责任。

"第五十六条 法庭审理过程中,审判人员认为可能存在本法第五十四条规定的以非法方法收集证据情形的,应当对证据收集的合法性进行法庭调查。

"当事人及其辩护人、诉讼代理人有权申请人民法院对以非法方法收集的证据依法予以排除。申请排除以非法方法收集的证据的,应当提供相关线索或者材料。

"第五十七条 在对证据收集的合法性进行法庭调查的过程中,人民检察院应当对证据收集的合法性加以证明。

"现有证据材料不能证明证据收集的合法性的,人民检察院可以提请人民法院通知有关侦查人员或者其他人员出庭说明情况;人民法院可以通知有关侦查人员或者其他人员出庭说明情况。有关侦查人员或者其他人员也可以要求出庭说明情况。经人民法院通知,有关人员应当出庭。

"第五十八条 对于经过法庭审理,确认或者不能排除存在本法第五十四条规定的以非法方法收集证据情形的,对有关证据应当予以排除。"

十九、将第四十七条改为第五十九条,修改为:"证人证言必须在法庭上经过公诉人、被害人和被告人、辩护人双方质证并且查实以后，才能作为定案的根据。法庭查明证人有意作伪证或者隐匿罪证的时候，应当依法处理。"

二十、增加二条，作为第六十二条、第六十三条：

"第六十二条 对于危害国家安全犯罪、恐怖活动犯罪、黑社会性质的组织犯罪、毒品犯罪等案件，证人、鉴定人、被害人因在诉讼中作证，本人或者其近亲属的人身安全面临危险的，人民法院、人民检察院和公安机关应当采取以下一项或者多项保护措施：

"（一）不公开真实姓名、住址和工作单位等个人信息；

"（二）采取不暴露外貌、真实声音等出庭作证措施；

"（三）禁止特定的人员接触证人、鉴定人、被害人及其近亲属；

"（四）对人身和住宅采取专门性保护措施；

"（五）其他必要的保护措施。

"证人、鉴定人、被害人认为因在诉讼中作证，本人或者其近亲属的人身安全面临危险的，可以向人民法院、人民检察院、公安机关请求予以保护。

"人民法院、人民检察院、公安机关依法采取保护措施，有关单位和个人应当配合。

"第六十三条 证人因履行作证义务而支出的交通、住宿、就餐等费用，应当给予补助。证人作证的补助列入司法机关业务经费，由同级政府财政予以保障。

"有工作单位的证人作证，所在单位不得克扣或者变相克扣其工资、奖金及其他福利待遇。"

二十一、将第五十一条改为第六十五条，修改为："人民法院、人民检察院和公安机关对有下列情形之一的犯罪嫌疑人、被告人，可以取保候审：

"（一）可能判处管制、拘役或者独立适用附加刑的；

"（二）可能判处有期徒刑以上刑罚，采取取保候审不致发生社会危险性的；

"（三）患有严重疾病、生活不能自理，怀孕或者正在哺乳自己婴儿的妇女，采取取保候审不致发生社会危险性的；

"（四）羁押期限届满，案件尚未办结，需要采取取保候审的。

"取保候审由公安机关执行。"

二十二、将第五十五条改为第六十八条，修改为："保证人应当履行以下义务：

"（一）监督被保证人遵守本法第六十九条的规定；

"（二）发现被保证人可能发生或者已经发生违反本法第六十九条规定的行为的，应当及时向执行机关报告。

"被保证人有违反本法第六十九条规定的行为，保证人未履行保证义务的，对保证人处以罚款，构成犯罪的，依法追究刑事责任。"

二十三、将第五十六条改为三条，作为第六十九条、第七十条、第七十一条，修改为：

"第六十九条　被取保候审的犯罪嫌疑人、被告人应当遵守以下规定：

"（一）未经执行机关批准不得离开所居住的市、县；

"（二）住址、工作单位和联系方式发生变动的，在二十四小时以内向执行机关报告；

"（三）在传讯的时候及时到案；

"（四）不得以任何形式干扰证人作证；

"（五）不得毁灭、伪造证据或者串供。

"人民法院、人民检察院和公安机关可以根据案件情况，责令被取保候审的犯罪嫌疑人、被告人遵守以下一项或者多项规定：

"（一）不得进入特定的场所；

"（二）不得与特定的人员会见或者通信；

"（三）不得从事特定的活动；

"（四）将护照等出入境证件、驾驶证件交执行机关保存。

"被取保候审的犯罪嫌疑人、被告人违反前两款规定，已交纳保证金的，没收部分或者全部保证金，并且区别情形，责令犯罪嫌疑人、被告人具结悔过，重新交纳保证金、提出保证人，或者监视居住、予以逮捕。

"对违反取保候审规定，需要予以逮捕的，可以对犯罪嫌疑人、被告人先行拘留。

"第七十条　取保候审的决定机关应当综合考虑保证诉讼活动正常进行的需要，被取保候审人的社会危险性，案件的性质、情节，可能判处刑罚的轻重，被取保候审人的经济状况等情况，确定保证金的数额。

"提供保证金的人应当将保证金存入执行机关指定银行的专门账户。

"第七十一条 犯罪嫌疑人、被告人在取保候审期间未违反本法第六十九条规定的，取保候审结束的时候，凭解除取保候审的通知或者有关法律文书到银行领取退还的保证金。"

二十四、增加三条，作为第七十二条、第七十三条、第七十四条：

"第七十二条 人民法院、人民检察院和公安机关对符合逮捕条件，有下列情形之一的犯罪嫌疑人、被告人，可以监视居住：

"（一）患有严重疾病、生活不能自理的；

"（二）怀孕或者正在哺乳自己婴儿的妇女；

"（三）系生活不能自理的人的唯一扶养人；

"（四）因为案件的特殊情况或者办理案件的需要，采取监视居住措施更为适宜的；

"（五）羁押期限届满，案件尚未办结，需要采取监视居住措施的。

"对符合取保候审条件，但犯罪嫌疑人、被告人不能提出保证人，也不交纳保证金的，可以监视居住。

"监视居住由公安机关执行。

"第七十三条 监视居住应当在犯罪嫌疑人、被告人的住处执行；无固定住处的，可以在指定的居所执行。对于涉嫌危害国家安全犯罪、恐怖活动犯罪、特别重大贿赂犯罪，在住处执行可能有碍侦查的，经上一级人民检察院或者公安机关批准，也可以在指定的居所执行。但是，不得在羁押场所、专门的办案场所执行。

"指定居所监视居住的，除无法通知的以外，应当在执行监视居住后二十四小时以内，通知被监视居住人的家属。

"被监视居住的犯罪嫌疑人、被告人委托辩护人，适用本法第三十三条的规定。

"人民检察院对指定居所监视居住的决定和执行是否合法实行监督。

"第七十四条 指定居所监视居住的期限应当折抵刑期。被判处管制的，监视居住一日折抵刑期一日；被判处拘役、有期徒刑的，监视居住二日折抵刑期一日。"

二十五、将第五十七条改为第七十五条，修改为："被监视居住的犯罪嫌疑人、被告人应当遵守以下规定：

"（一）未经执行机关批准不得离开执行监视居住的处所；

"（二）未经执行机关批准不得会见他人或者通信；

"（三）在传讯的时候及时到案；

"（四）不得以任何形式干扰证人作证；

"（五）不得毁灭、伪造证据或者串供；

"（六）将护照等出入境证件、身份证件、驾驶证件交执行机关保存。

"被监视居住的犯罪嫌疑人、被告人违反前款规定，情节严重的，可以予以逮捕；需要予以逮捕的，可以对犯罪嫌疑人、被告人先行拘留。"

二十六、增加一条，作为第七十六条："执行机关对被监视居住的犯罪嫌疑人、被告人，可以采取电子监控、不定期检查等监视方法对其遵守监视居住规定的情况进行监督；在侦查期间，可以对被监视居住的犯罪嫌疑人的通信进行监控。"

二十七、将第六十条改为第七十九条，修改为："对有证据证明有犯罪事实，可能判处徒刑以上刑罚的犯罪嫌疑人、被告人，采取取保候审尚不足以防止发生下列社会危险性的，应当予以逮捕：

"（一）可能实施新的犯罪的；

"（二）有危害国家安全、公共安全或者社会秩序的现实危险的；

"（三）可能毁灭、伪造证据，干扰证人作证或者串供的；

"（四）可能对被害人、举报人、控告人实施打击报复的；

"（五）企图自杀或者逃跑的。

"对有证据证明有犯罪事实，可能判处十年有期徒刑以上刑罚的，或者有证据证明有犯罪事实，可能判处徒刑以上刑罚，曾经故意犯罪或者身份不明的，应当予以逮捕。

"被取保候审、监视居住的犯罪嫌疑人、被告人违反取保候审、监视居住规定，情节严重的，可以予以逮捕。"

二十八、将第六十四条改为第八十三条，第二款修改为："拘留后，应当立即将被拘留人送看守所羁押，至迟不得超过二十四小时。除无法通知或者涉嫌危害国家安全犯罪、恐怖活动犯罪通知可能有碍侦查的情形以外，应当在拘留后二十四小时以内，通知被拘留人的家属。有碍侦查的情形消失以后，应当立即通知被拘留人的家属。"

二十九、将第六十五条改为第八十四条，修改为："公安机关对被拘留的人,应当在拘留后的二十四小时以内进行讯问。在发现不应当拘留的时候,必须立即释放,发给释放证明。"

三十、增加一条,作为第八十六条:"人民检察院审查批准逮捕,可以讯问犯罪嫌疑人;有下列情形之一的,应当讯问犯罪嫌疑人:

"(一)对是否符合逮捕条件有疑问的;

"(二)犯罪嫌疑人要求向检察人员当面陈述的;

"(三)侦查活动可能有重大违法行为的。

"人民检察院审查批准逮捕,可以询问证人等诉讼参与人,听取辩护律师的意见;辩护律师提出要求的,应当听取辩护律师的意见。"

三十一、将第七十一条改为第九十一条,第二款修改为:"逮捕后,应当立即将被逮捕人送看守所羁押。除无法通知的以外,应当在逮捕后二十四小时以内,通知被逮捕人的家属。"

三十二、增加一条,作为第九十三条:"犯罪嫌疑人、被告人被逮捕后,人民检察院仍应当对羁押的必要性进行审查。对不需要继续羁押的,应当建议予以释放或者变更强制措施。有关机关应当在十日以内将处理情况通知人民检察院。"

三十三、将第五十二条改为第九十五条,修改为:"犯罪嫌疑人、被告人及其法定代理人、近亲属或者辩护人有权申请变更强制措施。人民法院、人民检察院和公安机关收到申请后,应当在三日以内作出决定;不同意变更强制措施的,应当告知申请人,并说明不同意的理由。"

三十四、将第七十四条改为第九十六条,修改为:"犯罪嫌疑人、被告人被羁押的案件,不能在本法规定的侦查羁押、审查起诉、一审、二审期限内办结的,对犯罪嫌疑人、被告人应当予以释放;需要继续查证、审理的,对犯罪嫌疑人、被告人可以取保候审或者监视居住。"

三十五、将第七十五条改为第九十七条,修改为:"人民法院、人民检察院或者公安机关对被采取强制措施法定期限届满的犯罪嫌疑人、被告人,应当予以释放、解除取保候审、监视居住或者依法变更强制措施。犯罪嫌疑人、被告人及其法定代理人、近亲属或者辩护人对于人民法院、人民检察院或者公安机关采取强制措施法定期限届满的,有权要求解除强制措施。"

三十六、将第七十七条改为二条,作为第九十九条、第一百条,修改为:

"第九十九条 被害人由于被告人的犯罪行为而遭受物质损失的,在刑事诉讼过程中,有权提起附带民事诉讼。被害人死亡或者丧失行为能力的,被害人的法定代理人、近亲属有权提起附带民事诉讼。

"如果是国家财产、集体财产遭受损失的,人民检察院在提起公诉的时候,可以提起附带民事诉讼。

"第一百条 人民法院在必要的时候,可以采取保全措施,查封、扣押或者冻结被告人的财产。附带民事诉讼原告人或者人民检察院可以申请人民法院采取保全措施。人民法院采取保全措施,适用民事诉讼法的有关规定。"

三十七、增加一条,作为第一百零一条:"人民法院审理附带民事诉讼案件,可以进行调解,或者根据物质损失情况作出判决、裁定。"

三十八、将第七十九条改为第一百零三条,增加一款,作为第四款:"期间的最后一日为节假日的,以节假日后的第一日为期满日期,但犯罪嫌疑人、被告人或者罪犯在押期间,应当至期满之日为止,不得因节假日而延长。"

三十九、增加一条,作为第一百一十五条:"当事人和辩护人、诉讼代理人、利害关系人对于司法机关及其工作人员有下列行为之一的,有权向该机关申诉或者控告:

"(一) 采取强制措施法定期限届满,不予以释放、解除或者变更的;

"(二) 应当退还取保候审保证金不退还的;

"(三) 对与案件无关的财物采取查封、扣押、冻结措施的;

"(四) 应当解除查封、扣押、冻结不解除的;

"(五) 贪污、挪用、私分、调换、违反规定使用查封、扣押、冻结的财物的。

"受理申诉或者控告的机关应当及时处理。对处理不服的,可以向同级人民检察院申诉;人民检察院直接受理的案件,可以向上一级人民检察院申诉。人民检察院对申诉应当及时进行审查,情况属实的,通知有关机关予以纠正。"

四十、将第九十一条改为第一百一十六条,增加一款,作为第二款:"犯罪嫌疑人被送交看守所羁押以后,侦查人员对其进行讯问,应当在看守所内进行。"

四十一、将第九十二条改为第一百一十七条，修改为："对不需要逮捕、拘留的犯罪嫌疑人，可以传唤到犯罪嫌疑人所在市、县内的指定地点或者到他的住处进行讯问，但是应当出示人民检察院或者公安机关的证明文件。对在现场发现的犯罪嫌疑人，经出示工作证件，可以口头传唤，但应当在讯问笔录中注明。

"传唤、拘传持续的时间不得超过十二小时；案情特别重大、复杂，需要采取拘留、逮捕措施的，传唤、拘传持续的时间不得超过二十四小时。

"不得以连续传唤、拘传的形式变相拘禁犯罪嫌疑人。传唤、拘传犯罪嫌疑人，应当保证犯罪嫌疑人的饮食和必要的休息时间。"

四十二、将第九十三条改为第一百一十八条，增加一款，作为第二款："侦查人员在讯问犯罪嫌疑人的时候，应当告知犯罪嫌疑人如实供述自己罪行可以从宽处理的法律规定。"

四十三、增加一条，作为第一百二十一条："侦查人员在讯问犯罪嫌疑人的时候，可以对讯问过程进行录音或者录像；对于可能判处无期徒刑、死刑的案件或者其他重大犯罪案件，应当对讯问过程进行录音或者录像。

"录音或者录像应当全程进行，保持完整性。"

四十四、删去第九十六条。

四十五、将第九十七条改为第一百二十二条，第一款修改为："侦查人员询问证人，可以在现场进行，也可以到证人所在单位、住处或者证人提出的地点进行，在必要的时候，可以通知证人到人民检察院或者公安机关提供证言。在现场询问证人，应当出示工作证件，到证人所在单位、住处或者证人提出的地点询问证人，应当出示人民检察院或者公安机关的证明文件。"

四十六、删去第九十八条第二款。

四十七、将第一百零五条改为第一百三十条，第一款修改为："为了确定被害人、犯罪嫌疑人的某些特征、伤害情况或者生理状态，可以对人身进行检查，可以提取指纹信息，采集血液、尿液等生物样本。"

四十八、将第一百零八条改为第一百三十二条，第一款修改为："为了查明案情，在必要的时候，经公安机关负责人批准，可以进行侦查实验。"

增加一款，作为第二款："侦查实验的情况应当写成笔录，由参加实验的人签名或者盖章。"

四十九、将第一百一十条改为第一百三十五条，修改为："任何单位和个人，有义务按照人民检察院和公安机关的要求，交出可以证明犯罪嫌疑人有罪或者无罪的物证、书证、视听资料等证据。"

五十、将第二编第二章第六节的节名、第一百五十八条中的"扣押"修改为"查封、扣押"。

五十一、将第一百一十四条改为第一百三十九条，修改为："在侦查活动中发现的可用以证明犯罪嫌疑人有罪或者无罪的各种财物、文件，应当查封、扣押；与案件无关的财物、文件，不得查封、扣押。

"对查封、扣押的财物、文件，要妥善保管或者封存，不得使用、调换或者损毁。"

五十二、将第一百一十五条改为第一百四十条，修改为："对查封、扣押的财物、文件，应当会同在场见证人和被查封、扣押财物、文件持有人查点清楚，当场开列清单一式二份，由侦查人员、见证人和持有人签名或者盖章，一份交给持有人，另一份附卷备查。"

五十三、将第一百一十七条改为第一百四十二条，修改为："人民检察院、公安机关根据侦查犯罪的需要，可以依照规定查询、冻结犯罪嫌疑人的存款、汇款、债券、股票、基金份额等财产。有关单位和个人应当配合。

"犯罪嫌疑人的存款、汇款、债券、股票、基金份额等财产已被冻结的，不得重复冻结。"

五十四、将第一百一十八条改为第一百四十三条，修改为："对查封、扣押的财物、文件、邮件、电报或者冻结的存款、汇款、债券、股票、基金份额等财产，经查明确实与案件无关的，应当在三日以内解除查封、扣押、冻结，予以退还。"

五十五、将第一百二十条改为第一百四十五条，修改为："鉴定人进行鉴定后，应当写出鉴定意见，并且签名。

"鉴定人故意作虚假鉴定的，应当承担法律责任。"

五十六、将第一百二十一条、第一百五十七条中的"鉴定结论"修改为"鉴定意见"。

五十七、在第二编第二章第七节后增加一节，作为第八节：

"第八节　技术侦查措施

"第一百四十八条　公安机关在立案后，对于危害国家安全犯罪、恐怖活动犯罪、黑社会性质的组织犯罪、重大毒品犯罪或者其他严重危害社会的犯罪案件，根据侦查犯罪的需要，经过严格的批准手续，可以采取技术侦查措施。

"人民检察院在立案后，对于重大的贪污、贿赂犯罪案件以及利用职权实施的严重侵犯公民人身权利的重大犯罪案件，根据侦查犯罪的需要，经过严格的批准手续，可以采取技术侦查措施，按照规定交有关机关执行。

"追捕被通缉或者批准、决定逮捕的在逃的犯罪嫌疑人、被告人，经过批准，可以采取追捕所必需的技术侦查措施。

"第一百四十九条　批准决定应当根据侦查犯罪的需要，确定采取技术侦查措施的种类和适用对象。批准决定自签发之日起三个月以内有效。对于不需要继续采取技术侦查措施的，应当及时解除；对于复杂、疑难案件，期限届满仍有必要继续采取技术侦查措施的，经过批准，有效期可以延长，每次不得超过三个月。

"第一百五十条　采取技术侦查措施，必须严格按照批准的措施种类、适用对象和期限执行。

"侦查人员对采取技术侦查措施过程中知悉的国家秘密、商业秘密和个人隐私，应当保密；对采取技术侦查措施获取的与案件无关的材料，必须及时销毁。

"采取技术侦查措施获取的材料，只能用于对犯罪的侦查、起诉和审判，不得用于其他用途。

"公安机关依法采取技术侦查措施，有关单位和个人应当配合，并对有关情况予以保密。

"第一百五十一条　为了查明案情，在必要的时候，经公安机关负责人决定，可以由有关人员隐匿其身份实施侦查。但是，不得诱使他人犯罪，不得采用可能危害公共安全或者发生重大人身危险的方法。

"对涉及给付毒品等违禁品或者财物的犯罪活动，公安机关根据侦查犯罪的需要，可以依照规定实施控制下交付。

"第一百五十二条　依照本节规定采取侦查措施收集的材料在刑事诉讼中可以作为证据使用。如果使用该证据可能危及有关人员的人身安全，或者可能产生其他严重后果的，应当采取不暴露有关人员身份、技术方法等保护措施，必要的时候，可以由审判人员在庭外对证据进行核实。"

五十八、将第一百二十八条改为第一百五十八条，修改为："在侦查期间，发现犯罪嫌疑人另有重要罪行的，自发现之日起依照本法第一百五十四条的规定重新计算侦查羁押期限。

"犯罪嫌疑人不讲真实姓名、住址，身份不明的，应当对其身份进行调查，侦查羁押期限自查清其身份之日起计算，但是不得停止对其犯罪行为的侦查取证。对于犯罪事实清楚，证据确实、充分，确实无法查明其身份的，也可以按其自报的姓名起诉、审判。"

五十九、增加一条，作为第一百五十九条："在案件侦查终结前，辩护律师提出要求的，侦查机关应当听取辩护律师的意见，并记录在案。辩护律师提出书面意见的，应当附卷。"

六十、将第一百二十九条改为第一百六十条，修改为："公安机关侦查终结的案件，应当做到犯罪事实清楚，证据确实、充分，并且写出起诉意见书，连同案卷材料、证据一并移送同级人民检察院审查决定；同时将案件移送情况告知犯罪嫌疑人及其辩护律师。"

六十一、将第一百三十三条改为第一百六十四条，修改为："人民检察院对直接受理的案件中被拘留的人，应当在拘留后的二十四小时以内进行讯问。在发现不应当拘留的时候，必须立即释放，发给释放证明。"

六十二、将第一百三十四条改为第一百六十五条，修改为："人民检察院对直接受理的案件中被拘留的人，认为需要逮捕的，应当在十四日以内作出决定。在特殊情况下，决定逮捕的时间可以延长一日至三日。对不需要逮捕的，应当立即释放；对需要继续侦查，并且符合取保候审、监视居住条件的，依法取保候审或者监视居住。"

六十三、将第一百三十九条改为第一百七十条，修改为："人民检察院审查案件，应当讯问犯罪嫌疑人，听取辩护人、被害人及其诉讼代理人的意见，并记录在案。辩护人、被害人及其诉讼代理人提出书面意见的，应当附卷。"

六十四、将第一百四十条改为第一百七十一条，第一款修改为："人民检察院审查案件，可以要求公安机关提供法庭审判所必需的证据材料；认为可能存在本法第五十四条规定的以非法方法收集证据情形的，可以要求其对证据收集的合法性作出说明。"

第四款修改为："对于二次补充侦查的案件，人民检察院仍然认为证据不足，不符合起诉条件的，应当作出不起诉的决定。"

全国人民代表大会关于修改《中华人民共和国刑事诉讼法》的决定

六十五、将第一百四十一条改为第一百七十二条，修改为："人民检察院认为犯罪嫌疑人的犯罪事实已经查清，证据确实、充分，依法应当追究刑事责任的，应当作出起诉决定，按照审判管辖的规定，向人民法院提起公诉，并将案卷材料、证据移送人民法院。"

六十六、将第一百四十二条改为第一百七十三条，第一款修改为："犯罪嫌疑人没有犯罪事实，或者有本法第十五条规定的情形之一的，人民检察院应当作出不起诉决定。"

第三款修改为："人民检察院决定不起诉的案件，应当同时对侦查中查封、扣押、冻结的财物解除查封、扣押、冻结。对被不起诉人需要给予行政处罚、行政处分或者需要没收其违法所得的，人民检察院应当提出检察意见，移送有关主管机关处理。有关主管机关应当将处理结果及时通知人民检察院。"

六十七、将第一百五十条改为第一百八十一条，修改为："人民法院对提起公诉的案件进行审查后，对于起诉书中有明确的指控犯罪事实的，应当决定开庭审判。"

六十八、将第一百五十一条改为第一百八十二条，修改为："人民法院决定开庭审判后，应当确定合议庭的组成人员，将人民检察院的起诉书副本至迟在开庭十日以前送达被告人及其辩护人。

"在开庭以前，审判人员可以召集公诉人、当事人和辩护人、诉讼代理人，对回避、出庭证人名单、非法证据排除等与审判相关的问题，了解情况，听取意见。

"人民法院确定开庭日期后，应当将开庭的时间、地点通知人民检察院，传唤当事人，通知辩护人、诉讼代理人、证人、鉴定人和翻译人员，传票和通知书至迟在开庭三日以前送达。公开审判的案件，应当在开庭三日以前先期公布案由、被告人姓名、开庭时间和地点。

"上述活动情形应当写入笔录，由审判人员和书记员签名。"

六十九、将第一百五十二条改为第一百八十三条，修改为："人民法院审判第一审案件应当公开进行。但是有关国家秘密或者个人隐私的案件，不公开审理；涉及商业秘密的案件，当事人申请不公开审理的，可以不公开审理。

"不公开审理的案件，应当当庭宣布不公开审理的理由。"

七十、将第一百五十三条改为第一百八十四条,修改为:"人民法院审判公诉案件,人民检察院应当派员出席法庭支持公诉。"

七十一、增加二条,作为第一百八十七条、第一百八十八条:

"第一百八十七条　公诉人、当事人或者辩护人、诉讼代理人对证人证言有异议,且该证人证言对案件定罪量刑有重大影响,人民法院认为证人有必要出庭作证的,证人应当出庭作证。

"人民警察就其执行职务时目击的犯罪情况作为证人出庭作证,适用前款规定。

"公诉人、当事人或者辩护人、诉讼代理人对鉴定意见有异议,人民法院认为鉴定人有必要出庭的,鉴定人应当出庭作证。经人民法院通知,鉴定人拒不出庭作证的,鉴定意见不得作为定案的根据。

"第一百八十八条　经人民法院通知,证人没有正当理由不出庭作证的,人民法院可以强制其到庭,但是被告人的配偶、父母、子女除外。

"证人没有正当理由拒绝出庭或者出庭后拒绝作证的,予以训诫,情节严重的,经院长批准,处以十日以下的拘留。被处罚人对拘留决定不服的,可以向上一级人民法院申请复议。复议期间不停止执行。"

七十二、将第一百五十九条改为第一百九十二条,增加一款,作为第二款:"公诉人、当事人和辩护人、诉讼代理人可以申请法庭通知有专门知识的人出庭,就鉴定人作出的鉴定意见提出意见。"

增加一款,作为第四款:"第二款规定的有专门知识的人出庭,适用鉴定人的有关规定。"

七十三、将第一百六十条改为第一百九十三条,修改为:"法庭审理过程中,对与定罪、量刑有关的事实、证据都应当进行调查、辩论。

"经审判长许可,公诉人、当事人和辩护人、诉讼代理人可以对证据和案件情况发表意见并且可以互相辩论。

"审判长在宣布辩论终结后,被告人有最后陈述的权利。"

七十四、将第一百六十三条改为第一百九十六条,第二款修改为:"当庭宣告判决的,应当在五日以内将判决书送达当事人和提起公诉的人民检察院;定期宣告判决的,应当在宣告后立即将判决书送达当事人和提起公诉的人民检察院。判决书应当同时送达辩护人、诉讼代理人。"

七十五、将第一百六十四条改为第一百九十七条,修改为:"判决书应当由审判人员和书记员署名，并且写明上诉的期限和上诉的法院。"

七十六、将第一百六十五条改为第一百九十八条，第三项修改为："由于申请回避而不能进行审判的。"

七十七、增加一条，作为第二百条："在审判过程中，有下列情形之一，致使案件在较长时间内无法继续审理的，可以中止审理：

"（一）被告人患有严重疾病，无法出庭的；

"（二）被告人脱逃的；

"（三）自诉人患有严重疾病，无法出庭，未委托诉讼代理人出庭的；

"（四）由于不能抗拒的原因。

"中止审理的原因消失后，应当恢复审理。中止审理的期间不计入审理期限。"

七十八、将第一百六十八条改为第二百零二条，第一款修改为："人民法院审理公诉案件，应当在受理后二个月以内宣判，至迟不得超过三个月。对于可能判处死刑的案件或者附带民事诉讼的案件，以及有本法第一百五十六条规定情形之一的，经上一级人民法院批准，可以延长三个月；因特殊情况还需要延长的，报请最高人民法院批准。"

七十九、将第一百七十二条改为第二百零六条，修改为："人民法院对自诉案件，可以进行调解；自诉人在宣告判决前，可以同被告人自行和解或者撤回自诉。本法第二百零四条第三项规定的案件不适用调解。

"人民法院审理自诉案件的期限，被告人被羁押的，适用本法第二百零二条第一款、第二款的规定；未被羁押的，应当在受理后六个月以内宣判。"

八十、将第一百七十四条改为第二百零八条，修改为："基层人民法院管辖的案件，符合下列条件的，可以适用简易程序审判：

"（一）案件事实清楚、证据充分的；

"（二）被告人承认自己所犯罪行，对指控的犯罪事实没有异议的；

"（三）被告人对适用简易程序没有异议的。

"人民检察院在提起公诉的时候，可以建议人民法院适用简易程序。"

八十一、增加一条，作为第二百零九条："有下列情形之一的，不适用简易程序：

"（一）被告人是盲、聋、哑人，或者是尚未完全丧失辨认或者控制自己行为能力的精神病人的；

"（二）有重大社会影响的；

"（三）共同犯罪案件中部分被告人不认罪或者对适用简易程序有异议的；

"（四）其他不宜适用简易程序审理的。"

八十二、将第一百七十五条改为第二百一十条，修改为："适用简易程序审理案件，对可能判处三年有期徒刑以下刑罚的，可以组成合议庭进行审判，也可以由审判员一人独任审判；对可能判处的有期徒刑超过三年的，应当组成合议庭进行审判。

"适用简易程序审理公诉案件，人民检察院应当派员出席法庭。"

八十三、增加一条，作为第二百一十一条："适用简易程序审理案件，审判人员应当询问被告人对指控的犯罪事实的意见，告知被告人适用简易程序审理的法律规定，确认被告人是否同意适用简易程序审理。"

八十四、将第一百七十六条改为第二百一十二条，修改为："适用简易程序审理案件，经审判人员许可，被告人及其辩护人可以同公诉人、自诉人及其诉讼代理人互相辩论。"

八十五、将第一百七十七条改为第二百一十三条，修改为："适用简易程序审理案件，不受本章第一节关于送达期限、讯问被告人、询问证人、鉴定人、出示证据、法庭辩论程序规定的限制。但在判决宣告前应当听取被告人的最后陈述意见。"

八十六、将第一百七十八条改为第二百一十四条，修改为："适用简易程序审理案件，人民法院应当在受理后二十日以内审结；对可能判处的有期徒刑超过三年的，可以延长至一个半月。"

八十七、将第一百八十七条改为第二百二十三条，第一款修改为："第二审人民法院对于下列案件，应当组成合议庭，开庭审理：

"（一）被告人、自诉人及其法定代理人对第一审认定的事实、证据提出异议，可能影响定罪量刑的上诉案件；

"（二）被告人被判处死刑的上诉案件；

"（三）人民检察院抗诉的案件；

"（四）其他应当开庭审理的案件。

"第二审人民法院决定不开庭审理的，应当讯问被告人，听取其他当事人、辩护人、诉讼代理人的意见。"

八十八、将第一百八十八条改为第二百二十四条，修改为："人民检察院提出抗诉的案件或者第二审人民法院开庭审理的公诉案件，同级人民检察院都应当派员出席法庭。第二审人民法院应当在决定开庭审理后及时通知人民检察院查阅案卷。人民检察院应当在一个月以内查阅完毕。人民检察院查阅案卷的时间不计入审理期限。"

八十九、将第一百八十九条改为第二百二十五条，增加一款，作为第二款："原审人民法院对于依照前款第三项规定发回重新审判的案件作出判决后，被告人提出上诉或者人民检察院提出抗诉的，第二审人民法院应当依法作出判决或者裁定，不得再发回原审人民法院重新审判。"

九十、将第一百九十条改为第二百二十六条，第一款修改为："第二审人民法院审理被告人或者他的法定代理人、辩护人、近亲属上诉的案件，不得加重被告人的刑罚。第二审人民法院发回原审人民法院重新审判的案件，除有新的犯罪事实，人民检察院补充起诉的以外，原审人民法院也不得加重被告人的刑罚。"

九十一、将第一百九十六条改为第二百三十二条，修改为："第二审人民法院受理上诉、抗诉案件，应当在二个月以内审结。对于可能判处死刑的案件或者附带民事诉讼的案件，以及有本法第一百五十六条规定情形之一的，经省、自治区、直辖市高级人民法院批准或者决定，可以延长二个月；因特殊情况还需要延长的，报请最高人民法院批准。

"最高人民法院受理上诉、抗诉案件的审理期限，由最高人民法院决定。"

九十二、将第一百九十八条改为第二百三十四条，修改为："公安机关、人民检察院和人民法院对查封、扣押、冻结的犯罪嫌疑人、被告人的财物及其孳息，应当妥善保管，以供核查，并制作清单，随案移送。任何单位和个人不得挪用或者自行处理。对被害人的合法财产，应当及时返还。对违禁品或者不宜长期保存的物品，应当依照国家有关规定处理。

"对作为证据使用的实物应当随案移送，对不宜移送的，应当将其清单、照片或者其他证明文件随案移送。

"人民法院作出的判决，应当对查封、扣押、冻结的财物及其孳息作出处理。

"人民法院作出的判决生效以后,有关机关应当根据判决对查封、扣押、冻结的财物及其孳息进行处理。对查封、扣押、冻结的赃款赃物及其孳息,除依法返还被害人的以外,一律上缴国库。

"司法工作人员贪污、挪用或者私自处理查封、扣押、冻结的财物及其孳息的,依法追究刑事责任;不构成犯罪的,给予处分。"

九十三、增加二条,作为第二百三十九条、第二百四十条:

"第二百三十九条 最高人民法院复核死刑案件,应当作出核准或者不核准死刑的裁定。对于不核准死刑的,最高人民法院可以发回重新审判或者予以改判。

"第二百四十条 最高人民法院复核死刑案件,应当讯问被告人,辩护律师提出要求的,应当听取辩护律师的意见。

"在复核死刑案件过程中,最高人民检察院可以向最高人民法院提出意见。最高人民法院应当将死刑复核结果通报最高人民检察院。"

九十四、将第二百零四条改为第二百四十二条,修改为:"当事人及其法定代理人、近亲属的申诉符合下列情形之一的,人民法院应当重新审判:

"(一)有新的证据证明原判决、裁定认定的事实确有错误,可能影响定罪量刑的;

"(二)据以定罪量刑的证据不确实、不充分、依法应当予以排除,或者证明案件事实的主要证据之间存在矛盾的;

"(三)原判决、裁定适用法律确有错误的;

"(四)违反法律规定的诉讼程序,可能影响公正审判的;

"(五)审判人员在审理该案件的时候,有贪污受贿,徇私舞弊,枉法裁判行为的。"

九十五、增加一条,作为第二百四十四条:"上级人民法院指令下级人民法院再审的,应当指令原审人民法院以外的下级人民法院审理;由原审人民法院审理更为适宜的,也可以指令原审人民法院审理。"

九十六、将第二百零六条改为第二百四十五条,修改为:"人民法院按照审判监督程序重新审判的案件,由原审人民法院审理的,应当另行组成合议庭进行。如果原来是第一审案件,应当依照第一审程序进行审判,所作的判决、裁定,可以上诉、抗诉;如果原来是第二审案件,或者是上级人民法院提审的案件,应当依照第二审程序进行审判,所作的判决、裁定,是终审的判决、裁定。

"人民法院开庭审理的再审案件，同级人民检察院应当派员出席法庭。"

九十七、增加一条，作为第二百四十六条："人民法院决定再审的案件，需要对被告人采取强制措施的，由人民法院依法决定；人民检察院提出抗诉的再审案件，需要对被告人采取强制措施的，由人民检察院依法决定。

"人民法院按照审判监督程序审判的案件，可以决定中止原判决、裁定的执行。"

九十八、将第二百一十三条改为第二百五十三条，第一款修改为："罪犯被交付执行刑罚的时候，应当由交付执行的人民法院在判决生效后十日以内将有关的法律文书送达公安机关、监狱或者其他执行机关。"

第二款修改为："对被判处死刑缓期二年执行、无期徒刑、有期徒刑的罪犯，由公安机关依法将该罪犯送交监狱执行刑罚。对被判处有期徒刑的罪犯，在被交付执行刑罚前，剩余刑期在三个月以下的，由看守所代为执行。对被判处拘役的罪犯，由公安机关执行。"

九十九、将第二百一十四条改为第二百五十四条，修改为："对被判处有期徒刑或者拘役的罪犯，有下列情形之一的，可以暂予监外执行：

"（一）有严重疾病需要保外就医的；

"（二）怀孕或者正在哺乳自己婴儿的妇女；

"（三）生活不能自理，适用暂予监外执行不致危害社会的。

"对被判处无期徒刑的罪犯，有前款第二项规定情形的，可以暂予监外执行。

"对适用保外就医可能有社会危险性的罪犯，或者自伤自残的罪犯，不得保外就医。

"对罪犯确有严重疾病，必须保外就医的，由省级人民政府指定的医院诊断并开具证明文件。

"在交付执行前，暂予监外执行由交付执行的人民法院决定；在交付执行后，暂予监外执行由监狱或者看守所提出书面意见，报省级以上监狱管理机关或者设区的市一级以上公安机关批准。"

一百、增加一条，作为第二百五十五条："监狱、看守所提出暂予监外执行的书面意见的，应当将书面意见的副本抄送人民检察院。人民检察院可以向决定或者批准机关提出书面意见。"

一百零一、将第二百一十五条改为第二百五十六条，修改为："决定或者批准暂予监外执行的机关应当将暂予监外执行决定抄送人民检察院。人民检察院认为暂予监外执行不当的，应当自接到通知之日起一个月以内将书面意见送交决定或者批准暂予监外执行的机关，决定或者批准暂予监外执行的机关接到人民检察院的书面意见后，应当立即对该决定进行重新核查。"

一百零二、将第二百一十六条改为第二百五十七条，修改为："对暂予监外执行的罪犯，有下列情形之一的，应当及时收监：

"（一）发现不符合暂予监外执行条件的；

"（二）严重违反有关暂予监外执行监督管理规定的；

"（三）暂予监外执行的情形消失后，罪犯刑期未满的。

"对于人民法院决定暂予监外执行的罪犯应当予以收监的，由人民法院作出决定，将有关的法律文书送达公安机关、监狱或者其他执行机关。

"不符合暂予监外执行条件的罪犯通过贿赂等非法手段被暂予监外执行的，在监外执行的期间不计入执行刑期。罪犯在暂予监外执行期间脱逃的，脱逃的期间不计入执行刑期。

"罪犯在暂予监外执行期间死亡的，执行机关应当及时通知监狱或者看守所。"

一百零三、将第二百一十七条改为第二百五十八条，修改为："对被判处管制、宣告缓刑、假释或者暂予监外执行的罪犯，依法实行社区矫正，由社区矫正机构负责执行。"

一百零四、将第二百一十八条改为第二百五十九条，修改为："对被判处剥夺政治权利的罪犯，由公安机关执行。执行期满，应当由执行机关书面通知本人及其所在单位、居住地基层组织。"

一百零五、将第二百二十一条改为第二百六十二条，第二款修改为："被判处管制、拘役、有期徒刑或者无期徒刑的罪犯，在执行期间确有悔改或者立功表现，应当依法予以减刑、假释的时候，由执行机关提出建议书，报请人民法院审核裁定，并将建议书副本抄送人民检察院。人民检察院可以向人民法院提出书面意见。"

一百零六、增加一编，作为第五编："特别程序"。

一百零七、增加一章，作为第五编第一章：

"第一章　未成年人刑事案件诉讼程序

"第二百六十六条 对犯罪的未成年人实行教育、感化、挽救的方针,坚持教育为主、惩罚为辅的原则。

"人民法院、人民检察院和公安机关办理未成年人刑事案件,应当保障未成年人行使其诉讼权利,保障未成年人得到法律帮助,并由熟悉未成年人身心特点的审判人员、检察人员、侦查人员承办。

"第二百六十七条 未成年犯罪嫌疑人、被告人没有委托辩护人的,人民法院、人民检察院、公安机关应当通知法律援助机构指派律师为其提供辩护。

"第二百六十八条 公安机关、人民检察院、人民法院办理未成年人刑事案件,根据情况可以对未成年犯罪嫌疑人、被告人的成长经历、犯罪原因、监护教育等情况进行调查。

"第二百六十九条 对未成年犯罪嫌疑人、被告人应当严格限制适用逮捕措施。人民检察院审查批准逮捕和人民法院决定逮捕,应当讯问未成年犯罪嫌疑人、被告人,听取辩护律师的意见。

"对被拘留、逮捕和执行刑罚的未成年人与成年人应当分别关押、分别管理、分别教育。

"第二百七十条 对于未成年人刑事案件,在讯问和审判的时候,应当通知未成年犯罪嫌疑人、被告人的法定代理人到场。无法通知、法定代理人不能到场或者法定代理人是共犯的,也可以通知未成年犯罪嫌疑人、被告人的其他成年亲属,所在学校、单位、居住地基层组织或者未成年人保护组织的代表到场,并将有关情况记录在案。到场的法定代理人可以代为行使未成年犯罪嫌疑人、被告人的诉讼权利。

"到场的法定代理人或者其他人员认为办案人员在讯问、审判中侵犯未成年人合法权益的,可以提出意见。讯问笔录、法庭笔录应当交给到场的法定代理人或者其他人员阅读或者向他宣读。

"讯问女性未成年犯罪嫌疑人,应当有女工作人员在场。

"审判未成年人刑事案件,未成年被告人最后陈述后,其法定代理人可以进行补充陈述。

"询问未成年被害人、证人,适用第一款、第二款、第三款的规定。

"第二百七十一条 对于未成年人涉嫌刑法分则第四章、第五章、第六章规定的犯罪,可能判处一年有期徒刑以下刑罚,符合起诉条件,但有悔罪表现的，人民检察院可以作出附条件不起诉的决定。人民检察院在作出附条件不起诉的决定以前，应当听取公安机关、被害人的意见。

"对附条件不起诉的决定，公安机关要求复议、提请复核或者被害人申诉的，适用本法第一百七十五条、第一百七十六条的规定。

"未成年犯罪嫌疑人及其法定代理人对人民检察院决定附条件不起诉有异议的，人民检察院应当作出起诉的决定。

"第二百七十二条　在附条件不起诉的考验期内，由人民检察院对被附条件不起诉的未成年犯罪嫌疑人进行监督考察。未成年犯罪嫌疑人的监护人，应当对未成年犯罪嫌疑人加强管教，配合人民检察院做好监督考察工作。

"附条件不起诉的考验期为六个月以上一年以下，从人民检察院作出附条件不起诉的决定之日起计算。

"被附条件不起诉的未成年犯罪嫌疑人，应当遵守下列规定：

"（一）遵守法律法规，服从监督；

"（二）按照考察机关的规定报告自己的活动情况；

"（三）离开所居住的市、县或者迁居，应当报经考察机关批准；

"（四）按照考察机关的要求接受矫治和教育。

"第二百七十三条　被附条件不起诉的未成年犯罪嫌疑人，在考验期内有下列情形之一的，人民检察院应当撤销附条件不起诉的决定，提起公诉：

"（一）实施新的犯罪或者发现决定附条件不起诉以前还有其他犯罪需要追诉的；

"（二）违反治安管理规定或者考察机关有关附条件不起诉的监督管理规定，情节严重的。

"被附条件不起诉的未成年犯罪嫌疑人，在考验期内没有上述情形，考验期满的，人民检察院应当作出不起诉的决定。

"第二百七十四条　审判的时候被告人不满十八周岁的案件，不公开审理。但是，经未成年被告人及其法定代理人同意，未成年被告人所在学校和未成年人保护组织可以派代表到场。

"第二百七十五条　犯罪的时候不满十八周岁，被判处五年有期徒刑以下刑罚的，应当对相关犯罪记录予以封存。

"犯罪记录被封存的，不得向任何单位和个人提供，但司法机关为办案需要或者有关单位根据国家规定进行查询的除外。依法进行查询的单位，应当对被封存的犯罪记录的情况予以保密。

"第二百七十六条 办理未成年人刑事案件，除本章已有规定的以外，按照本法的其他规定进行。"

一百零八、增加一章，作为第五编第二章：

"第二章 当事人和解的公诉案件诉讼程序

"第二百七十七条 下列公诉案件，犯罪嫌疑人、被告人真诚悔罪，通过向被害人赔偿损失、赔礼道歉等方式获得被害人谅解，被害人自愿和解的，双方当事人可以和解：

"（一）因民间纠纷引起，涉嫌刑法分则第四章、第五章规定的犯罪案件，可能判处三年有期徒刑以下刑罚的；

"（二）除渎职犯罪以外的可能判处七年有期徒刑以下刑罚的过失犯罪案件。

"犯罪嫌疑人、被告人在五年以内曾经故意犯罪的，不适用本章规定的程序。

"第二百七十八条 双方当事人和解的，公安机关、人民检察院、人民法院应当听取当事人和其他有关人员的意见，对和解的自愿性、合法性进行审查，并主持制作和解协议书。

"第二百七十九条 对于达成和解协议的案件，公安机关可以向人民检察院提出从宽处理的建议。人民检察院可以向人民法院提出从宽处罚的建议；对于犯罪情节轻微，不需要判处刑罚的，可以作出不起诉的决定。人民法院可以依法对被告人从宽处罚。"

一百零九、增加一章，作为第五编第三章：

"第三章 犯罪嫌疑人、被告人逃匿、死亡案件违法所得的没收程序

"第二百八十条 对于贪污贿赂犯罪、恐怖活动犯罪等重大犯罪案件，犯罪嫌疑人、被告人逃匿，在通缉一年后不能到案，或者犯罪嫌疑人、被告人死亡，依照刑法规定应当追缴其违法所得及其他涉案财产的，人民检察院可以向人民法院提出没收违法所得的申请。

"公安机关认为有前款规定情形的，应当写出没收违法所得意见书，移送人民检察院。

"没收违法所得的申请应当提供与犯罪事实、违法所得相关的证据材

料，并列明财产的种类、数量、所在地及查封、扣押、冻结的情况。

"人民法院在必要的时候，可以查封、扣押、冻结申请没收的财产。

"第二百八十一条　没收违法所得的申请，由犯罪地或者犯罪嫌疑人、被告人居住地的中级人民法院组成合议庭进行审理。

"人民法院受理没收违法所得的申请后，应当发出公告。公告期间为六个月。犯罪嫌疑人、被告人的近亲属和其他利害关系人有权申请参加诉讼，也可以委托诉讼代理人参加诉讼。

"人民法院在公告期满后对没收违法所得的申请进行审理。利害关系人参加诉讼的，人民法院应当开庭审理。

"第二百八十二条　人民法院经审理，对经查证属于违法所得及其他涉案财产，除依法返还被害人的以外，应当裁定予以没收；对不属于应当追缴的财产的，应当裁定驳回申请，解除查封、扣押、冻结措施。

"对于人民法院依照前款规定作出的裁定，犯罪嫌疑人、被告人的近亲属和其他利害关系人或者人民检察院可以提出上诉、抗诉。

"第二百八十三条　在审理过程中，在逃的犯罪嫌疑人、被告人自动投案或者被抓获的，人民法院应当终止审理。

"没收犯罪嫌疑人、被告人财产确有错误的，应当予以返还、赔偿。"

一百一十、增加一章，作为第五编第四章：

"第四章　依法不负刑事责任的精神病人的强制医疗程序

"第二百八十四条　实施暴力行为，危害公共安全或者严重危害公民人身安全，经法定程序鉴定依法不负刑事责任的精神病人，有继续危害社会可能的，可以予以强制医疗。

"第二百八十五条　根据本章规定对精神病人强制医疗的，由人民法院决定。

"公安机关发现精神病人符合强制医疗条件的，应当写出强制医疗意见书，移送人民检察院。对于公安机关移送的或者在审查起诉过程中发现的精神病人符合强制医疗条件的，人民检察院应当向人民法院提出强制医疗的申请。人民法院在审理案件过程中发现被告人符合强制医疗条件的，可以作出强制医疗的决定。

"对实施暴力行为的精神病人，在人民法院决定强制医疗前，公安机关可以采取临时的保护性约束措施。

"第二百八十六条 人民法院受理强制医疗的申请后,应当组成合议庭进行审理。

"人民法院审理强制医疗案件,应当通知被申请人或者被告人的法定代理人到场。被申请人或者被告人没有委托诉讼代理人的,人民法院应当通知法律援助机构指派律师为其提供法律帮助。

"第二百八十七条 人民法院经审理,对于被申请人或者被告人符合强制医疗条件的,应当在一个月以内作出强制医疗的决定。

"被决定强制医疗的人、被害人及其法定代理人、近亲属对强制医疗决定不服的,可以向上一级人民法院申请复议。

"第二百八十八条 强制医疗机构应当定期对被强制医疗的人进行诊断评估。对于已不具有人身危险性,不需要继续强制医疗的,应当及时提出解除意见,报决定强制医疗的人民法院批准。

"被强制医疗的人及其近亲属有权申请解除强制医疗。

"第二百八十九条 人民检察院对强制医疗的决定和执行实行监督。"

一百一十一、第九十九条、第一百二十六条、第一百二十七条、第一百三十二条、第一百四十六条、第一百六十六条、第一百七十一条、第一百九十二条、第一百九十三条中引用的条文序号根据本决定作相应调整。

刑事诉讼法的有关章节及条文序号根据本决定作相应调整。

本决定自 2013 年 1 月 1 日起施行。

《中华人民共和国刑事诉讼法》根据本决定作相应修改,重新公布。

中华人民共和国刑事诉讼法

(1979年7月1日第五届全国人民代表大会第二次会议通过 根据1996年3月17日第八届全国人民代表大会第四次会议《关于修改〈中华人民共和国刑事诉讼法〉的决定》第一次修正 根据2012年3月14日第十一届全国人民代表大会第五次会议《关于修改〈中华人民共和国刑事诉讼法〉的决定》第二次修正)

目 录

第一编 总则
　第一章 任务和基本原则
　第二章 管辖
　第三章 回避
　第四章 辩护与代理
　第五章 证据
　第六章 强制措施
　第七章 附带民事诉讼
　第八章 期间、送达
　第九章 其他规定
第二编 立案、侦查和提起公诉
　第一章 立案
　第二章 侦查
　　第一节 一般规定
　　第二节 讯问犯罪嫌疑人

第三节 询问证人
第四节 勘验、检查
第五节 搜查
第六节 查封、扣押物证、书证
第七节 鉴定
第八节 技术侦查措施
第九节 通缉
第十节 侦查终结
第十一节 人民检察院对直接受理的案件的侦查

第三章 提起公诉

第三编 审判

第一章 审判组织
第二章 第一审程序
第一节 公诉案件
第二节 自诉案件
第三节 简易程序
第三章 第二审程序
第四章 死刑复核程序
第五章 审判监督程序

第四编 执行

第五编 特别程序

第一章 未成年人刑事案件诉讼程序
第二章 当事人和解的公诉案件诉讼程序
第三章 犯罪嫌疑人、被告人逃匿、死亡案件违法所得的没收程序
第四章 依法不负刑事责任的精神病人的强制医疗程序

附 则

第一编 总 则

第一章 任务和基本原则

第一条 为了保证刑法的正确实施,惩罚犯罪,保护人民,保障国家安全和社会公共安全,维护社会主义社会秩序,根据宪法,制定本法。

第二条 中华人民共和国刑事诉讼法的任务,是保证准确、及时地查明犯罪事实,正确应用法律,惩罚犯罪分子,保障无罪的人不受刑事追究,教育公民自觉遵守法律,积极同犯罪行为作斗争,维护社会主义法制,**尊重和保障人权**,保护公民的人身权利、财产权利、民主权利和其他权利,保障社会主义建设事业的顺利进行。

> 《决定》对刑诉法第二条进行了修改。原条文为:
> 第二条 中华人民共和国刑事诉讼法的任务,是保证准确、及时地查明犯罪事实,正确应用法律,惩罚犯罪分子,保障无罪的人不受刑事追究,教育公民自觉遵守法律,积极同犯罪行为作斗争,以维护社会主义法制,保护公民的人身权利、财产权利、民主权利和其他权利,保障社会主义建设事业的顺利进行。

第三条 对刑事案件的侦查、拘留、执行逮捕、预审,由公安机关负责。检察、批准逮捕、检察机关直接受理的案件的侦查、提起公诉,由人民检察院负责。审判由人民法院负责。除法律特别规定的以外,其他任何机关、团体和个人都无权行使这些权力。

人民法院、人民检察院和公安机关进行刑事诉讼,必须严格遵守本法和其他法律的有关规定。

第四条 国家安全机关依照法律规定,办理危害国家安全的刑事案件,行使与公安机关相同的职权。

第五条 人民法院依照法律规定独立行使审判权,人民检察院依照法律规定独立行使检察权,不受行政机关、社会团体和个人的干涉。

第六条 人民法院、人民检察院和公安机关进行刑事诉讼,必须依靠群众，必须以事实为根据，以法律为准绳。对于一切公民，在适用法律上一律平等，在法律面前，不允许有任何特权。

第七条 人民法院、人民检察院和公安机关进行刑事诉讼，应当分工负责，互相配合，互相制约，以保证准确有效地执行法律。

第八条 人民检察院依法对刑事诉讼实行法律监督。

第九条 各民族公民都有用本民族语言文字进行诉讼的权利。人民法院、人民检察院和公安机关对于不通晓当地通用的语言文字的诉讼参与人，应当为他们翻译。

在少数民族聚居或者多民族杂居的地区，应当用当地通用的语言进行审讯，用当地通用的文字发布判决书、布告和其他文件。

第十条 人民法院审判案件，实行两审终审制。

第十一条 人民法院审判案件，除本法另有规定的以外，一律公开进行。被告人有权获得辩护，人民法院有义务保证被告人获得辩护。

第十二条 未经人民法院依法判决，对任何人都不得确定有罪。

第十三条 人民法院审判案件，依照本法实行人民陪审员陪审的制度。

第十四条 人民法院、人民检察院和公安机关应当保障**犯罪嫌疑人、被告人和其他**诉讼参与人依法享有的**辩护权和其他**诉讼权利。

诉讼参与人对于审判人员、检察人员和侦查人员侵犯公民诉讼权利和人身侮辱的行为，有权提出控告。

> 《决定》对刑诉法第十四条第一款进行了修改，并删去了第二款（相关内容移至新条文第二百七十条）。原条文第一款、第二款为：
>
> 第十四条 （第一款）人民法院、人民检察院和公安机关应当保障诉讼参与人依法享有的诉讼权利。
>
> （第二款）对于不满十八岁的未成年人犯罪的案件，在讯问和审判时，可以通知犯罪嫌疑人、被告人的法定代理人到场。

第十五条 有下列情形之一的，不追究刑事责任，已经追究的，应当撤销案件，或者不起诉，或者终止审理，或者宣告无罪：

（一）情节显著轻微、危害不大，不认为是犯罪的；

（二）犯罪已过追诉时效期限的；

（三）经特赦令免除刑罚的；

（四）依照刑法告诉才处理的犯罪，没有告诉或者撤回告诉的；

（五）犯罪嫌疑人、被告人死亡的；

（六）其他法律规定免予追究刑事责任的。

第十六条 对于外国人犯罪应当追究刑事责任的，适用本法的规定。

对于享有外交特权和豁免权的外国人犯罪应当追究刑事责任的，通过外交途径解决。

第十七条 根据中华人民共和国缔结或者参加的国际条约，或者按照互惠原则，我国司法机关和外国司法机关可以相互请求刑事司法协助。

第二章 管 辖

第十八条 刑事案件的侦查由公安机关进行，法律另有规定的除外。

贪污贿赂犯罪，国家工作人员的渎职犯罪，国家机关工作人员利用职权实施的非法拘禁、刑讯逼供、报复陷害、非法搜查的侵犯公民人身权利的犯罪以及侵犯公民民主权利的犯罪，由人民检察院立案侦查。对于国家机关工作人员利用职权实施的其他重大的犯罪案件，需要由人民检察院直接受理的时候，经省级以上人民检察院决定，可以由人民检察院立案侦查。

自诉案件，由人民法院直接受理。

第十九条 基层人民法院管辖第一审普通刑事案件，但是依照本法由上级人民法院管辖的除外。

第二十条 中级人民法院管辖下列第一审刑事案件：

（一）危害国家安全、**恐怖活动**案件；

（二）可能判处无期徒刑、死刑的案件。

《决定》对刑诉法第二十条进行了修改。原条文为：

第二十条 中级人民法院管辖下列第一审刑事案件：

（一）反革命案件、危害国家安全案件；

（二）可能判处无期徒刑、死刑的普通刑事案件；
（三）外国人犯罪的刑事案件。

第二十一条 高级人民法院管辖的第一审刑事案件，是全省（自治区、直辖市）性的重大刑事案件。

第二十二条 最高人民法院管辖的第一审刑事案件，是全国性的重大刑事案件。

第二十三条 上级人民法院在必要的时候，可以审判下级人民法院管辖的第一审刑事案件；下级人民法院认为案情重大、复杂需要由上级人民法院审判的第一审刑事案件，可以请求移送上一级人民法院审判。

第二十四条 刑事案件由犯罪地的人民法院管辖。如果由被告人居住地的人民法院审判更为适宜的，可以由被告人居住地的人民法院管辖。

第二十五条 几个同级人民法院都有权管辖的案件，由最初受理的人民法院审判。在必要的时候，可以移送主要犯罪地的人民法院审判。

第二十六条 上级人民法院可以指定下级人民法院审判管辖不明的案件，也可以指定下级人民法院将案件移送其他人民法院审判。

第二十七条 专门人民法院案件的管辖另行规定。

第三章 回 避

第二十八条 审判人员、检察人员、侦查人员有下列情形之一的，应当自行回避，当事人及其法定代理人也有权要求他们回避：

（一）是本案的当事人或者是当事人的近亲属的；
（二）本人或者他的近亲属和本案有利害关系的；
（三）担任过本案的证人、鉴定人、辩护人、诉讼代理人的；
（四）与本案当事人有其他关系，可能影响公正处理案件的。

第二十九条 审判人员、检察人员、侦查人员不得接受当事人及其委托的人的请客送礼，不得违反规定会见当事人及其委托的人。

审判人员、检察人员、侦查人员违反前款规定的，应当依法追究法律责任。当事人及其法定代理人有权要求他们回避。

第三十条 审判人员、检察人员、侦查人员的回避,应当分别由院长、检察长、公安机关负责人决定;院长的回避,由本院审判委员会决定;检察长和公安机关负责人的回避,由同级人民检察院检察委员会决定。

对侦查人员的回避作出决定前,侦查人员不能停止对案件的侦查。

对驳回申请回避的决定,当事人及其法定代理人可以申请复议一次。

第三十一条 本章关于回避的规定适用于书记员、翻译人员和鉴定人。

辩护人、诉讼代理人可以依照本章的规定要求回避、申请复议。

《决定》对刑诉法第三十一条进行了修改。原条文为:

第三十一条 本法第二十八条、第二十九条、第三十条的规定也适用于书记员、翻译人员和鉴定人。

第四章 辩护与代理

第三十二条 犯罪嫌疑人、被告人除自己行使辩护权以外,还可以委托一至二人作为辩护人。下列的人可以被委托为辩护人:

(一) 律师;

(二) 人民团体或者犯罪嫌疑人、被告人所在单位推荐的人;

(三) 犯罪嫌疑人、被告人的监护人、亲友。

正在被执行刑罚或者依法被剥夺、限制人身自由的人,不得担任辩护人。

第三十三条 犯罪嫌疑人**自被侦查机关第一次讯问或者采取强制措施之日起,有权委托辩护人;在侦查期间,只能委托律师作为辩护人**。被告人有权随时委托辩护人。

侦查机关在第一次讯问犯罪嫌疑人或者对犯罪嫌疑人采取强制措施的时候,应当告知犯罪嫌疑人有权委托辩护人。人民检察院自收到移送审查起诉的案件材料之日起三日以内,应当告知犯罪嫌疑人有权委托辩护人。人民法院自受理案件之日起三日以内,应当告知被告人有权委托辩护人。**犯罪嫌疑人、被告人在押期间要求委托辩护人的,人民法院、人民检察院和公安机关应当及时转达其要求**。

犯罪嫌疑人、被告人在押的，也可以由其监护人、近亲属代为委托辩护人。

辩护人接受犯罪嫌疑人、被告人委托后，应当及时告知办理案件的机关。

> 《决定》对刑诉法第三十三条进行了修改。原条文为：
>
> 第三十三条　公诉案件自案件移送审查起诉之日起，犯罪嫌疑人有权委托辩护人。自诉案件的被告人有权随时委托辩护人。
>
> 人民检察院自收到移送审查起诉的案件材料之日起三日以内，应当告知犯罪嫌疑人有权委托辩护人。人民法院自受理自诉案件之日起三日以内，应当告知被告人有权委托辩护人。

（编者注：《决定》删去刑诉法原第九十六条后，相关内容移至新条文第三十三条、第三十六条、第三十七条，后文另两条处不再标注。）

第三十四条　犯罪嫌疑人、被告人因经济困难或者其他原因没有委托辩护人的，**本人及其近亲属可以向法律援助机构提出申请。对符合法律援助条件的**，法律援助机构应当指派律师为其提供辩护。

犯罪嫌疑人、被告人是盲、聋、哑人，或者**是**尚未完全丧失辨认或者控制自己行为能力的精神病人，没有委托辩护人的，人民法院、人民检察院和**公安机关**应当**通知**法律援助**机构指派**律师为其提供辩护。

犯罪嫌疑人、被告人可能被判处**无期**徒刑、死刑，没有委托辩护人的，人民法院、**人民检察院和公安机关**应当**通知**法律援助机构指派律师为其提供辩护。

> 《决定》对刑诉法第三十四条进行了修改。原条文为：
>
> 第三十四条　公诉人出庭公诉的案件，被告人因经济困难或者其他原因没有委托辩护人的，人民法院可以指定承担法律援助义务的律师为其提供辩护。
>
> 被告人是盲、聋、哑或者未成年人而没有委托辩护人的，人民法院应当指定承担法律援助义务的律师为其提供辩护。
>
> 被告人可能被判处死刑而没有委托辩护人的，人民法院应当指定承担法律援助义务的律师为其提供辩护。

第三十五条　辩护人的责任是根据事实和法律，提出犯罪嫌疑人、被告人无罪、罪轻或者减轻、免除其刑事责任的材料和意见，维护犯罪嫌疑人、被告人的**诉讼权利和其他**合法权益。

> 《决定》对刑诉法第三十五条进行了修改。原条文为：
> 　　第三十五条　辩护人的责任是根据事实和法律，提出证明犯罪嫌疑人、被告人无罪、罪轻或者减轻、免除其刑事责任的材料和意见，维护犯罪嫌疑人、被告人的合法权益。

第三十六条　辩护律师在侦查期间可以为犯罪嫌疑人提供法律帮助；代理申诉、控告；申请变更强制措施；向侦查机关了解犯罪嫌疑人涉嫌的罪名和案件有关情况，提出意见。

> 《决定》增加一条，作为第三十六条。

第三十七条　辩护律师可以同在押的犯罪嫌疑人、被告人会见和通信。其他辩护人经人民法院、人民检察院许可，也可以同在押的犯罪嫌疑人、被告人会见和通信。

辩护律师持律师执业证书、律师事务所证明和委托书或者法律援助公函要求会见在押的犯罪嫌疑人、被告人的，看守所应当及时安排会见，至迟不得超过四十八小时。

危害国家安全犯罪、恐怖活动犯罪、特别重大贿赂犯罪案件，在侦查期间辩护律师会见在押的犯罪嫌疑人，应当经侦查机关许可。上述案件，侦查机关应当事先通知看守所。

辩护律师会见在押的犯罪嫌疑人、被告人，可以了解案件有关情况，提供法律咨询等；自案件移送审查起诉之日起，可以向犯罪嫌疑人、被告人核实有关证据。辩护律师会见犯罪嫌疑人、被告人时不被监听。

辩护律师同被监视居住的犯罪嫌疑人、被告人会见、通信，适用第一款、第三款、第四款的规定。

第三十八条　辩护律师自人民检察院对案件审查起诉之日起，可以查阅、摘抄、复制本案的**案卷**材料。其他辩护人经人民法院、人民检察院许可，也可以查阅、摘抄、复制上述材料。

《决定》将刑诉法原第三十六条改为二条，作为第三十七条、第三十八条。原条文为：

> 第三十六条　辩护律师自人民检察院对案件审查起诉之日起，可以查阅、摘抄、复制本案的诉讼文书、技术性鉴定材料，可以同在押的犯罪嫌疑人会见和通信。其他辩护人经人民检察院许可，也可以查阅、摘抄、复制上述材料，同在押的犯罪嫌疑人会见和通信。
>
> 辩护律师自人民法院受理案件之日起，可以查阅、摘抄、复制本案所指控的犯罪事实的材料，可以同在押的被告人会见和通信。其他辩护人经人民法院许可，也可以查阅、摘抄、复制上述材料，同在押的被告人会见和通信。

第三十九条　辩护人认为在侦查、审查起诉期间公安机关、人民检察院收集的证明犯罪嫌疑人、被告人无罪或者罪轻的证据材料未提交的，有权申请人民检察院、人民法院调取。

第四十条　辩护人收集的有关犯罪嫌疑人不在犯罪现场、未达到刑事责任年龄、属于依法不负刑事责任的精神病人的证据，应当及时告知公安机关、人民检察院。

《决定》增加二条，作为第三十九条、第四十条。

第四十一条　辩护律师经证人或者其他有关单位和个人同意，可以向他们收集与本案有关的材料，也可以申请人民检察院、人民法院收集、调取证据，或者申请人民法院通知证人出庭作证。

辩护律师经人民检察院或者人民法院许可，并且经被害人或者其近亲属、被害人提供的证人同意，可以向他们收集与本案有关的材料。

第四十二条　辩护人**或者其他任何人**，不得帮助犯罪嫌疑人、被告人隐匿、毁灭、伪造证据或者串供，不得威胁、引诱证人作伪证以及进行其他干扰司法机关诉讼活动的行为。

违反前款规定的，应当依法追究法律责任，**辩护人涉嫌犯罪的，应当由办理辩护人所承办案件的侦查机关以外的侦查机关办理。辩护人是律师的，应当及时通知其所在的律师事务所或者所属的律师协会。**

> 《决定》将刑诉法原第三十八条改为第四十二条，并进行了修改。原条文为：
>
> 　　第三十八条　辩护律师和其他辩护人，不得帮助犯罪嫌疑人、被告人隐匿、毁灭、伪造证据或者串供，不得威胁、引诱证人改变证言或者作伪证以及进行其他干扰司法机关诉讼活动的行为。
>
> 　　违反前款规定的，应当依法追究法律责任。

第四十三条　在审判过程中，被告人可以拒绝辩护人继续为他辩护，也可以另行委托辩护人辩护。

第四十四条　公诉案件的被害人及其法定代理人或者近亲属，附带民事诉讼的当事人及其法定代理人，自案件移送审查起诉之日起，有权委托诉讼代理人。自诉案件的自诉人及其法定代理人，附带民事诉讼的当事人及其法定代理人，有权随时委托诉讼代理人。

人民检察院自收到移送审查起诉的案件材料之日起三日以内，应当告知被害人及其法定代理人或者其近亲属、附带民事诉讼的当事人及其法定代理人有权委托诉讼代理人。人民法院自受理自诉案件之日起三日以内，应当告知自诉人及其法定代理人、附带民事诉讼的当事人及其法定代理人有权委托诉讼代理人。

第四十五条　委托诉讼代理人，参照本法第三十二条的规定执行。

第四十六条　辩护律师对在执业活动中知悉的委托人的有关情况和信息，有权予以保密。但是，辩护律师在执业活动中知悉委托人或者其他人，准备或者正在实施危害国家安全、公共安全以及严重危害他人人身安全的犯罪的，应当及时告知司法机关。

第四十七条　辩护人、诉讼代理人认为公安机关、人民检察院、人民法院及其工作人员阻碍其依法行使诉讼权利的，有权向同级或者上一级人民检察院申诉或者控告。人民检察院对申诉或者控告应当及时进行审查，情况属实的，通知有关机关予以纠正。

> 《决定》增加二条，作为第四十六条、第四十七条。

第五章 证 据

第四十八条 可以用于证明案件事实的材料，都是证据。

证据包括：

（一）物证；

（二）书证；

（三）证人证言；

（四）被害人陈述；

（五）犯罪嫌疑人、被告人供述和辩解；

（六）鉴定**意见**；

（七）勘验、检查、**辨认、侦查实验等**笔录；

（八）视听资料、**电子数据**。

证据必须经过查证属实，才能作为定案的根据。

《决定》将刑诉法原第四十二条改为第四十八条，并进行了修改。原条文为：

第四十二条 证明案件真实情况的一切事实，都是证据。

证据有下列七种：

（一）物证、书证；

（二）证人证言；

（三）被害人陈述；

（四）犯罪嫌疑人、被告人供述和辩解；

（五）鉴定结论；

（六）勘验、检查笔录；

（七）视听资料。

以上证据必须经过查证属实，才能作为定案的根据。

第四十九条 公诉案件中被告人有罪的举证责任由人民检察院承担，自诉案件中被告人有罪的举证责任由自诉人承担。

《决定》增加一条，作为第四十九条。

第五十条 审判人员、检察人员、侦查人员必须依照法定程序,收集能够证实犯罪嫌疑人、被告人有罪或者无罪、犯罪情节轻重的各种证据。严禁刑讯逼供和以威胁、引诱、欺骗以及其他非法方法收集证据,**不得强迫任何人证实自己有罪**。必须保证一切与案件有关或者了解案情的公民,有客观地充分地提供证据的条件,除特殊情况外,可以吸收他们协助调查。

> 《决定》将刑诉法原第四十三条改为第五十条,并进行了修改。原条文为:
>
> 第四十三条 审判人员、检察人员、侦查人员必须依照法定程序,收集能够证实犯罪嫌疑人、被告人有罪或者无罪、犯罪情节轻重的各种证据。严禁刑讯逼供和以威胁、引诱、欺骗以及其他非法的方法收集证据。必须保证一切与案件有关或者了解案情的公民,有客观地充分地提供证据的条件,除特殊情况外,并且可以吸收他们协助调查。

第五十一条 公安机关提请批准逮捕书、人民检察院起诉书、人民法院判决书,必须忠实于事实真象。故意隐瞒事实真象的,应当追究责任。

第五十二条 人民法院、人民检察院和公安机关有权向有关单位和个人收集、调取证据。有关单位和个人应当如实提供证据。

行政机关在行政执法和查办案件过程中收集的物证、书证、视听资料、电子数据等证据材料,在刑事诉讼中可以作为证据使用。

对涉及国家秘密、**商业秘密**、个人隐私的证据,应当保密。

凡是伪造证据、隐匿证据或者毁灭证据的,无论属于何方,必须受法律追究。

> 《决定》将刑诉法原第四十五条改为第五十二条,增加一款,作为第二款;将原第二款改为第三款,并进行了修改。原条文第二款为:
>
> 第四十五条 (第二款)对于涉及国家秘密的证据,应当保密。

第五十三条 对一切案件的判处都要重证据,重调查研究,不轻信口供。只有被告人供述,没有其他证据的,不能认定被告人有罪和处以刑罚;没有被告人供述,证据**确实、充分**的,可以认定被告人有罪和处以刑罚。

证据确实、充分，应当符合以下条件：

（一）定罪量刑的事实都有证据证明；

（二）据以定案的证据均经法定程序查证属实；

（三）综合全案证据，对所认定事实已排除合理怀疑。

> 《决定》将刑诉法原第四十六条改为第五十三条，并进行了修改。原条文为：
>
> 　第四十六条　对一切案件的判处都要重证据，重调查研究，不轻信口供。只有被告人供述，没有其他证据的，不能认定被告人有罪和处以刑罚；没有被告人供述，证据充分确实的，可以认定被告人有罪和处以刑罚。

第五十四条　采用刑讯逼供等非法方法收集的犯罪嫌疑人、被告人供述和采用暴力、威胁等非法方法收集的证人证言、被害人陈述，应当予以排除。收集物证、书证不符合法定程序，可能严重影响司法公正的，应当予以补正或者作出合理解释；不能补正或者作出合理解释的，对该证据应当予以排除。

在侦查、审查起诉、审判时发现有应当排除的证据的，应当依法予以排除，不得作为起诉意见、起诉决定和判决的依据。

第五十五条　人民检察院接到报案、控告、举报或者发现侦查人员以非法方法收集证据的，应当进行调查核实。对于确有以非法方法收集证据情形的，应当提出纠正意见；构成犯罪的，依法追究刑事责任。

第五十六条　法庭审理过程中，审判人员认为可能存在本法第五十四条规定的以非法方法收集证据情形的，应当对证据收集的合法性进行法庭调查。

当事人及其辩护人、诉讼代理人有权申请人民法院对以非法方法收集的证据依法予以排除。申请排除以非法方法收集的证据的，应当提供相关线索或者材料。

第五十七条　在对证据收集的合法性进行法庭调查的过程中，人民检察院应当对证据收集的合法性加以证明。

现有证据材料不能证明证据收集的合法性的,人民检察院可以提请人民法院通知有关侦查人员或者其他人员出庭说明情况;人民法院可以通知有关侦查人员或者其他人员出庭说明情况。有关侦查人员或者其他人员也可以要求出庭说明情况。经人民法院通知,有关人员应当出庭。

第五十八条 对于经过法庭审理,确认或者不能排除存在本法第五十四条规定的以非法方法收集证据情形的,对有关证据应当予以排除。

> 《决定》增加五条,作为第五十四条、第五十五条、第五十六条、第五十七条、第五十八条。

第五十九条 证人证言必须在法庭上经过公诉人、被害人和被告人、辩护人双方质证并且查实以后,才能作为定案的根据。法庭查明证人有意作伪证或者隐匿罪证的时候,应当依法处理。

> 《决定》将刑诉法原第四十七条改为第五十九条,并进行了修改。原条文为:
> 第四十七条 证人证言必须在法庭上经过公诉人、被害人和被告人、辩护人双方讯问、质证,听取各方证人的证言并且经过查实以后,才能作为定案的根据。法庭查明证人有意作伪证或者隐匿罪证的时候,应当依法处理。

第六十条 凡是知道案件情况的人,都有作证的义务。

生理上、精神上有缺陷或者年幼,不能辨别是非、不能正确表达的人,不能作证人。

第六十一条 人民法院、人民检察院和公安机关应当保障证人及其近亲属的安全。

对证人及其近亲属进行威胁、侮辱、殴打或者打击报复,构成犯罪的,依法追究刑事责任;尚不够刑事处罚的,依法给予治安管理处罚。

第六十二条 对于危害国家安全犯罪、恐怖活动犯罪、黑社会性质的组织犯罪、毒品犯罪等案件,证人、鉴定人、被害人因在诉讼中作证,本人或者其近亲属的人身安全面临危险的,人民法院、人民检察院和公安机关应当采取以下一项或者多项保护措施：

（一）不公开真实姓名、住址和工作单位等个人信息；

（二）采取不暴露外貌、真实声音等出庭作证措施；

（三）禁止特定的人员接触证人、鉴定人、被害人及其近亲属；

（四）对人身和住宅采取专门性保护措施；

（五）其他必要的保护措施。

证人、鉴定人、被害人认为因在诉讼中作证，本人或者其近亲属的人身安全面临危险的，可以向人民法院、人民检察院、公安机关请求予以保护。

人民法院、人民检察院、公安机关依法采取保护措施，有关单位和个人应当配合。

第六十三条　证人因履行作证义务而支出的交通、住宿、就餐等费用，应当给予补助。证人作证的补助列入司法机关业务经费，由同级政府财政予以保障。

有工作单位的证人作证，所在单位不得克扣或者变相克扣其工资、奖金及其他福利待遇。

《决定》增加二条，作为第六十二条、第六十三条。

第六章　强制措施

第六十四条　人民法院、人民检察院和公安机关根据案件情况，对犯罪嫌疑人、被告人可以拘传、取保候审或者监视居住。

第六十五条　人民法院、人民检察院和公安机关对有下列情形之一的犯罪嫌疑人、被告人，可以取保候审：

（一）可能判处管制、拘役或者独立适用附加刑的；

（二）可能判处有期徒刑以上刑罚，采取取保候审不致发生社会危险性的；

（三）患有严重疾病、生活不能自理，怀孕或者正在哺乳自己婴儿的妇女，采取取保候审不致发生社会危险性的；

（四）羁押期限届满，案件尚未办结，需要采取取保候审的。

取保候审由公安机关执行。

· 235 ·

> 《决定》将刑诉法原第五十一条改为第六十五条，并进行了修改。原条文为：
>
> 第五十一条　人民法院、人民检察院和公安机关对于有下列情形之一的犯罪嫌疑人、被告人，可以取保候审或者监视居住：
>
> （一）可能判处管制、拘役或者独立适用附加刑的；
>
> （二）可能判处有期徒刑以上刑罚，采取取保候审、监视居住不致发生社会危险性的。
>
> 取保候审、监视居住由公安机关执行。

第六十六条　人民法院、人民检察院和公安机关决定对犯罪嫌疑人、被告人取保候审，应当责令犯罪嫌疑人、被告人提出保证人或者交纳保证金。

第六十七条　保证人必须符合下列条件：

（一）与本案无牵连；

（二）有能力履行保证义务；

（三）享有政治权利，人身自由未受到限制；

（四）有固定的住处和收入。

第六十八条　保证人应当履行以下义务：

（一）监督被保证人遵守本法第六十九条的规定；

（二）发现被保证人可能发生或者已经发生违反本法第六十九条规定的行为的，应当及时向执行机关报告。

被保证人有违反本法第六十九条规定的行为，保证人未**履行保证义务**的，对保证人处以罚款，构成犯罪的，依法追究刑事责任。

> 《决定》将刑诉法原第五十五条改为第六十八条，并进行了修改。原条文为：
>
> 第五十五条　保证人应当履行以下义务：
>
> （一）监督被保证人遵守本法第五十六条的规定；
>
> （二）发现被保证人可能发生或者已经发生违反本法第五十六条规定的行为的，应当及时向执行机关报告。
>
> 被保证人有违反本法第五十六条规定的行为，保证人未及时报告的，对保证人处以罚款，构成犯罪的，依法追究刑事责任。

中华人民共和国刑事诉讼法

第六十九条 被取保候审的犯罪嫌疑人、被告人应当遵守以下规定：

（一）未经执行机关批准不得离开所居住的市、县；

（二）住址、工作单位和联系方式发生变动的，在二十四小时以内向执行机关报告；

（三）在传讯的时候及时到案；

（四）不得以任何形式干扰证人作证；

（五）不得毁灭、伪造证据或者串供。

人民法院、人民检察院和公安机关可以根据案件情况，责令被取保候审的犯罪嫌疑人、被告人遵守以下一项或者多项规定：

（一）不得进入特定的场所；

（二）不得与特定的人员会见或者通信；

（三）不得从事特定的活动；

（四）将护照等出入境证件、驾驶证件交执行机关保存。

被取保候审的犯罪嫌疑人、被告人违反前**两款**规定，已交纳保证金的，**没收**部分**或者**全部保证金，并且区别情形，责令犯罪嫌疑人、被告人具结悔过，重新交纳保证金、提出保证人，或者监视居住、予以逮捕。

对违反取保候审规定，需要予以逮捕的，可以对犯罪嫌疑人、被告人先行拘留。

第七十条 取保候审的决定机关应当综合考虑保证诉讼活动正常进行的需要，被取保候审人的社会危险性，案件的性质、情节，可能判处刑罚的轻重，被取保候审人的经济状况等情况，确定保证金的数额。

提供保证金的人应当将保证金存入执行机关指定银行的专门账户。

第七十一条 犯罪嫌疑人、被告人在取保候审期间未违反**本法第六十九条**规定的，取保候审结束的时候，**凭解除取保候审的通知或者有关法律文书到银行领取**退还的保证金。

《决定》将刑诉法原第五十六条改为三条，作为第六十九条、第七十条、第七十一条。原条文为：

第五十六条 被取保候审的犯罪嫌疑人、被告人应当遵守以下规定：

（一）未经执行机关批准不得离开所居住的市、县；

（二）在传讯的时候及时到案；

（三）不得以任何形式干扰证人作证；

（四）不得毁灭、伪造证据或者串供。

被取保候审的犯罪嫌疑人、被告人违反前款规定，已交纳保证金的，没收保证金，并且区别情形，责令犯罪嫌疑人、被告人具结悔过，重新交纳保证金、提出保证人或者监视居住、予以逮捕。犯罪嫌疑人、被告人在取保候审期间未违反前款规定的，取保候审结束的时候，应当退还保证金。

第七十二条 人民法院、人民检察院和公安机关对符合逮捕条件，有下列情形之一的犯罪嫌疑人、被告人，可以监视居住：

（一）患有严重疾病、生活不能自理的；

（二）怀孕或者正在哺乳自己婴儿的妇女；

（三）系生活不能自理的人的唯一扶养人；

（四）因为案件的特殊情况或者办理案件的需要，采取监视居住措施更为适宜的；

（五）羁押期限届满，案件尚未办结，需要采取监视居住措施的。

对符合取保候审条件，但犯罪嫌疑人、被告人不能提出保证人，也不交纳保证金的，可以监视居住。

监视居住由公安机关执行。

第七十三条 监视居住应当在犯罪嫌疑人、被告人的住处执行；无固定住处的，可以在指定的居所执行。对于涉嫌危害国家安全犯罪、恐怖活动犯罪、特别重大贿赂犯罪，在住处执行可能有碍侦查的，经上一级人民检察院或者公安机关批准，也可以在指定的居所执行。但是，不得在羁押场所、专门的办案场所执行。

指定居所监视居住的，除无法通知的以外，应当在执行监视居住后二十四小时以内，通知被监视居住人的家属。

被监视居住的犯罪嫌疑人、被告人委托辩护人，适用本法第三十三条的规定。

人民检察院对指定居所监视居住的决定和执行是否合法实行监督。

第七十四条 指定居所监视居住的期限应当折抵刑期。被判处管制的，监视居住一日折抵刑期一日；被判处拘役、有期徒刑的，监视居住二日折抵刑期一日。

> 《决定》增加三条，作为第七十二条、第七十三条、第七十四条。

第七十五条 被监视居住的犯罪嫌疑人、被告人应当遵守以下规定：

（一）未经执行机关批准不得离开**执行监视居住的处所**；

（二）未经执行机关批准不得会见他人**或者通信**；

（三）在传讯的时候及时到案；

（四）不得以任何形式干扰证人作证；

（五）不得毁灭、伪造证据或者串供；

（六）将护照等出入境证件、身份证件、驾驶证件交执行机关保存。

被监视居住的犯罪嫌疑人、被告人违反前款规定，情节严重的，**可以予以逮捕；需要予以逮捕的，可以对犯罪嫌疑人、被告人先行拘留**。

> 《决定》将刑诉法原第五十七条改为第七十五条，并进行了修改。原条文为：
>
> 第五十七条 被监视居住的犯罪嫌疑人、被告人应当遵守以下规定：
>
> （一）未经执行机关批准不得离开住处，无固定住处的，未经批准不得离开指定的居所；
>
> （二）未经执行机关批准不得会见他人；
>
> （三）在传讯的时候及时到案；
>
> （四）不得以任何形式干扰证人作证；
>
> （五）不得毁灭、伪造证据或者串供。
>
> 被监视居住的犯罪嫌疑人、被告人违反前款规定，情节严重的，予以逮捕。

第七十六条 执行机关对被监视居住的犯罪嫌疑人、被告人，可以采取电子监控、不定期检查等监视方法对其遵守监视居住规定的情况进行监督；在侦查期间，可以对被监视居住的犯罪嫌疑人的通信进行监控。

> 《决定》增加一条，作为第七十六条。

第七十七条 人民法院、人民检察院和公安机关对犯罪嫌疑人、被告人取保候审最长不得超过十二个月，监视居住最长不得超过六个月。

在取保候审、监视居住期间，不得中断对案件的侦查、起诉和审理。对于发现不应当追究刑事责任或者取保候审、监视居住期限届满的，应当及时解除取保候审、监视居住。解除取保候审、监视居住，应当及时通知被取保候审、监视居住人和有关单位。

第七十八条 逮捕犯罪嫌疑人、被告人，必须经过人民检察院批准或者人民法院决定，由公安机关执行。

第七十九条 对有证据证明有犯罪事实，可能判处徒刑以上刑罚的犯罪嫌疑人、被告人，采取取保候审尚不足以防止发生下列社会危险性的，应当予以逮捕：

（一）可能实施新的犯罪的；

（二）有危害国家安全、公共安全或者社会秩序的现实危险的；

（三）可能毁灭、伪造证据，干扰证人作证或者串供的；

（四）可能对被害人、举报人、控告人实施打击报复的；

（五）企图自杀或者逃跑的。

对有证据证明有犯罪事实，可能判处十年有期徒刑以上刑罚的，或者有证据证明有犯罪事实，可能判处徒刑以上刑罚，曾经故意犯罪或者身份不明的，应当予以逮捕。

被取保候审、监视居住的犯罪嫌疑人、被告人违反取保候审、监视居住规定，情节严重的，可以予以逮捕。

《决定》将刑诉法原第六十条改为第七十九条，并进行了修改。原条文为：

第六十条 对有证据证明有犯罪事实，可能判处徒刑以上刑罚的犯罪嫌疑人、被告人，采取取保候审、监视居住等方法，尚不足以防止发生社会危险性，而有逮捕必要的，应即依法逮捕。

对应当逮捕的犯罪嫌疑人、被告人，如果患有严重疾病，或者是正在怀孕、哺乳自己婴儿的妇女，可以采用取保候审或者监视居住的办法。

第八十条 公安机关对于现行犯或者重大嫌疑分子，如果有下列情形之

一的，可以先行拘留：

（一）正在预备犯罪、实行犯罪或者在犯罪后即时被发觉的；

（二）被害人或者在场亲眼看见的人指认他犯罪的；

（三）在身边或者住处发现有犯罪证据的；

（四）犯罪后企图自杀、逃跑或者在逃的；

（五）有毁灭、伪造证据或者串供可能的；

（六）不讲真实姓名、住址，身份不明的；

（七）有流窜作案、多次作案、结伙作案重大嫌疑的。

第八十一条　公安机关在异地执行拘留、逮捕的时候，应当通知被拘留、逮捕人所在地的公安机关，被拘留、逮捕人所在地的公安机关应当予以配合。

第八十二条　对于有下列情形的人，任何公民都可以立即扭送公安机关、人民检察院或者人民法院处理：

（一）正在实行犯罪或者在犯罪后即时被发觉的；

（二）通缉在案的；

（三）越狱逃跑的；

（四）正在被追捕的。

第八十三条　公安机关拘留人的时候，必须出示拘留证。

拘留后，应当立即将被拘留人送看守所羁押，至迟不得超过二十四小时。除无法通知或者**涉嫌危害国家安全犯罪、恐怖活动犯罪通知可能有碍侦查的情形以外，应当在拘留后二十四小时以内**，通知被拘留人的家属。**有碍侦查的情形消失以后，应当立即通知被拘留人的家属。**

> 《决定》将刑诉法原第六十四条改为第八十三条，修改了第二款。原条文第二款为：
>
> 第六十四条　（第二款）拘留后，除有碍侦查或者无法通知的情形以外，应当把拘留的原因和羁押的处所，在二十四小时以内，通知被拘留人的家属或者他的所在单位。

第八十四条　公安机关对被拘留的人，应当在拘留后的二十四小时以内进行讯问。在发现不应当拘留的时候，必须立即释放，发给释放证明。

> 《决定》将刑诉法原第六十五条改为第八十四条，并进行了修改。原条文为：
>
> 　　第六十五条　公安机关对于被拘留的人，应当在拘留后的二十四小时以内进行讯问。在发现不应当拘留的时候，必须立即释放，发给释放证明。对需要逮捕而证据还不充足的，可以取保候审或者监视居住。

　　第八十五条　公安机关要求逮捕犯罪嫌疑人的时候，应当写出提请批准逮捕书，连同案卷材料、证据，一并移送同级人民检察院审查批准。必要的时候，人民检察院可以派人参加公安机关对于重大案件的讨论。

　　第八十六条　人民检察院审查批准逮捕，可以讯问犯罪嫌疑人；有下列情形之一的，应当讯问犯罪嫌疑人：
　　（一）对是否符合逮捕条件有疑问的；
　　（二）犯罪嫌疑人要求向检察人员当面陈述的；
　　（三）侦查活动可能有重大违法行为的。
　　人民检察院审查批准逮捕，可以询问证人等诉讼参与人，听取辩护律师的意见；辩护律师提出要求的，应当听取辩护律师的意见。

> 《决定》增加一条，作为第八十六条。

　　第八十七条　人民检察院审查批准逮捕犯罪嫌疑人由检察长决定。重大案件应当提交检察委员会讨论决定。

　　第八十八条　人民检察院对于公安机关提请批准逮捕的案件进行审查后，应当根据情况分别作出批准逮捕或者不批准逮捕的决定。对于批准逮捕的决定，公安机关应当立即执行，并且将执行情况及时通知人民检察院。对于不批准逮捕的，人民检察院应当说明理由，需要补充侦查的，应当同时通知公安机关。

　　第八十九条　公安机关对被拘留的人，认为需要逮捕的，应当在拘留后的三日以内，提请人民检察院审查批准。在特殊情况下，提请审查批准的时间可以延长一日至四日。

　　对于流窜作案、多次作案、结伙作案的重大嫌疑分子，提请审查批准的时间可以延长至三十日。

人民检察院应当自接到公安机关提请批准逮捕书后的七日以内，作出批准逮捕或者不批准逮捕的决定。人民检察院不批准逮捕的，公安机关应当在接到通知后立即释放，并且将执行情况及时通知人民检察院。对于需要继续侦查，并且符合取保候审、监视居住条件的，依法取保候审或者监视居住。

第九十条 公安机关对人民检察院不批准逮捕的决定，认为有错误的时候，可以要求复议，但是必须将被拘留的人立即释放。如果意见不被接受，可以向上一级人民检察院提请复核。上级人民检察院应当立即复核，作出是否变更的决定，通知下级人民检察院和公安机关执行。

第九十一条 公安机关逮捕人的时候，必须出示逮捕证。

逮捕后，**应当立即将被逮捕人送看守所羁押**。除无法通知的以外，应当在**逮捕后**二十四小时以内，通知被逮捕人的家属。

> 《决定》将刑诉法原第七十一条改为第九十一条，修改了第二款。原条文第二款为：
>
> 第七十一条 （第二款）逮捕后，除有碍侦查或者无法通知的情形以外，应当把逮捕的原因和羁押的处所，在二十四小时以内通知被逮捕人的家属或者他的所在单位。

第九十二条 人民法院、人民检察院对于各自决定逮捕的人，公安机关对于经人民检察院批准逮捕的人，都必须在逮捕后的二十四小时以内进行讯问。在发现不应当逮捕的时候，必须立即释放，发给释放证明。

第九十三条 犯罪嫌疑人、被告人被逮捕后，人民检察院仍应当对羁押的必要性进行审查。对不需要继续羁押的，应当建议予以释放或者变更强制措施。有关机关应当在十日以内将处理情况通知人民检察院。

> 《决定》增加一条，作为第九十三条。

第九十四条 人民法院、人民检察院和公安机关如果发现对犯罪嫌疑人、被告人采取强制措施不当的，应当及时撤销或者变更。公安机关释放被逮捕的人或者变更逮捕措施的，应当通知原批准的人民检察院。

第九十五条 犯罪嫌疑人、被告人及其法定代理人、近亲属**或者辩护人**有权申请变更强制措施。人民法院、人民检察院和公安机关收到申请后，应当在三日以内作出决定；不同意变更强制措施的，应当告知申请人，并说明不同意的理由。

> 《决定》将刑诉法原第五十二条改为第九十五条，并进行了修改。原条文为：
>
> 第五十二条 被羁押的犯罪嫌疑人、被告人及其法定代理人、近亲属有权申请取保候审。

第九十六条 犯罪嫌疑人、被告人被羁押的案件，不能在本法规定的侦查羁押、审查起诉、一审、二审期限内办结**的，对犯罪嫌疑人、被告人应当予以释放**；需要继续查证、审理的，对犯罪嫌疑人、被告人可以取保候审或者监视居住。

> 《决定》将刑诉法原第七十四条改为第九十六条，并进行了修改。原条文为：
>
> 第七十四条 犯罪嫌疑人、被告人被羁押的案件，不能在本法规定的侦查羁押、审查起诉、一审、二审期限内办结，需要继续查证、审理的，对犯罪嫌疑人、被告人可以取保候审或者监视居住。

第九十七条 人民法院、人民检察院或者公安机关对被采取强制措施法定期限**届满**的犯罪嫌疑人、被告人，应当予以释放、解除取保候审、监视居住或者依法变更强制措施。犯罪嫌疑人、被告人及其法定代理人、近亲属或者辩护人对于人民法院、人民检察院或者公安机关采取强制措施法定期限**届满**的，有权要求解除强制措施。

> 《决定》将刑诉法原第七十五条改为第九十七条，并进行了修改。原条文为：
>
> 第七十五条 犯罪嫌疑人、被告人及其法定代理人、近亲属或者犯罪嫌疑人、被告人委托的律师及其他辩护人对于人民法院、人民检察院或者公安机关采取强制措施超过法定期限的，有权要求解除强制措施。人民法院、人民检察院或者公安机关对于被采取强制措施超过法

定期限的犯罪嫌疑人、被告人应当予以释放、解除取保候审、监视居住或者依法变更强制措施。

第九十八条 人民检察院在审查批准逮捕工作中,如果发现公安机关的侦查活动有违法情况,应当通知公安机关予以纠正,公安机关应当将纠正情况通知人民检察院。

第七章 附带民事诉讼

第九十九条 被害人由于被告人的犯罪行为而遭受物质损失的,在刑事诉讼过程中,有权提起附带民事诉讼。**被害人死亡或者丧失行为能力的,被害人的法定代理人、近亲属有权提起附带民事诉讼。**

如果是国家财产、集体财产遭受损失的,人民检察院在提起公诉的时候,可以提起附带民事诉讼。

第一百条 人民法院在必要的时候,可以**采取保全措施**,查封、扣押或者冻结被告人的财产。附带民事诉讼原告人或者人民检察院可以申请人民法院采取保全措施。人民法院采取保全措施,适用民事诉讼法的有关规定。

《决定》将刑诉法原第七十七条改为二条,作为第九十九条、第一百条。
原条文为:
第七十七条 被害人由于被告人的犯罪行为而遭受物质损失的,在刑事诉讼过程中,有权提起附带民事诉讼。
如果是国家财产、集体财产遭受损失的,人民检察院在提起公诉的时候,可以提起附带民事诉讼。
人民法院在必要的时候,可以查封或者扣押被告人的财产。

第一百零一条 人民法院审理附带民事诉讼案件,可以进行调解,或者根据物质损失情况作出判决、裁定。

《决定》增加一条,作为第一百零一条。

第一百零二条 附带民事诉讼应当同刑事案件一并审判,只有为了防止刑事案件审判的过分迟延,才可以在刑事案件审判后,由同一审判组织继续审理附带民事诉讼。

第八章 期间、送达

第一百零三条 期间以时、日、月计算。

期间开始的时和日不算在期间以内。

法定期间不包括路途上的时间。上诉状或者其他文件在期满前已经交邮的，不算过期。

期间的最后一日为节假日的，以节假日后的第一日为期满日期，但犯罪嫌疑人、被告人或者罪犯在押期间，应当至期满之日为止，不得因节假日而延长。

《决定》将刑诉法原第七十九条改为第一百零三条，增加一款，作为第四款。

第一百零四条 当事人由于不能抗拒的原因或者有其他正当理由而耽误期限的，在障碍消除后五日以内，可以申请继续进行应当在期满以前完成的诉讼活动。

前款申请是否准许，由人民法院裁定。

第一百零五条 送达传票、通知书和其他诉讼文件应当交给收件人本人；如果本人不在，可以交给他的成年家属或者所在单位的负责人员代收。

收件人本人或者代收人拒绝接收或者拒绝签名、盖章的时候，送达人可以邀请他的邻居或其他见证人到场，说明情况，把文件留在他的住处，在送达证上记明拒绝的事由、送达的日期，由送达人签名，即认为已经送达。

第九章 其他规定

第一百零六条 本法下列用语的含意是：

（一）"侦查"是指公安机关、人民检察院在办理案件过程中，依照法律进行的专门调查工作和有关的强制性措施；

（二）"当事人"是指被害人、自诉人、犯罪嫌疑人、被告人、附带民事诉讼的原告人和被告人；

（三）"法定代理人"是指被代理人的父母、养父母、监护人和负有保护责任的机关、团体的代表；

（四）"诉讼参与人"是指当事人、法定代理人、诉讼代理人、辩护人、证人、鉴定人和翻译人员；

（五）"诉讼代理人"是指公诉案件的被害人及其法定代理人或者近亲属、自诉案件的自诉人及其法定代理人委托代为参加诉讼的人和附带民事诉讼的当事人及其法定代理人委托代为参加诉讼的人；

（六）"近亲属"是指夫、妻、父、母、子、女、同胞兄弟姊妹。

第二编 立案、侦查和提起公诉

第一章 立　　案

第一百零七条　公安机关或者人民检察院发现犯罪事实或者犯罪嫌疑人，应当按照管辖范围，立案侦查。

第一百零八条　任何单位和个人发现有犯罪事实或者犯罪嫌疑人，有权利也有义务向公安机关、人民检察院或者人民法院报案或者举报。

被害人对侵犯其人身、财产权利的犯罪事实或者犯罪嫌疑人，有权向公安机关、人民检察院或者人民法院报案或者控告。

公安机关、人民检察院或者人民法院对于报案、控告、举报，都应当接受。对于不属于自己管辖的，应当移送主管机关处理，并且通知报案人、控告人、举报人；对于不属于自己管辖而又必须采取紧急措施的，应当先采取紧急措施，然后移送主管机关。

犯罪人向公安机关、人民检察院或者人民法院自首的，适用第三款规定。

第一百零九条　报案、控告、举报可以用书面或者口头提出。接受口头报案、控告、举报的工作人员，应当写成笔录，经宣读无误后，由报案人、控告人、举报人签名或者盖章。

接受控告、举报的工作人员，应当向控告人、举报人说明诬告应负的法律责任。但是，只要不是捏造事实，伪造证据，即使控告、举报的事实有出入，甚至是错告的，也要和诬告严格加以区别。

公安机关、人民检察院或者人民法院应当保障报案人、控告人、举报人及其近亲属的安全。报案人、控告人、举报人如果不愿公开自己的姓名和报案、控告、举报的行为，应当为他保守秘密。

第一百一十条 人民法院、人民检察院或者公安机关对于报案、控告、举报和自首的材料，应当按照管辖范围，迅速进行审查，认为有犯罪事实需要追究刑事责任的时候，应当立案；认为没有犯罪事实，或者犯罪事实显著轻微，不需要追究刑事责任的时候，不予立案，并且将不立案的原因通知控告人。控告人如果不服，可以申请复议。

第一百一十一条 人民检察院认为公安机关对应当立案侦查的案件而不立案侦查的，或者被害人认为公安机关对应当立案侦查的案件而不立案侦查，向人民检察院提出的，人民检察院应当要求公安机关说明不立案的理由。人民检察院认为公安机关不立案理由不能成立的，应当通知公安机关立案，公安机关接到通知后应当立案。

第一百一十二条 对于自诉案件，被害人有权向人民法院直接起诉。被害人死亡或者丧失行为能力的，被害人的法定代理人、近亲属有权向人民法院起诉。人民法院应当依法受理。

第二章 侦 查

第一节 一般规定

第一百一十三条 公安机关对已经立案的刑事案件，应当进行侦查，收集、调取犯罪嫌疑人有罪或者无罪、罪轻或者罪重的证据材料。对现行犯或者重大嫌疑分子可以依法先行拘留，对符合逮捕条件的犯罪嫌疑人，应当依法逮捕。

第一百一十四条 公安机关经过侦查，对有证据证明有犯罪事实的案件，应当进行预审，对收集、调取的证据材料予以核实。

第一百一十五条 当事人和辩护人、诉讼代理人、利害关系人对于司法机关及其工作人员有下列行为之一的，有权向该机关申诉或者控告：

（一）采取强制措施法定期限届满，不予以释放、解除或者变更的；

（二）应当退还取保候审保证金不退还的；

（三）对与案件无关的财物采取查封、扣押、冻结措施的；

（四）应当解除查封、扣押、冻结不解除的；

（五）贪污、挪用、私分、调换、违反规定使用查封、扣押、冻结的财物的。

受理申诉或者控告的机关应当及时处理。对处理不服的，可以向同级人民检察院申诉；人民检察院直接受理的案件，可以向上一级人民检察院申诉。人民检察院对申诉应当及时进行审查，情况属实的，通知有关机关予以纠正。

《决定》增加一条，作为第一百一十五条。

第二节 讯问犯罪嫌疑人

第一百一十六条 讯问犯罪嫌疑人必须由人民检察院或者公安机关的侦查人员负责进行。讯问的时候，侦查人员不得少于二人。

犯罪嫌疑人被送交看守所羁押以后，侦查人员对其进行讯问，应当在看守所内进行。

《决定》将刑诉法原第九十一条改为第一百一十六条，增加一款，作为第二款。

第一百一十七条 对不需要逮捕、拘留的犯罪嫌疑人，可以传唤到犯罪嫌疑人所在市、县内的指定地点或者到他的住处进行讯问，但是应当出示人民检察院或者公安机关的证明文件。**对在现场发现的犯罪嫌疑人，经出示工作证件，可以口头传唤，但应当在讯问笔录中注明。**

传唤、拘传持续的时间不得超过十二小时；**案情特别重大、复杂，需要采取拘留、逮捕措施的，传唤、拘传持续的时间不得超过二十四小时。**

不得以连续传唤、拘传的形式变相拘禁犯罪嫌疑人。**传唤、拘传犯罪嫌疑人，应当保证犯罪嫌疑人的饮食和必要的休息时间。**

> 《决定》将刑诉法原第九十二条改为第一百一十七条，并进行了修改。
> 原条文为：
> 　　第九十二条　对于不需要逮捕、拘留的犯罪嫌疑人，可以传唤到犯罪嫌疑人所在市、县内的指定地点或者到他的住处进行讯问，但是应当出示人民检察院或者公安机关的证明文件。
> 　　传唤、拘传持续的时间最长不得超过十二小时。不得以连续传唤、拘传的形式变相拘禁犯罪嫌疑人。

　　第一百一十八条　侦查人员在讯问犯罪嫌疑人的时候，应当首先讯问犯罪嫌疑人是否有犯罪行为，让他陈述有罪的情节或者无罪的辩解，然后向他提出问题。犯罪嫌疑人对侦查人员的提问，应当如实回答。但是对与本案无关的问题，有拒绝回答的权利。

　　侦查人员在讯问犯罪嫌疑人的时候，应当告知犯罪嫌疑人如实供述自己罪行可以从宽处理的法律规定。

> 《决定》将刑诉法原第九十三条改为第一百一十八条，增加一款，作为第二款。

　　第一百一十九条　讯问聋、哑的犯罪嫌疑人，应当有通晓聋、哑手势的人参加，并且将这种情况记明笔录。

　　第一百二十条　讯问笔录应当交犯罪嫌疑人核对，对于没有阅读能力的，应当向他宣读。如果记载有遗漏或者差错，犯罪嫌疑人可以提出补充或者改正。犯罪嫌疑人承认笔录没有错误后，应当签名或者盖章。侦查人员也应当在笔录上签名。犯罪嫌疑人请求自行书写供述的，应当准许。必要的时候，侦查人员也可以要犯罪嫌疑人亲笔书写供词。

　　第一百二十一条　侦查人员在讯问犯罪嫌疑人的时候，可以对讯问过程进行录音或者录像；对于可能判处无期徒刑、死刑的案件或者其他重大犯罪案件，应当对讯问过程进行录音或者录像。

　　录音或者录像应当全程进行，保持完整性。

> 《决定》增加一条，作为第一百二十一条。

第三节　询问证人

第一百二十二条　侦查人员询问证人，**可以在现场进行**，也可以到证人所在单位、住处**或者证人提出的地点**进行，在必要的时候，可以通知证人到人民检察院或者公安机关提供证言。**在现场询问证人，应当出示工作证件，到证人所在单位、住处或者证人提出的地点询问证人，应当出示人民检察院或者公安机关的证明文件。**

询问证人应当个别进行。

> 《决定》将刑诉法原第九十七条改为第一百二十二条，修改了第一款。原条文第一款为：
>
> 　　第九十七条　（第一款）侦查人员询问证人，可以到证人的所在单位或者住处进行，但是必须出示人民检察院或者公安机关的证明文件。在必要的时候，也可以通知证人到人民检察院或者公安机关提供证言。

第一百二十三条　询问证人，应当告知他应当如实地提供证据、证言和有意作伪证或者隐匿罪证要负的法律责任。

> 《决定》将刑诉法原第九十八条改为第一百二十三条，删去第二款（相关内容移至新条文第二百七十条）。原条文第二款为：
>
> 　　第九十八条　（第二款）询问不满十八岁的证人，可以通知其法定代理人到场。

第一百二十四条　本法第一百二十条的规定，也适用于询问证人。

第一百二十五条　询问被害人，适用本节各条规定。

第四节　勘验、检查

第一百二十六条　侦查人员对于与犯罪有关的场所、物品、人身、尸体应当进行勘验或者检查。在必要的时候，可以指派或者聘请具有专门知识的人，在侦查人员的主持下进行勘验、检查。

第一百二十七条　任何单位和个人，都有义务保护犯罪现场，并且立即通知公安机关派员勘验。

· 251 ·

第一百二十八条　侦查人员执行勘验、检查，必须持有人民检察院或者公安机关的证明文件。

第一百二十九条　对于死因不明的尸体，公安机关有权决定解剖，并且通知死者家属到场。

第一百三十条　为了确定被害人、犯罪嫌疑人的某些特征、伤害情况或者生理状态，可以对人身进行检查，**可以提取指纹信息，采集血液、尿液等生物样本**。

犯罪嫌疑人如果拒绝检查，侦查人员认为必要的时候，可以强制检查。

检查妇女的身体，应当由女工作人员或者医师进行。

《决定》将刑诉法原第一百零五条改为第一百三十条，修改了第一款。原条文第一款为：

第一百零五条　（第一款）为了确定被害人、犯罪嫌疑人的某些特征、伤害情况或者生理状态，可以对人身进行检查。

第一百三十一条　勘验、检查的情况应当写成笔录，由参加勘验、检查的人和见证人签名或者盖章。

第一百三十二条　人民检察院审查案件的时候，对公安机关的勘验、检查，认为需要复验、复查时，可以要求公安机关复验、复查，并且可以派检察人员参加。

第一百三十三条　为了查明案情，在必要的时候，经公安机关负责人批准，可以进行侦查实验。

侦查实验的情况应当写成笔录，由参加实验的人签名或者盖章。

侦查实验，禁止一切足以造成危险、侮辱人格或者有伤风化的行为。

《决定》将刑诉法原第一百零八条改为第一百三十三条，修改了第一款，并增加一款，作为第二款。原条文第一款为：

第一百零八条　（第一款）为了查明案情，在必要的时候，经公安局长批准，可以进行侦查实验。

第五节 搜 查

第一百三十四条 为了收集犯罪证据、查获犯罪人，侦查人员可以对犯罪嫌疑人以及可能隐藏罪犯或者犯罪证据的人的身体、物品、住处和其他有关的地方进行搜查。

第一百三十五条 任何单位和个人，有义务按照人民检察院和公安机关的要求，交出可以证明犯罪嫌疑人有罪或者无罪的物证、书证、视听资料**等证据**。

> 《决定》将刑诉法原第一百一十条改为第一百三十五条，并进行了修改。
> 原条文为：
> 　第一百一十条　任何单位和个人，有义务按照人民检察院和公安机关的要求，交出可以证明犯罪嫌疑人有罪或者无罪的物证、书证、视听资料。

第一百三十六条 进行搜查，必须向被搜查人出示搜查证。

在执行逮捕、拘留的时候，遇有紧急情况，不另用搜查证也可以进行搜查。

第一百三十七条 在搜查的时候，应当有被搜查人或者他的家属，邻居或者其他见证人在场。

搜查妇女的身体，应当由女工作人员进行。

第一百三十八条 搜查的情况应当写成笔录，由侦查人员和被搜查人或者他的家属，邻居或者其他见证人签名或者盖章。如果被搜查人或者他的家属在逃或者拒绝签名、盖章，应当在笔录上注明。

第六节　查封、扣押物证、书证

> 《决定》将刑诉法第二编第二章第六节的节名中的"扣押"修改为"查封、扣押"。

第一百三十九条 在**侦查活动**中发现的可用以证明犯罪嫌疑人有罪或者

无罪的各种**财物**、文件，应当**查封**、扣押；与案件无关的**财物**、文件，不得**查封**、扣押。

对**查封**、扣押的**财物**、文件，要妥善保管或者封存，不得使用、**调换**或者损毁。

> 《决定》将刑诉法原第一百一十四条改为第一百三十九条，并进行了修改。原条文为：
>
> 第一百一十四条 在勘验、搜查中发现的可用以证明犯罪嫌疑人有罪或者无罪的各种物品和文件，应当扣押；与案件无关的物品、文件，不得扣押。
>
> 对于扣押的物品、文件，要妥善保管或者封存，不得使用或者损毁。

第一百四十条 对**查封**、扣押的**财物**、文件，应当会同在场见证人和被**查封**、扣押**财物**、**文件**持有人查点清楚，当场开列清单一式二份，由侦查人员、见证人和持有人签名或者盖章，一份交给持有人，另一份附卷备查。

> 《决定》将刑诉法原第一百一十五条改为第一百四十条，并进行了修改。原条文为：
>
> 第一百一十五条 对于扣押的物品和文件，应当会同在场见证人和被扣押物品持有人查点清楚，当场开列清单一式二份，由侦查人员、见证人和持有人签名或者盖章，一份交给持有人，另一份附卷备查。

第一百四十一条 侦查人员认为需要扣押犯罪嫌疑人的邮件、电报的时候，经公安机关或者人民检察院批准，即可通知邮电机关将有关的邮件、电报检交扣押。

不需要继续扣押的时候，应即通知邮电机关。

第一百四十二条 人民检察院、公安机关根据侦查犯罪的需要，可以依照规定查询、冻结犯罪嫌疑人的存款、汇款、**债券**、**股票**、**基金份额**等**财产**。有关单位和个人应当配合。

犯罪嫌疑人的存款、汇款、**债券**、**股票**、**基金份额**等财产已被冻结的，不得重复冻结。

《决定》将刑诉法原第一百一十七条改为第一百四十二条，并进行了修改。原条文为：

> 第一百一十七条 人民检察院、公安机关根据侦查犯罪的需要，可以依照规定查询、冻结犯罪嫌疑人的存款、汇款。
>
> 犯罪嫌疑人的存款、汇款已被冻结的，不得重复冻结。

第一百四十三条 对**查封**、扣押的**财物**、文件、邮件、电报或者冻结的存款、汇款、**债券**、**股票**、**基金份额等财产**，经查明确实与案件无关的，应当在三日以内解除**查封**、扣押、冻结，**予以退还**。

《决定》将刑诉法原第一百一十八条改为第一百四十三条，并进行了修改。原条文为：

> 第一百一十八条 对于扣押的物品、文件、邮件、电报或者冻结的存款、汇款，经查明确实与案件无关的，应当在三日以内解除扣押、冻结，退还原主或者原邮电机关。

第七节 鉴 定

第一百四十四条 为了查明案情，需要解决案件中某些专门性问题的时候，应当指派、聘请有专门知识的人进行鉴定。

第一百四十五条 鉴定人进行鉴定后，应当写出鉴定**意见**，并且签名。鉴定人故意作虚假鉴定的，应当承担法律责任。

《决定》将刑诉法原第一百二十条改为第一百四十五条，并进行了修改。原条文为：

> 第一百二十条 鉴定人进行鉴定后，应当写出鉴定结论，并且签名。
>
> 对人身伤害的医学鉴定有争议需要重新鉴定或者对精神病的医学鉴定，由省级人民政府指定的医院进行。鉴定人进行鉴定后，应当写出鉴定结论，并且由鉴定人签名，医院加盖公章。
>
> 鉴定人故意作虚假鉴定的，应当承担法律责任。

第一百四十六条 侦查机关应当将用作证据的鉴定**意见**告知犯罪嫌疑

人、被害人。如果犯罪嫌疑人、被害人提出申请，可以补充鉴定或者重新鉴定。

> 《决定》将刑诉法原第一百二十一条改为第一百四十六条，将"鉴定结论"修改为"鉴定意见"。

第一百四十七条 对犯罪嫌疑人作精神病鉴定的期间不计入办案期限。

第八节 技术侦查措施

> 《决定》在刑诉法第二编第二章第七节后增加一节，作为第八节，原第八节、第九节、第十节的序号依序调整。

第一百四十八条 公安机关在立案后，对于危害国家安全犯罪、恐怖活动犯罪、黑社会性质的组织犯罪、重大毒品犯罪或者其他严重危害社会的犯罪案件，根据侦查犯罪的需要，经过严格的批准手续，可以采取技术侦查措施。

人民检察院在立案后，对于重大的贪污、贿赂犯罪案件以及利用职权实施的严重侵犯公民人身权利的重大犯罪案件，根据侦查犯罪的需要，经过严格的批准手续，可以采取技术侦查措施，按照规定交有关机关执行。

追捕被通缉或者批准、决定逮捕的在逃的犯罪嫌疑人、被告人，经过批准，可以采取追捕所必需的技术侦查措施。

第一百四十九条 批准决定应当根据侦查犯罪的需要，确定采取技术侦查措施的种类和适用对象。批准决定自签发之日起三个月以内有效。对于不需要继续采取技术侦查措施的，应当及时解除；对于复杂、疑难案件，期限届满仍有必要继续采取技术侦查措施的，经过批准，有效期可以延长，每次不得超过三个月。

第一百五十条 采取技术侦查措施，必须严格按照批准的措施种类、适用对象和期限执行。

侦查人员对采取技术侦查措施过程中知悉的国家秘密、商业秘密和个人隐私，应当保密；对采取技术侦查措施获取的与案件无关的材料，必须及时销毁。

采取技术侦查措施获取的材料，只能用于对犯罪的侦查、起诉和审判，不得用于其他用途。

公安机关依法采取技术侦查措施，有关单位和个人应当配合，并对有关情况予以保密。

第一百五十一条　为了查明案情，在必要的时候，经公安机关负责人决定，可以由有关人员隐匿其身份实施侦查。但是，不得诱使他人犯罪，不得采用可能危害公共安全或者发生重大人身危险的方法。

对涉及给付毒品等违禁品或者财物的犯罪活动，公安机关根据侦查犯罪的需要，可以依照规定实施控制下交付。

第一百五十二条　依照本节规定采取侦查措施收集的材料在刑事诉讼中可以作为证据使用。如果使用该证据可能危及有关人员的人身安全，或者可能产生其他严重后果的，应当采取不暴露有关人员身份、技术方法等保护措施，必要的时候，可以由审判人员在庭外对证据进行核实。

第九节　通　缉

第一百五十三条　应当逮捕的犯罪嫌疑人如果在逃，公安机关可以发布通缉令，采取有效措施，追捕归案。

各级公安机关在自己管辖的地区以内，可以直接发布通缉令；超出自己管辖的地区，应当报请有权决定的上级机关发布。

第十节　侦查终结

第一百五十四条　对犯罪嫌疑人逮捕后的侦查羁押期限不得超过二个月。案情复杂、期限届满不能终结的案件，可以经上一级人民检察院批准延长一个月。

第一百五十五条　因为特殊原因，在较长时间内不宜交付审判的特别重大复杂的案件，由最高人民检察院报请全国人民代表大会常务委员会批准延期审理。

第一百五十六条　下列案件在本法第一百五十四条规定的期限届满不能侦查终结的，经省、自治区、直辖市人民检察院批准或者决定，可以延长二个月：

（一）交通十分不便的边远地区的重大复杂案件；

（二）重大的犯罪集团案件；

（三）流窜作案的重大复杂案件；

（四）犯罪涉及面广，取证困难的重大复杂案件。

第一百五十七条 对犯罪嫌疑人可能判处十年有期徒刑以上刑罚，依照本法第一百五十六条规定延长期限届满，仍不能侦查终结的，经省、自治区、直辖市人民检察院批准或者决定，可以再延长二个月。

第一百五十八条 在侦查期间，发现犯罪嫌疑人另有重要罪行的，自发现之日起依照本法第一百**五十四**条的规定重新计算侦查羁押期限。

犯罪嫌疑人不讲真实姓名、住址，身份不明的，**应当对其身份进行调查**，侦查羁押期限自查清其身份之日起计算，但是不得停止对其犯罪行为的侦查取证。对于犯罪事实清楚、证据确实、充分，**确实无法查明其身份**的，也可以按其自报的姓名起诉、**审判**。

> 《决定》将刑诉法原第一百二十八条改为第一百五十八条，并进行了修改。原条文为：
>
> 　　第一百二十八条　在侦查期间，发现犯罪嫌疑人另有重要罪行的，自发现之日起依照本法第一百二十四条的规定重新计算侦查羁押期限。
>
> 　　犯罪嫌疑人不讲真实姓名、住址，身份不明的，侦查羁押期限自查清其身份之日起计算，但是不得停止对其犯罪行为的侦查取证。对于犯罪事实清楚，证据确实、充分的，也可以按其自报的姓名移送人民检察院审查起诉。

第一百五十九条 在案件侦查终结前，辩护律师提出要求的，侦查机关应当听取辩护律师的意见，并记录在案。辩护律师提出书面意见的，应当附卷。

> 《决定》增加一条，作为第一百五十九条。

第一百六十条 公安机关侦查终结的案件，应当做到犯罪事实清楚，证据确实、充分，并且写出起诉意见书，连同案卷材料、证据一并移送同级人民检察院审查决定；**同时将案件移送情况告知犯罪嫌疑人及其辩护律师**。

> 《决定》将刑诉法原第一百二十九条改为第一百六十条，并进行了修改。原条文为：
> 　　第一百二十九条　公安机关侦查终结的案件，应当做到犯罪事实清楚，证据确实、充分，并且写出起诉意见书，连同案卷材料、证据一并移送同级人民检察院审查决定。

　　第一百六十一条　在侦查过程中，发现不应对犯罪嫌疑人追究刑事责任的，应当撤销案件；犯罪嫌疑人已被逮捕的，应当立即释放，发给释放证明，并且通知原批准逮捕的人民检察院。

第十一节　人民检察院对直接受理的案件的侦查

　　第一百六十二条　人民检察院对直接受理的案件的侦查适用本章规定。

　　第一百六十三条　人民检察院直接受理的案件中符合本法第七十九条、第八十条第四项、第五项规定情形，需要逮捕、拘留犯罪嫌疑人的，由人民检察院作出决定，由公安机关执行。

　　第一百六十四条　人民检察院对直接受理的案件中被拘留的人，应当在拘留后的二十四小时以内进行讯问。在发现不应当拘留的时候，必须立即释放，发给释放证明。

> 《决定》将刑诉法原第一百三十三条改为第一百六十四条，并进行了修改。原条文为：
> 　　第一百三十三条　人民检察院对直接受理的案件中被拘留的人，应当在拘留后的二十四小时以内进行讯问。在发现不应当拘留的时候，必须立即释放，发给释放证明。对需要逮捕而证据还不充足的，可以取保候审或者监视居住。

　　第一百六十五条　人民检察院对直接受理的案件中被拘留的人，认为需要逮捕的，应当在十四日以内作出决定。在特殊情况下，决定逮捕的时间可以延长一日至三日。对不需要逮捕的，应当立即释放；对需要继续侦查，并且符合取保候审、监视居住条件的，依法取保候审或者监视居住。

· 259 ·

> 《决定》将刑诉法原第一百三十四条改为第一百六十五条，并进行了修改。原条文为：
>
> 第一百三十四条 人民检察院对直接受理的案件中被拘留的人，认为需要逮捕的，应当在十日以内作出决定。在特殊情况下，决定逮捕的时间可以延长一日至四日。对不需要逮捕的，应当立即释放；对于需要继续侦查，并且符合取保候审、监视居住条件的，依法取保候审或者监视居住。

第一百六十六条 人民检察院侦查终结的案件，应当作出提起公诉、不起诉或者撤销案件的决定。

第三章 提起公诉

第一百六十七条 凡需要提起公诉的案件，一律由人民检察院审查决定。

第一百六十八条 人民检察院审查案件的时候，必须查明：

（一）犯罪事实、情节是否清楚，证据是否确实、充分，犯罪性质和罪名的认定是否正确；

（二）有无遗漏罪行和其他应当追究刑事责任的人；

（三）是否属于不应追究刑事责任的；

（四）有无附带民事诉讼；

（五）侦查活动是否合法。

第一百六十九条 人民检察院对于公安机关移送起诉的案件，应当在一个月以内作出决定，重大、复杂的案件，可以延长半个月。

人民检察院审查起诉的案件，改变管辖的，从改变后的人民检察院收到案件之日起计算审查起诉期限。

第一百七十条 人民检察院审查案件，应当讯问犯罪嫌疑人，听取**辩护人、被害人及其诉讼代理人**的意见，**并记录在案**。辩护人、被害人及其诉讼代理人提出书面意见的，应当附卷。

《决定》将刑诉法原第一百三十九条改为第一百七十条，并进行了修改。原条文为：

第一百三十九条 人民检察院审查案件，应当讯问犯罪嫌疑人，听取被害人和犯罪嫌疑人、被害人委托的人的意见。

第一百七十一条 人民检察院审查案件，可以要求公安机关提供法庭审判所必需的证据材料；**认为可能存在本法第五十四条规定的以非法方法收集证据情形的，可以要求其对证据收集的合法性作出说明。**

人民检察院审查案件，对于需要补充侦查的，可以退回公安机关补充侦查，也可以自行侦查。

对于补充侦查的案件，应当在一个月以内补充侦查完毕。补充侦查以二次为限。补充侦查完毕移送人民检察院后，人民检察院重新计算审查起诉期限。

对于**二次**补充侦查的案件，人民检察院仍然认为证据不足，不符合起诉条件的，**应当作出不起诉的决定。**

《决定》将刑诉法原第一百四十条改为第一百七十一条，修改了第一款、第四款。原条文第一款、第四款为：

第一百四十条 （第一款）人民检察院审查案件，可以要求公安机关提供法庭审判所必需的证据材料。

（第四款）对于补充侦查的案件，人民检察院仍然认为证据不足，不符合起诉条件的，可以作出不起诉的决定。

第一百七十二条 人民检察院认为犯罪嫌疑人的犯罪事实已经查清，证据确实、充分，依法应当追究刑事责任的，应当作出起诉决定，按照审判管辖的规定，向人民法院提起公诉，**并将案卷材料、证据移送人民法院。**

《决定》将刑诉法原第一百四十一条改为第一百七十二条，并进行了修改。原条文为：

第一百四十一条 人民检察院认为犯罪嫌疑人的犯罪事实已经查清，证据确实、充分，依法应当追究刑事责任的，应当作出起诉决定，按照审判管辖的规定，向人民法院提起公诉。

第一百七十三条 犯罪嫌疑人**没有犯罪事实**，或者有本法第十五条规定的情形之一的，人民检察院应当作出不起诉决定。

对于犯罪情节轻微，依照刑法规定不需要判处刑罚或者免除刑罚的，人民检察院可以作出不起诉决定。

人民检察院决定不起诉的案件，应当同时对侦查中**查封**、扣押、冻结的财物解除**查封**、扣押、冻结。对被不起诉人需要给予行政处罚、行政处分或者需要没收其违法所得的，人民检察院应当提出检察意见，移送有关主管机关处理。有关主管机关应当将处理结果及时通知人民检察院。

《决定》将刑诉法原第一百四十二条改为第一百七十三条，修改了第一款、第三款。原条文第一款、第三款为：

第一百四十二条 （第一款）犯罪嫌疑人有本法第十五条规定的情形之一的，人民检察院应当作出不起诉决定。

（第三款）人民检察院决定不起诉的案件，应当同时对侦查中扣押、冻结的财物解除扣押、冻结。对被不起诉人需要给予行政处罚、行政处分或者需要没收其违法所得的，人民检察院应当提出检察意见，移送有关主管机关处理。有关主管机关应当将处理结果及时通知人民检察院。

第一百七十四条 不起诉的决定，应当公开宣布，并且将不起诉决定书送达被不起诉人和他的所在单位。如果被不起诉人在押，应当立即释放。

第一百七十五条 对于公安机关移送起诉的案件，人民检察院决定不起诉的，应当将不起诉决定书送达公安机关。公安机关认为不起诉的决定有错误的时候，可以要求复议，如果意见不被接受，可以向上一级人民检察院提请复核。

第一百七十六条 对于有被害人的案件，决定不起诉的，人民检察院应当将不起诉决定书送达被害人。被害人如果不服，可以自收到决定书后七日以内向上一级人民检察院申诉，请求提起公诉。人民检察院应当将复查决定告知被害人。对人民检察院维持不起诉决定的，被害人可以向人民法院起诉。被害人也可以不经申诉，直接向人民法院起诉。人民法院受理案件后，人民检察院应当将有关案件材料移送人民法院。

第一百七十七条 对于人民检察院依照本法第一百七十三条第二款规定

作出的不起诉决定，被不起诉人如果不服，可以自收到决定书后七日以内向人民检察院申诉。人民检察院应当作出复查决定，通知被不起诉的人，同时抄送公安机关。

第三编 审 判

第一章 审判组织

第一百七十八条 基层人民法院、中级人民法院审判第一审案件，应当由审判员三人或者由审判员和人民陪审员共三人组成合议庭进行，但是基层人民法院适用简易程序的案件可以由审判员一人独任审判。

高级人民法院、最高人民法院审判第一审案件，应当由审判员三人至七人或者由审判员和人民陪审员共三人至七人组成合议庭进行。

人民陪审员在人民法院执行职务，同审判员有同等的权利。

人民法院审判上诉和抗诉案件，由审判员三人至五人组成合议庭进行。

合议庭的成员人数应当是单数。

合议庭由院长或者庭长指定审判员一人担任审判长。院长或者庭长参加审判案件的时候，自己担任审判长。

第一百七十九条 合议庭进行评议的时候，如果意见分歧，应当按多数人的意见作出决定，但是少数人的意见应当写入笔录。评议笔录由合议庭的组成人员签名。

第一百八十条 合议庭开庭审理并且评议后，应当作出判决。对于疑难、复杂、重大的案件，合议庭认为难以作出决定的，由合议庭提请院长决定提交审判委员会讨论决定。审判委员会的决定，合议庭应当执行。

第二章 第一审程序

第一节 公诉案件

第一百八十一条 人民法院对提起公诉的案件进行审查后，对于起诉书中有明确的指控犯罪事实的，应当决定开庭审判。

《决定》将刑诉法原第一百五十条改为第一百八十一条，并进行了修改。原条文为：

　　第一百五十条　人民法院对提起公诉的案件进行审查后，对于起诉书中有明确的指控犯罪事实并且附有证据目录、证人名单和主要证据复印件或者照片的，应当决定开庭审判。

　　第一百八十二条　人民法院决定开庭审判后，应当确定合议庭的组成人员，将人民检察院的起诉书副本至迟在开庭十日以前送达被告人**及其辩护人**。

　　在开庭以前，审判人员可以召集公诉人、当事人和辩护人、诉讼代理人，对回避、出庭证人名单、非法证据排除等与审判相关的问题，了解情况，听取意见。

　　人民法院确定开庭日期后，应当将开庭的时间、地点通知人民检察院，传唤当事人，通知辩护人、诉讼代理人、证人、鉴定人和翻译人员，传票和通知书至迟在开庭三日以前送达。公开审判的案件，应当在开庭三日以前先期公布案由、被告人姓名、开庭时间和地点。

　　上述活动情形应当写入笔录，由审判人员和书记员签名。

《决定》将刑诉法原第一百五十一条改为第一百八十二条，并进行了修改。原条文为：

　　第一百五十一条　人民法院决定开庭审判后，应当进行下列工作：

　　（一）确定合议庭的组成人员；

　　（二）将人民检察院的起诉书副本至迟在开庭十日以前送达被告人。对于被告人未委托辩护人的，告知被告人可以委托辩护人，或者在必要的时候指定承担法律援助义务的律师为其提供辩护；

　　（三）将开庭的时间、地点在开庭三日以前通知人民检察院；

　　（四）传唤当事人，通知辩护人、诉讼代理人、证人、鉴定人和翻译人员，传票和通知书至迟在开庭三日以前送达；

　　（五）公开审判的案件，在开庭三日以前先期公布案由、被告人姓名、开庭时间和地点。

　　上述活动情形应当写入笔录，由审判人员和书记员签名。

第一百八十三条 人民法院审判第一审案件应当公开进行。但是有关国家秘密或者个人隐私的案件，不公开审理；**涉及商业秘密的案件，当事人申请不公开审理的，可以不公开审理。**

不公开审理的案件，应当当庭宣布不公开审理的理由。

> 《决定》将刑诉法原第一百五十二条（第二款相关内容移至新条文第二百四十七条）改为第一百八十三条，并进行了修改。原条文为：
>
> 第一百五十二条 人民法院审判第一审案件应当公开进行。但是有关国家秘密或者个人隐私的案件，不公开审理。
>
> 十四岁以上不满十六岁未成年人犯罪的案件，一律不公开审理。十六岁以上不满十八岁未成年人犯罪的案件，一般也不公开审理。
>
> 对于不公开审理的案件，应当当庭宣布不公开审理的理由。

第一百八十四条 人民法院审判公诉案件，人民检察院应当派员出席法庭支持公诉。

> 《决定》将刑诉法原第一百五十三条改为第一百八十四条，并进行了修改。原条文为：
>
> 第一百五十三条 人民法院审判公诉案件，人民检察院应当派员出席法庭支持公诉，但是依照本法第一百七十五条的规定适用简易程序的，人民检察院可以不派员出席法庭。

第一百八十五条 开庭的时候，审判长查明当事人是否到庭，宣布案由；宣布合议庭的组成人员、书记员、公诉人、辩护人、诉讼代理人、鉴定人和翻译人员的名单；告知当事人有权对合议庭组成人员、书记员、公诉人、鉴定人和翻译人员申请回避；告知被告人享有辩护权利。

第一百八十六条 公诉人在法庭上宣读起诉书后，被告人、被害人可以就起诉书指控的犯罪进行陈述，公诉人可以讯问被告人。

被害人、附带民事诉讼的原告人和辩护人、诉讼代理人，经审判长许可，可以向被告人发问。

审判人员可以讯问被告人。

第一百八十七条 公诉人、当事人或者辩护人、诉讼代理人对证人证言有异议，且该证人证言对案件定罪量刑有重大影响，人民法院认为证人有必要出庭作证的，证人应当出庭作证。

人民警察就其执行职务时目击的犯罪情况作为证人出庭作证，适用前款规定。

公诉人、当事人或者辩护人、诉讼代理人对鉴定意见有异议，人民法院认为鉴定人有必要出庭的，鉴定人应当出庭作证。经人民法院通知，鉴定人拒不出庭作证的，鉴定意见不得作为定案的根据。

第一百八十八条　经人民法院通知，证人没有正当理由不出庭作证的，人民法院可以强制其到庭，但是被告人的配偶、父母、子女除外。

证人没有正当理由拒绝出庭或者出庭后拒绝作证的，予以训诫，情节严重的，经院长批准，处以十日以下的拘留。被处罚人对拘留决定不服的，可以向上一级人民法院申请复议。复议期间不停止执行。

> 《决定》增加二条，作为第一百八十七条、第一百八十八条。

第一百八十九条　证人作证，审判人员应当告知他要如实地提供证言和有意作伪证或者隐匿罪证要负的法律责任。公诉人、当事人和辩护人、诉讼代理人经审判长许可，可以对证人、鉴定人发问。审判长认为发问的内容与案件无关的时候，应当制止。

审判人员可以询问证人、鉴定人。

第一百九十条　公诉人、辩护人应当向法庭出示物证，让当事人辨认，对未到庭的证人的证言笔录、鉴定人的鉴定意见、勘验笔录和其他作为证据的文书，应当当庭宣读。审判人员应当听取公诉人、当事人和辩护人、诉讼代理人的意见。

> 《决定》将刑诉法原第一百五十七条改为第一百九十条，将"鉴定结论"修改为"鉴定意见"。

第一百九十一条　法庭审理过程中，合议庭对证据有疑问的，可以宣布休庭，对证据进行调查核实。

人民法院调查核实证据，可以进行勘验、检查、查封、扣押、鉴定和查询、冻结。

> 《决定》将刑诉法原第一百五十八条改为第一百九十一条,将"扣押"修改为"查封、扣押"。

第一百九十二条 法庭审理过程中,当事人和辩护人、诉讼代理人有权申请通知新的证人到庭,调取新的物证,申请重新鉴定或者勘验。

公诉人、当事人和辩护人、诉讼代理人可以申请法庭通知有专门知识的人出庭,就鉴定人作出的鉴定意见提出意见。

法庭对于上述申请,应当作出是否同意的决定。

第二款规定的有专门知识的人出庭,适用鉴定人的有关规定。

> 《决定》将刑诉法原第一百五十九条改为第一百九十二条,增加二款,作为第二款、第四款。

第一百九十三条 法庭审理过程中,对与定罪、量刑有关的事实、证据都应当进行调查、辩论。

经审判长许可,公诉人、当事人和辩护人、诉讼代理人可以对证据和案件情况发表意见并且可以互相辩论。

审判长在宣布辩论终结后,被告人有最后陈述的权利。

> 《决定》将刑诉法原第一百六十条改为第一百九十三条,并进行了修改。
> 原条文为:
> 　第一百六十条　经审判长许可,公诉人、当事人和辩护人、诉讼代理人可以对证据和案件情况发表意见并且可以互相辩论。审判长在宣布辩论终结后,被告人有最后陈述的权利。

第一百九十四条 在法庭审判过程中,如果诉讼参与人或者旁听人员违反法庭秩序,审判长应当警告制止。对不听制止的,可以强行带出法庭;情节严重的,处以一千元以下的罚款或者十五日以下的拘留。罚款、拘留必须经院长批准。被处罚人对罚款、拘留的决定不服的,可以向上一级人民法院申请复议。复议期间不停止执行。

对聚众哄闹、冲击法庭或者侮辱、诽谤、威胁、殴打司法工作人员或者诉讼参与人,严重扰乱法庭秩序,构成犯罪的,依法追究刑事责任。

第一百九十五条 在被告人最后陈述后，审判长宣布休庭，合议庭进行评议，根据已经查明的事实、证据和有关的法律规定，分别作出以下判决：

（一）案件事实清楚，证据确实、充分，依据法律认定被告人有罪的，应当作出有罪判决；

（二）依据法律认定被告人无罪的，应当作出无罪判决；

（三）证据不足，不能认定被告人有罪的，应当作出证据不足、指控的犯罪不能成立的无罪判决。

第一百九十六条 宣告判决，一律公开进行。

当庭宣告判决的，应当在五日以内将判决书送达当事人和提起公诉的人民检察院；定期宣告判决的，应当在宣告后立即将判决书送达当事人和提起公诉的人民检察院。**判决书应当同时送达辩护人、诉讼代理人。**

> 《决定》将刑诉法原第一百六十三条改为第一百九十六条，修改了第二款。原条文第二款为：
>
> 第一百六十三条 （第二款）当庭宣告判决的，应当在五日以内将判决书送达当事人和提起公诉的人民检察院；定期宣告判决的，应当在宣告后立即将判决书送达当事人和提起公诉的人民检察院。

第一百九十七条 判决书应当由**审判人员**和书记员署名，并且写明上诉的期限和上诉的法院。

> 《决定》将刑诉法原第一百六十四条改为第一百九十七条，并进行了修改。原条文为：
>
> 第一百六十四条 判决书应当由合议庭的组成人员和书记员署名，并且写明上诉的期限和上诉的法院。

第一百九十八条 在法庭审判过程中，遇有下列情形之一，影响审判进行的，可以延期审理：

（一）需要通知新的证人到庭，调取新的物证，重新鉴定或者勘验的；

（二）检察人员发现提起公诉的案件需要补充侦查，提出建议的；

（三）由于申请回避而不能进行审判的。

> 《决定》将刑诉法原第一百六十五条改为第一百九十八条，修改了第三项。原条文第三项为：
> 　　第一百六十五条　（第三项）由于当事人申请回避而不能进行审判的。

　　第一百九十九条　依照本法第一百九十八条第二项的规定延期审理的案件，人民检察院应当在一个月以内补充侦查完毕。

　　第二百条　在审判过程中，有下列情形之一，致使案件在较长时间内无法继续审理的，可以中止审理：

　　（一）被告人患有严重疾病，无法出庭的；

　　（二）被告人脱逃的；

　　（三）自诉人患有严重疾病，无法出庭，未委托诉讼代理人出庭的；

　　（四）由于不能抗拒的原因。

　　中止审理的原因消失后，应当恢复审理。中止审理的期间不计入审理期限。

> 《决定》增加一条，作为第二百条。

　　第二百零一条　法庭审判的全部活动，应当由书记员写成笔录，经审判长审阅后，由审判长和书记员签名。

　　法庭笔录中的证人证言部分，应当当庭宣读或者交给证人阅读。证人在承认没有错误后，应当签名或者盖章。

　　法庭笔录应当交给当事人阅读或者向他宣读。当事人认为记载有遗漏或者差错的，可以请求补充或者改正。当事人承认没有错误后，应当签名或者盖章。

　　第二百零二条　人民法院审理公诉案件，应当在受理后二个月以内宣判，至迟不得超过三个月。**对于可能判处死刑的案件或者附带民事诉讼的案件，以及有本法第一百五十六条规定情形之一的，经上一级人民法院批准，可以延长三个月；因特殊情况还需要延长的，报请最高人民法院批准。**

　　人民法院改变管辖的案件，从改变后的人民法院收到案件之日起计算审理期限。

人民检察院补充侦查的案件，补充侦查完毕移送人民法院后，人民法院重新计算审理期限。

> 《决定》将刑诉法原第一百六十八条改为第二百零二条，修改了第一款。
> 原条文第一款为：
> 　　第一百六十八条　（第一款）人民法院审理公诉案件，应当在受理后一个月以内宣判，至迟不得超过一个半月。有本法第一百二十六条规定情形之一的，经省、自治区、直辖市高级人民法院批准或者决定，可以再延长一个月。

第二百零三条　人民检察院发现人民法院审理案件违反法律规定的诉讼程序，有权向人民法院提出纠正意见。

第二节　自诉案件

第二百零四条　自诉案件包括下列案件：

（一）告诉才处理的案件；

（二）被害人有证据证明的轻微刑事案件；

（三）被害人有证据证明对被告人侵犯自己人身、财产权利的行为应当依法追究刑事责任，而公安机关或者人民检察院不予追究被告人刑事责任的案件。

第二百零五条　人民法院对于自诉案件进行审查后，按照下列情形分别处理：

（一）犯罪事实清楚，有足够证据的案件，应当开庭审判；

（二）缺乏罪证的自诉案件，如果自诉人提不出补充证据，应当说服自诉人撤回自诉，或者裁定驳回。

自诉人经两次依法传唤，无正当理由拒不到庭的，或者未经法庭许可中途退庭的，按撤诉处理。

法庭审理过程中，审判人员对证据有疑问，需要调查核实的，适用本法第一百九十一条的规定。

第二百零六条　人民法院对自诉案件，可以进行调解；自诉人在宣告判决前，可以同被告人自行和解或者撤回自诉。本法**第二百零四条第三项**规定的案件不适用调解。

人民法院审理自诉案件的期限，被告人被羁押的，适用本法第二百零二条第一款、第二款的规定；未被羁押的，应当在受理后六个月以内宣判。

> 《决定》将刑诉法原第一百七十二条改为第二百零六条，并进行了修改。原条文为：
>
> 　第一百七十二条　人民法院对自诉案件，可以进行调解；自诉人在宣告判决前，可以同被告人自行和解或者撤回自诉。本法第一百七十条第三项规定的案件不适用调解。

第二百零七条　自诉案件的被告人在诉讼过程中，可以对自诉人提起反诉。反诉适用自诉的规定。

第三节　简易程序

第二百零八条　基层人民法院管辖的案件，符合下列条件的，可以适用简易程序审判：

（一）案件事实清楚、证据充分的；

（二）被告人承认自己所犯罪行，对指控的犯罪事实没有异议的；

（三）被告人对适用简易程序没有异议的。

人民检察院在提起公诉的时候，可以建议人民法院适用简易程序。

> 《决定》将刑诉法原第一百七十四条改为第二百零八条，并进行了修改。原条文为：
>
> 　第一百七十四条　人民法院对于下列案件，可以适用简易程序，由审判员一人独任审判：
>
> 　（一）对依法可能判处三年以下有期徒刑、拘役、管制、单处罚金的公诉案件，事实清楚、证据充分，人民检察院建议或者同意适用简易程序的；
>
> 　（二）告诉才处理的案件；
>
> 　（三）被害人起诉的有证据证明的轻微刑事案件。

第二百零九条　有下列情形之一的，不适用简易程序：

（一）被告人是盲、聋、哑人，或者是尚未完全丧失辨认或者控制自己行为能力的精神病人的；

（二）有重大社会影响的；

（三）共同犯罪案件中部分被告人不认罪或者对适用简易程序有异议的；

（四）其他不宜适用简易程序审理的。

《决定》增加一条，作为第二百零九条。

第二百一十条　适用简易程序审理案件，对可能判处三年有期徒刑以下刑罚的，可以组成合议庭进行审判，也可以由审判员一人独任审判；对可能判处的有期徒刑超过三年的，应当组成合议庭进行审判。

适用简易程序审理公诉案件，人民检察院应当派员出席法庭。

《决定》将刑诉法原第一百七十五条改为第二百一十条，并进行了修改。原条文为：

第一百七十五条　适用简易程序审理公诉案件，人民检察院可以不派员出席法庭。被告人可以就起诉书指控的犯罪进行陈述和辩护。人民检察院派员出席法庭的，经审判人员许可，被告人及其辩护人可以同公诉人互相辩论。

第二百一十一条　适用简易程序审理案件，审判人员应当询问被告人对指控的犯罪事实的意见，告知被告人适用简易程序审理的法律规定，确认被告人是否同意适用简易程序审理。

《决定》增加一条，作为第二百一十一条。

第二百一十二条　适用简易程序审理案件，经审判人员许可，被告人及其辩护人可以同公诉人、自诉人及其诉讼代理人互相辩论。

《决定》将刑诉法原第一百七十六条改为第二百一十二条，并进行了修改。原条文为：

第一百七十六条　适用简易程序审理自诉案件，宣读起诉书后，经审判人员许可，被告人及其辩护人可以同自诉人及其诉讼代理人互相辩论。

第二百一十三条 适用简易程序审理案件,不受本章第一节关于**送达期限**、讯问被告人、询问证人、鉴定人、出示证据、法庭辩论程序规定的限制。但在判决宣告前应当听取被告人的最后陈述意见。

> 《决定》将刑诉法原第一百七十七条改为第二百一十三条,并进行了修改。原条文为:
> 第一百七十七条 适用简易程序审理案件,不受本章第一节关于讯问被告人、询问证人、鉴定人、出示证据、法庭辩论程序规定的限制。但在判决宣告前应当听取被告人的最后陈述意见。

第二百一十四条 适用简易程序审理案件,人民法院应当在受理后二十日以内审结;对可能判处的有期徒刑超过三年的,可以延长至一个半月。

> 《决定》将刑诉法原第一百七十八条改为第二百一十四条,并进行了修改。原条文为:
> 第一百七十八条 适用简易程序审理案件,人民法院应当在受理后二十日以内审结。

第二百一十五条 人民法院在审理过程中,发现不宜适用简易程序的,应当按照本章第一节或者第二节的规定重新审理。

第三章 第二审程序

第二百一十六条 被告人、自诉人和他们的法定代理人,不服地方各级人民法院第一审的判决、裁定,有权用书状或者口头向上一级人民法院上诉。被告人的辩护人和近亲属,经被告人同意,可以提出上诉。

附带民事诉讼的当事人和他们的法定代理人,可以对地方各级人民法院第一审的判决、裁定中的附带民事诉讼部分,提出上诉。

对被告人的上诉权,不得以任何借口加以剥夺。

第二百一十七条 地方各级人民检察院认为本级人民法院第一审的判决、裁定确有错误的时候,应当向上一级人民法院提出抗诉。

第二百一十八条 被害人及其法定代理人不服地方各级人民法院第一审的判决的,自收到判决书后五日以内,有权请求人民检察院提出抗诉。人民检察院自收到被害人及其法定代理人的请求后五日以内,应当作出是否抗诉的决定并且答复请求人。

第二百一十九条 不服判决的上诉和抗诉的期限为十日,不服裁定的上诉和抗诉的期限为五日,从接到判决书、裁定书的第二日起算。

第二百二十条 被告人、自诉人、附带民事诉讼的原告人和被告人通过原审人民法院提出上诉的,原审人民法院应当在三日以内将上诉状连同案卷、证据移送上一级人民法院,同时将上诉状副本送交同级人民检察院和对方当事人。

被告人、自诉人、附带民事诉讼的原告人和被告人直接向第二审人民法院提出上诉的,第二审人民法院应当在三日以内将上诉状交原审人民法院送交同级人民检察院和对方当事人。

第二百二十一条 地方各级人民检察院对同级人民法院第一审判决、裁定的抗诉,应当通过原审人民法院提出抗诉书,并且将抗诉书抄送上一级人民检察院。原审人民法院应当将抗诉书连同案卷、证据移送上一级人民法院,并且将抗诉书副本送交当事人。

上级人民检察院如果认为抗诉不当,可以向同级人民法院撤回抗诉,并且通知下级人民检察院。

第二百二十二条 第二审人民法院应当就第一审判决认定的事实和适用法律进行全面审查,不受上诉或者抗诉范围的限制。

共同犯罪的案件只有部分被告人上诉的,应当对全案进行审查,一并处理。

第二百二十三条 第二审人民法院对于下列案件,应当组成合议庭,开庭审理:

(一)被告人、自诉人及其法定代理人对第一审认定的事实、证据提出异议,可能影响定罪量刑的上诉案件;

(二)被告人被判处死刑的上诉案件;

(三)人民检察院抗诉的案件;

(四)其他应当开庭审理的案件。

第二审人民法院决定不开庭审理的,应当讯问被告人,听取其他当事人、辩护人、诉讼代理人的意见。

第二审人民法院开庭审理上诉、抗诉案件,可以到案件发生地或者原审人民法院所在地进行。

> 《决定》将刑诉法原第一百八十七条改为第二百二十三条,修改了第一款。原条文第一款为:
> 第一百八十七条 (第一款)第二审人民法院对上诉案件,应当组成合议庭,开庭审理。合议庭经过阅卷,讯问被告人、听取其他当事人、辩护人、诉讼代理人的意见,对事实清楚的,可以不开庭审理。对人民检察院抗诉的案件,第二审人民法院应当开庭审理。

第二百二十四条 人民检察院提出抗诉的案件或者第二审人民法院开庭审理的公诉案件,同级人民检察院都应当派员出**席法**庭。第二审人民法院应**当在决定开庭审理后及时**通知人民检察院查阅案卷。人民检察院应当在一个月以内查阅完毕。人民检察院查阅案卷的时间不计入审理期限。

> 《决定》将刑诉法原第一百八十八条改为第二百二十四条,并进行了修改。原条文为:
> 第一百八十八条 人民检察院提出抗诉的案件或者第二审人民法院开庭审理的公诉案件,同级人民检察院都应当派员出庭。第二审人民法院必须在开庭十日以前通知人民检察院查阅案卷。

第二百二十五条 第二审人民法院对不服第一审判决的上诉、抗诉案件,经过审理后,应当按照下列情形分别处理:

(一)原判决认定事实和适用法律正确、量刑适当的,应当裁定驳回上诉或者抗诉,维持原判;

(二)原判决认定事实没有错误,但适用法律有错误,或者量刑不当的,应当改判;

(三)原判决事实不清楚或者证据不足的,可以在查清事实后改判;也可以裁定撤销原判,发回原审人民法院重新审判。

原审人民法院对于依照前款第三项规定发回重新审判的案件作出判决后,被告人提出上诉或者人民检察院提出抗诉的,第二审人民法院应当依法作出判决或者裁定，不得再发回原审人民法院重新审判。

> 《决定》将刑诉法原第一百八十九条改为第二百二十五条，增加一款，作为第二款。

第二百二十六条 第二审人民法院**审理**被告人或者他的法定代理人、辩护人、近亲属上诉的案件，不得加重被告人的刑罚。**第二审人民法院发回原审人民法院重新审判的案件，除有新的犯罪事实，人民检察院补充起诉的以外，原审人民法院也不得加重被告人的刑罚。**

人民检察院提出抗诉或者自诉人提出上诉的，不受前款规定的限制。

> 《决定》将刑诉法原第一百九十条改为第二百二十六条，修改了第一款。
> 原条文第一款为：
> 第一百九十条 （第一款）第二审人民法院审判被告人或者他的法定代理人、辩护人、近亲属上诉的案件，不得加重被告人的刑罚。

第二百二十七条 第二审人民法院发现第一审人民法院的审理有下列违反法律规定的诉讼程序的情形之一的，应当裁定撤销原判，发回原审人民法院重新审判：

（一）违反本法有关公开审判的规定的；
（二）违反回避制度的；
（三）剥夺或者限制了当事人的法定诉讼权利，可能影响公正审判的；
（四）审判组织的组成不合法的；
（五）其他违反法律规定的诉讼程序，可能影响公正审判的。

第二百二十八条 原审人民法院对于发回重新审判的案件，应当另行组成合议庭，依照第一审程序进行审判。对于重新审判后的判决，依照本法第二百一十六条、第二百一十七条、第二百一十八条的规定可以上诉、抗诉。

第二百二十九条 第二审人民法院对不服第一审裁定的上诉或者抗诉，经过审查后，应当参照本法第二百二十五条、第二百二十七条和第二百二十八条的规定，分别情形用裁定驳回上诉、抗诉，或者撤销、变更原裁定。

第二百三十条 第二审人民法院发回原审人民法院重新审判的案件，原审人民法院从收到发回的案件之日起,重新计算审理期限。

第二百三十一条 第二审人民法院审判上诉或者抗诉案件的程序,除本章已有规定的以外,参照第一审程序的规定进行。

第二百三十二条 第二审人民法院受理上诉、抗诉案件,应当在二个月以内审结。**对于可能判处死刑的案件或者附带民事诉讼的案件,**以及有本法第一百五十六条规定情形之一的,经省、自治区、直辖市高级人民法院批准或者决定,可以延长二个月;**因特殊情况还需要延长的,报请最高人民法院批准。**

最高人民法院受理上诉、抗诉案件**的审理期限,**由最高人民法院决定。

> 《决定》将刑诉法原第一百九十六条改为第二百三十二条,并进行了修改。原条文为:
>
> 第一百九十六条 第二审人民法院受理上诉、抗诉案件,应当在一个月以内审结,至迟不得超过一个半月。有本法第一百二十六条规定情形之一的,经省、自治区、直辖市高级人民法院批准或者决定,可以再延长一个月,但是最高人民法院受理的上诉、抗诉案件,由最高人民法院决定。

第二百三十三条 第二审的判决、裁定和最高人民法院的判决、裁定,都是终审的判决、裁定。

第二百三十四条 公安机关、人民检察院和人民法院对**查封、扣押、冻结**的犯罪嫌疑人、被告人的财物及其孳息,应当妥善保管,以供核查,**并制作清单,随案移送**。任何单位和个人不得挪用或者自行处理。对被害人的合法财产,应当及时返还。对违禁品或者不宜长期保存的物品,应当依照国家有关规定处理。

对作为证据使用的实物应当随案移送,对不宜移送的,应当将其清单、照片或者其他证明文件随案移送。

人民法院作出的判决,应当对查封、扣押、冻结的财物及其孳息作出处理。

人民法院作出的判决生效以后,**有关机关应当根据判决对查封、扣押、冻结的财物及其孳息进行处理。**对**查封、扣押、冻结**的赃款赃物及其孳息,

· 277 ·

除依法返还被害人的以外，一律上缴国库。

司法工作人员贪污、挪用或者私自处理**查封**、扣押、冻结的**财物**及其孳息的，依法追究刑事责任；不构成犯罪的，给予处分。

> 《决定》将刑诉法原第一百九十八条改为第二百三十四条，并进行了修改。原条文为：
>
> 第一百九十八条 公安机关、人民检察院和人民法院对于扣押、冻结犯罪嫌疑人、被告人的财物及其孳息，应当妥善保管，以供核查。任何单位和个人不得挪用或者自行处理。对被害人的合法财产，应当及时返还。对违禁品或者不宜长期保存的物品，应当依照国家有关规定处理。
>
> 对作为证据使用的实物应当随案移送，对不宜移送的，应当将其清单、照片或者其他证明文件随案移送。
>
> 人民法院作出的判决生效以后，对被扣押、冻结的赃款赃物及其孳息，除依法返还被害人的以外，一律没收，上缴国库。
>
> 司法工作人员贪污、挪用或者私自处理被扣押、冻结的赃款赃物及其孳息的，依法追究刑事责任；不构成犯罪的，给予处分。

第四章 死刑复核程序

第二百三十五条 死刑由最高人民法院核准。

第二百三十六条 中级人民法院判处死刑的第一审案件，被告人不上诉的，应当由高级人民法院复核后，报请最高人民法院核准。高级人民法院不同意判处死刑的，可以提审或者发回重新审判。

高级人民法院判处死刑的第一审案件被告人不上诉的，和判处死刑的第二审案件，都应当报请最高人民法院核准。

第二百三十七条 中级人民法院判处死刑缓期二年执行的案件，由高级人民法院核准。

第二百三十八条 最高人民法院复核死刑案件，高级人民法院复核死刑缓期执行的案件，应当由审判员三人组成合议庭进行。

第二百三十九条 最高人民法院复核死刑案件，应当作出核准或者不核准死刑的裁定。对于不核准死刑的，最高人民法院可以发回重新审判或者予以改判。

第二百四十条　最高人民法院复核死刑案件，应当讯问被告人，辩护律师提出要求的，应当听取辩护律师的意见。

在复核死刑案件过程中，最高人民检察院可以向最高人民法院提出意见。最高人民法院应当将死刑复核结果通报最高人民检察院。

> 《决定》增加二条，作为第二百三十九条、第二百四十条。

第五章　审判监督程序

第二百四十一条　当事人及其法定代理人、近亲属，对已经发生法律效力的判决、裁定，可以向人民法院或者人民检察院提出申诉，但是不能停止判决、裁定的执行。

第二百四十二条　当事人及其法定代理人、近亲属的申诉符合下列情形之一的，人民法院应当重新审判：

（一）有新的证据证明原判决、裁定认定的事实确有错误，**可能影响定罪量刑**的；

（二）据以定罪量刑的证据不确实、不充分，**依法应当予以排除**，或者证明案件事实的主要证据之间存在矛盾的；

（三）原判决、裁定适用法律确有错误的；

（四）**违反法律规定的诉讼程序，可能影响公正审判**的；

（五）审判人员在审理该案件的时候，有贪污受贿，徇私舞弊，枉法裁判行为的。

> 《决定》将刑诉法原第二百零四条改为第二百四十二条，并进行了修改。
> 原条文为：
> 　　第二百零四条　当事人及其法定代理人、近亲属的申诉符合下列情形之一的，人民法院应当重新审判：
> 　　（一）有新的证据证明原判决、裁定认定的事实确有错误的；
> 　　（二）据以定罪量刑的证据不确实、不充分或者证明案件事实的主要证据之间存在矛盾的；
> 　　（三）原判决、裁定适用法律确有错误的；

> （四）审判人员在审理该案件的时候，有贪污受贿，徇私舞弊，枉法裁判行为的。

第二百四十三条 各级人民法院院长对本院已经发生法律效力的判决和裁定，如果发现在认定事实上或者在适用法律上确有错误，必须提交审判委员会处理。

最高人民法院对各级人民法院已经发生法律效力的判决和裁定，上级人民法院对下级人民法院已经发生法律效力的判决和裁定，如果发现确有错误，有权提审或者指令下级人民法院再审。

最高人民检察院对各级人民法院已经发生法律效力的判决和裁定，上级人民检察院对下级人民法院已经发生法律效力的判决和裁定，如果发现确有错误，有权按照审判监督程序向同级人民法院提出抗诉。

人民检察院抗诉的案件，接受抗诉的人民法院应当组成合议庭重新审理，对于原判决事实不清楚或者证据不足的，可以指令下级人民法院再审。

第二百四十四条 上级人民法院指令下级人民法院再审的，应当指令原审人民法院以外的下级人民法院审理；由原审人民法院审理更为适宜的，也可以指令原审人民法院审理。

> 《决定》增加一条，作为第二百四十四条。

第二百四十五条 人民法院按照审判监督程序重新审判的案件，**由原审人民法院审理的**，应当另行组成合议庭进行。如果原来是第一审案件，应当依照第一审程序进行审判，所作的判决、裁定，可以上诉、抗诉；如果原来是第二审案件，或者是上级人民法院提审的案件，应当依照第二审程序进行审判，所作的判决、裁定，是终审的判决、裁定。

人民法院开庭审理的再审案件，同级人民检察院应当派员出席法庭。

> 《决定》将刑诉法原第二百零六条改为第二百四十五条，并进行了修改。
> 原条文为：
> 第二百零六条 人民法院按照审判监督程序重新审判的案件，应当另行组成合议庭进行。如果原来是第一审案件，应当依照第一审程序进

> 行审判，所作的判决、裁定，可以上诉、抗诉；如果原来是第二审案件，或者是上级人民法院提审的案件，应当依照第二审程序进行审判，所作的判决、裁定，是终审的判决、裁定。

第二百四十六条 人民法院决定再审的案件，需要对被告人采取强制措施的，由人民法院依法决定；人民检察院提出抗诉的再审案件，需要对被告人采取强制措施的，由人民检察院依法决定。

人民法院按照审判监督程序审判的案件，可以决定中止原判决、裁定的执行。

> 《决定》增加一条，作为第二百四十六条。

第二百四十七条 人民法院按照审判监督程序重新审判的案件，应当在作出提审、再审决定之日起三个月以内审结，需要延长期限的，不得超过六个月。

接受抗诉的人民法院按照审判监督程序审判抗诉的案件，审理期限适用前款规定；对需要指令下级人民法院再审的，应当自接受抗诉之日起一个月以内作出决定，下级人民法院审理案件的期限适用前款规定。

第四编 执 行

第二百四十八条 判决和裁定在发生法律效力后执行。

下列判决和裁定是发生法律效力的判决和裁定：

（一）已过法定期限没有上诉、抗诉的判决和裁定；

（二）终审的判决和裁定；

（三）最高人民法院核准的死刑的判决和高级人民法院核准的死刑缓期二年执行的判决。

第二百四十九条 第一审人民法院判决被告人无罪、免除刑事处罚的，如果被告人在押，在宣判后应当立即释放。

第二百五十条 最高人民法院判处和核准的死刑立即执行的判决，应当由最高人民法院院长签发执行死刑的命令。

被判处死刑缓期二年执行的罪犯，在死刑缓期执行期间，如果没有故意犯罪，死刑缓期执行期满，应当予以减刑，由执行机关提出书面意见，报请高级人民法院裁定；如果故意犯罪，查证属实，应当执行死刑，由高级人民法院报请最高人民法院核准。

第二百五十一条 下级人民法院接到最高人民法院执行死刑的命令后，应当在七日以内交付执行。但是发现有下列情形之一的，应当停止执行，并且立即报告最高人民法院，由最高人民法院作出裁定：

（一）在执行前发现判决可能有错误的；

（二）在执行前罪犯揭发重大犯罪事实或者有其他重大立功表现，可能需要改判的；

（三）罪犯正在怀孕。

前款第一项、第二项停止执行的原因消失后，必须报请最高人民法院院长再签发执行死刑的命令才能执行；由于前款第三项原因停止执行的，应当报请最高人民法院依法改判。

第二百五十二条 人民法院在交付执行死刑前，应当通知同级人民检察院派员临场监督。

死刑采用枪决或者注射等方法执行。

死刑可以在刑场或者指定的羁押场所内执行。

指挥执行的审判人员，对罪犯应当验明正身，讯问有无遗言、信札，然后交付执行人员执行死刑。在执行前，如果发现可能有错误，应当暂停执行，报请最高人民法院裁定。

执行死刑应当公布，不应示众。

执行死刑后，在场书记员应当写成笔录。交付执行的人民法院应当将执行死刑情况报告最高人民法院。

执行死刑后，交付执行的人民法院应当通知罪犯家属。

第二百五十三条 罪犯被交付执行刑罚的时候，应当由交付执行的人民**法院在判决生效后十日以内将有关的法律文书送达公安机关**、监狱或者其他执行机关。

对被判处死刑缓期二年执行、无期徒刑、有期徒刑的罪犯，由公安机关依法将该罪犯送交监狱执行刑罚。对被判处有期徒刑的罪犯，在被交付执行刑罚前，剩余刑期在**三个月**以下的，由看守所代为执行。对被判处拘役的罪犯，由公安机关执行。

对未成年犯应当在未成年犯管教所执行刑罚。

执行机关应当将罪犯及时收押，并且通知罪犯家属。

判处有期徒刑、拘役的罪犯，执行期满，应当由执行机关发给释放证明书。

> 《决定》将刑诉法原第二百一十三条改为第二百五十三条，修改了第一款、第二款。原条文第一款、第二款为：
>
> 第二百一十三条 （第一款）罪犯被交付执行刑罚的时候，应当由交付执行的人民法院将有关的法律文书送达监狱或者其他执行机关。
>
> （第二款）对于被判处死刑缓期二年执行、无期徒刑、有期徒刑的罪犯，由公安机关依法将该罪犯送交监狱执行刑罚。对于被判处有期徒刑的罪犯，在被交付执行刑罚前，剩余刑期在一年以下的，由看守所代为执行。对于被判处拘役的罪犯，由公安机关执行。

第二百五十四条 对被判处有期徒刑或者拘役的罪犯，有下列情形之一的，可以暂予监外执行：

（一）有严重疾病需要保外就医的；

（二）怀孕或者正在哺乳自己婴儿的妇女；

（三）生活不能自理，适用暂予监外执行不致危害社会的。

对被判处无期徒刑的罪犯，有前款第二项规定情形的，可以暂予监外执行。

对适用保外就医可能有社会危险性的罪犯，或者自伤自残的罪犯，不得保外就医。

对罪犯确有严重疾病，必须保外就医的，由省级人民政府指定的医院**诊断并**开具证明文件。

在交付执行前，暂予监外执行由交付执行的人民法院决定；在交付执行后，暂予监外执行由监狱或者看守所提出书面意见，报省级以上监狱管理机关或者设区的市一级以上公安机关批准。

> 《决定》将刑诉法原第二百一十四条改为第二百五十四条，并进行了修改。原条文为：
>
> 　　第二百一十四条　对于被判处有期徒刑或者拘役的罪犯，有下列情形之一的，可以暂予监外执行：
> 　　（一）有严重疾病需要保外就医的；
> 　　（二）怀孕或者正在哺乳自己婴儿的妇女。
> 　　对于适用保外就医可能有社会危险性的罪犯，或者自伤自残的罪犯，不得保外就医。
> 　　对于罪犯确有严重疾病，必须保外就医的，由省级人民政府指定的医院开具证明文件，依照法律规定的程序审批。
> 　　发现被保外就医的罪犯不符合保外就医条件的，或者严重违反有关保外就医的规定的，应当及时收监。
> 　　对于被判处有期徒刑、拘役，生活不能自理，适用暂予监外执行不致危害社会的罪犯，可以暂予监外执行。
> 　　对于暂予监外执行的罪犯，由居住地公安机关执行，执行机关应当对其严格管理监督，基层组织或者罪犯的原所在单位协助进行监督。

　　第二百五十五条　监狱、看守所提出暂予监外执行的书面意见的，应当将书面意见的副本抄送人民检察院。人民检察院可以向决定或者批准机关提出书面意见。

> 《决定》增加一条，作为第二百五十五条。

　　第二百五十六条　决定或者批准暂予监外执行的机关应当将**暂予监外执行**决定抄送人民检察院。人民检察院认为暂予监外执行不当的，应当自接到通知之日起一个月以内将书面意见送交**决定或者**批准暂予监外执行的机关，**决定或者**批准暂予监外执行的机关接到人民检察院的书面意见后，应当立即对该决定进行重新核查。

> 《决定》将刑诉法原第二百一十五条改为第二百五十六条，并进行了修改。原条文为：
>
> 　　第二百一十五条　批准暂予监外执行的机关应当将批准的决定抄送

284

> 人民检察院。人民检察院认为暂予监外执行不当的,应当自接到通知之日起一个月以内将书面意见送交批准暂予监外执行的机关,批准暂予监外执行的机关接到人民检察院的书面意见后,应当立即对该决定进行重新核查。

第二百五十七条 对暂予监外执行的罪犯,有下列情形之一的,应当及时收监:

(一)发现不符合暂予监外执行条件的;

(二)严重违反有关暂予监外执行监督管理规定的;

(三)暂予监外执行的情形消失后,罪犯刑期未满的。

对于人民法院决定暂予监外执行的罪犯应当予以收监的,由人民法院作出决定,将有关的法律文书送达公安机关、监狱或者其他执行机关。

不符合暂予监外执行条件的罪犯通过贿赂等非法手段被暂予监外执行的,在监外执行的期间不计入执行刑期。罪犯在暂予监外执行期间脱逃的,脱逃的期间不计入执行刑期。

罪犯在暂予监外执行期间死亡的,**执行机关应当及时通知监狱或者看守所**。

> 《决定》将刑诉法原第二百一十六条改为第二百五十七条,并进行了修改。原条文为:
>
> 第二百一十六条 暂予监外执行的情形消失后,罪犯刑期未满的,应当及时收监。
>
> 罪犯在暂予监外执行期间死亡的,应当及时通知监狱。

第二百五十八条 对被判处**管制**、宣告缓刑、假释**或者暂予监外执行**的罪犯,**依法实行社区矫正,由社区矫正机构负责执行**。

> 《决定》将刑诉法原第二百一十七条改为第二百五十八条,并进行了修改。原条文为:
>
> 第二百一十七条 对于被判处徒刑缓刑的罪犯,由公安机关交所在单位或者基层组织予以考察。
>
> 对于被假释的罪犯,在假释考验期限内,由公安机关予以监督。

第二百五十九条 对被判处剥夺政治权利的罪犯,由公安机关执行。执行期满,应当由执行机关**书面**通知本人及其所在单位、居住地基层组织。

> 《决定》将刑诉法原第二百一十八条改为第二百五十九条,并进行了修改。原条文为:
> 　　第二百一十八条　对于被判处管制、剥夺政治权利的罪犯,由公安机关执行。执行期满,应当由执行机关通知本人,并向有关群众公开宣布解除管制或者恢复政治权利。

第二百六十条　被判处罚金的罪犯,期满不缴纳的,人民法院应当强制缴纳;如果由于遭遇不能抗拒的灾祸缴纳确实有困难的,可以裁定减少或者免除。

第二百六十一条　没收财产的判决,无论附加适用或者独立适用,都由人民法院执行;在必要的时候,可以会同公安机关执行。

第二百六十二条　罪犯在服刑期间又犯罪的,或者发现了判决的时候所没有发现的罪行,由执行机关移送人民检察院处理。

被判处管制、拘役、有期徒刑或者无期徒刑的罪犯,在执行期间确有悔改或者立功表现,应当依法予以减刑、假释的时候,由执行机关提出建议书,报请人民法院审核裁定,**并将建议书副本抄送人民检察院。人民检察院可以向人民法院提出书面意见。**

> 《决定》将刑诉法原第二百二十一条改为第二百六十二条,修改了第二款。原条文第二款为:
> 　　第二百二十一条　(第二款)被判处管制、拘役、有期徒刑或者无期徒刑的罪犯,在执行期间确有悔改或者立功表现,应当依法予以减刑、假释的时候,由执行机关提出建议书,报请人民法院审核裁定。

第二百六十三条　人民检察院认为人民法院减刑、假释的裁定不当,应当在收到裁定书副本后二十日以内,向人民法院提出书面纠正意见。人民法院应当在收到纠正意见后一个月以内重新组成合议庭进行审理,作出最终裁定。

第二百六十四条 监狱和其他执行机关在刑罚执行中,如果认为判决有错误或者罪犯提出申诉,应当转请人民检察院或者原判人民法院处理。

第二百六十五条 人民检察院对执行机关执行刑罚的活动是否合法实行监督。如果发现有违法的情况,应当通知执行机关纠正。

第五编 特别程序

《决定》增加一编四章,作为第五编:"特别程序"。

第一章 未成年人刑事案件诉讼程序

第二百六十六条 对犯罪的未成年人实行教育、感化、挽救的方针,坚持教育为主、惩罚为辅的原则。

人民法院、人民检察院和公安机关办理未成年人刑事案件,应当保障未成年人行使其诉讼权利,保障未成年人得到法律帮助,并由熟悉未成年人身心特点的审判人员、检察人员、侦查人员承办。

第二百六十七条 未成年犯罪嫌疑人、被告人没有委托辩护人的,人民法院、人民检察院、公安机关应当通知法律援助机构指派律师为其提供辩护。

第二百六十八条 公安机关、人民检察院、人民法院办理未成年人刑事案件,根据情况可以对未成年犯罪嫌疑人、被告人的成长经历、犯罪原因、监护教育等情况进行调查。

第二百六十九条 对未成年犯罪嫌疑人、被告人应当严格限制适用逮捕措施。人民检察院审查批准逮捕和人民法院决定逮捕,应当讯问未成年犯罪嫌疑人、被告人,听取辩护律师的意见。

对被拘留、逮捕和执行刑罚的未成年人与成年人应当分别关押、分别管理、分别教育。

第二百七十条 对于未成年人刑事案件,在讯问和审判的时候,应当通知未成年犯罪嫌疑人、被告人的法定代理人到场。无法通知、法定代理人不能到场或者法定代理人是共犯的,也可以通知未成年犯罪嫌疑人、被告人的其他成年亲属,所在学校、单位、居住地基层组织或者未成年人保护组织的代表到场,并将有关情况记录在案。到场的法定代理人可以代为行使未成年犯罪嫌疑人、被告人的诉讼权利。

到场的法定代理人或者其他人员认为办案人员在讯问、审判中侵犯未成年人合法权益的,可以提出意见。讯问笔录、法庭笔录应当交给到场的法定代理人或者其他人员阅读或者向他宣读。

讯问女性未成年犯罪嫌疑人,应当有女工作人员在场。

审判未成年人刑事案件,未成年被告人最后陈述后,其法定代理人可以进行补充陈述。

询问未成年被害人、证人,适用第一款、第二款、第三款的规定。

第二百七十一条 对于未成年人涉嫌刑法分则第四章、第五章、第六章规定的犯罪,可能判处一年有期徒刑以下刑罚,符合起诉条件,但有悔罪表现的,人民检察院可以作出附条件不起诉的决定。人民检察院在作出附条件不起诉的决定以前,应当听取公安机关、被害人的意见。

对附条件不起诉的决定,公安机关要求复议、提请复核或者被害人申诉的,适用本法第一百七十五条、第一百七十六条的规定。

未成年犯罪嫌疑人及其法定代理人对人民检察院决定附条件不起诉有异议的,人民检察院应当作出起诉的决定。

第二百七十二条 在附条件不起诉的考验期内,由人民检察院对被附条件不起诉的未成年犯罪嫌疑人进行监督考察。未成年犯罪嫌疑人的监护人,应当对未成年犯罪嫌疑人加强管教,配合人民检察院做好监督考察工作。

附条件不起诉的考验期为六个月以上一年以下,从人民检察院作出附条件不起诉的决定之日起计算。

被附条件不起诉的未成年犯罪嫌疑人,应当遵守下列规定:

(一)遵守法律法规,服从监督;

(二)按照考察机关的规定报告自己的活动情况;

(三)离开所居住的市、县或者迁居,应当报经考察机关批准;

(四)按照考察机关的要求接受矫治和教育。

第二百七十三条 被附条件不起诉的未成年犯罪嫌疑人,在考验期内有下列情形之一的,人民检察院应当撤销附条件不起诉的决定,提起公诉:

（一）实施新的犯罪或者发现决定附条件不起诉以前还有其他犯罪需要追诉的；

（二）违反治安管理规定或者考察机关有关附条件不起诉的监督管理规定，情节严重的。

被附条件不起诉的未成年犯罪嫌疑人，在考验期内没有上述情形，考验期满的，人民检察院应当作出不起诉的决定。

第二百七十四条　审判的时候被告人不满十八周岁的案件，不公开审理。但是，经未成年被告人及其法定代理人同意，未成年被告人所在学校和未成年人保护组织可以派代表到场。

第二百七十五条　犯罪的时候不满十八周岁，被判处五年有期徒刑以下刑罚的，应当对相关犯罪记录予以封存。

犯罪记录被封存的，不得向任何单位和个人提供，但司法机关为办案需要或者有关单位根据国家规定进行查询的除外。依法进行查询的单位，应当对被封存的犯罪记录的情况予以保密。

第二百七十六条　办理未成年人刑事案件，除本章已有规定的以外，按照本法的其他规定进行。

第二章　当事人和解的公诉案件诉讼程序

第二百七十七条　下列公诉案件，犯罪嫌疑人、被告人真诚悔罪，通过向被害人赔偿损失、赔礼道歉等方式获得被害人谅解，被害人自愿和解的，双方当事人可以和解：

（一）因民间纠纷引起，涉嫌刑法分则第四章、第五章规定的犯罪案件，可能判处三年有期徒刑以下刑罚的；

（二）除渎职犯罪以外的可能判处七年有期徒刑以下刑罚的过失犯罪案件。

犯罪嫌疑人、被告人在五年以内曾经故意犯罪的，不适用本章规定的程序。

第二百七十八条　双方当事人和解的，公安机关、人民检察院、人民法院应当听取当事人和其他有关人员的意见，对和解的自愿性、合法性进行审查，并主持制作和解协议书。

第二百七十九条 对于达成和解协议的案件，公安机关可以向人民检察院提出从宽处理的建议。人民检察院可以向人民法院提出从宽处罚的建议；对于犯罪情节轻微，不需要判处刑罚的，可以作出不起诉的决定。人民法院可以依法对被告人从宽处罚。

第三章 犯罪嫌疑人、被告人逃匿、死亡案件违法所得的没收程序

第二百八十条 对于贪污贿赂犯罪、恐怖活动犯罪等重大犯罪案件，犯罪嫌疑人、被告人逃匿，在通缉一年后不能到案，或者犯罪嫌疑人、被告人死亡，依照刑法规定应当追缴其违法所得及其他涉案财产的，人民检察院可以向人民法院提出没收违法所得的申请。

公安机关认为有前款规定情形的，应当写出没收违法所得意见书，移送人民检察院。

没收违法所得的申请应当提供与犯罪事实、违法所得相关的证据材料，并列明财产的种类、数量、所在地及查封、扣押、冻结的情况。

人民法院在必要的时候，可以查封、扣押、冻结申请没收的财产。

第二百八十一条 没收违法所得的申请，由犯罪地或者犯罪嫌疑人、被告人居住地的中级人民法院组成合议庭进行审理。

人民法院受理没收违法所得的申请后，应当发出公告。公告期间为六个月。犯罪嫌疑人、被告人的近亲属和其他利害关系人有权申请参加诉讼，也可以委托诉讼代理人参加诉讼。

人民法院在公告期满后对没收违法所得的申请进行审理。利害关系人参加诉讼的，人民法院应当开庭审理。

第二百八十二条 人民法院经审理，对经查证属于违法所得及其他涉案财产，除依法返还被害人的以外，应当裁定予以没收；对不属于应当追缴的财产的，应当裁定驳回申请，解除查封、扣押、冻结措施。

对于人民法院依照前款规定作出的裁定，犯罪嫌疑人、被告人的近亲属和其他利害关系人或者人民检察院可以提出上诉、抗诉。

第二百八十三条 在审理过程中，在逃的犯罪嫌疑人、被告人自动投案或者被抓获的，人民法院应当终止审理。

没收犯罪嫌疑人、被告人财产确有错误的，应当予以返还、赔偿。

第四章 依法不负刑事责任的精神病人的强制医疗程序

第二百八十四条 实施暴力行为，危害公共安全或者严重危害公民人身安全，经法定程序鉴定依法不负刑事责任的精神病人，有继续危害社会可能的，可以予以强制医疗。

第二百八十五条 根据本章规定对精神病人强制医疗的，由人民法院决定。

公安机关发现精神病人符合强制医疗条件的，应当写出强制医疗意见书，移送人民检察院。对于公安机关移送的或者在审查起诉过程中发现的精神病人符合强制医疗条件的，人民检察院应当向人民法院提出强制医疗的申请。人民法院在审理案件过程中发现被告人符合强制医疗条件的，可以作出强制医疗的决定。

对实施暴力行为的精神病人，在人民法院决定强制医疗前，公安机关可以采取临时的保护性约束措施。

第二百八十六条 人民法院受理强制医疗的申请后，应当组成合议庭进行审理。

人民法院审理强制医疗案件，应当通知被申请人或者被告人的法定代理人到场。被申请人或者被告人没有委托诉讼代理人的，人民法院应当通知法律援助机构指派律师为其提供法律帮助。

第二百八十七条 人民法院经审理，对于被申请人或者被告人符合强制医疗条件的，应当在一个月以内作出强制医疗的决定。

被决定强制医疗的人、被害人及其法定代理人、近亲属对强制医疗决定不服的，可以向上一级人民法院申请复议。

第二百八十八条 强制医疗机构应当定期对被强制医疗的人进行诊断评估。对于已不具有人身危险性，不需要继续强制医疗的，应当及时提出解除意见，报决定强制医疗的人民法院批准。

被强制医疗的人及其近亲属有权申请解除强制医疗。

第二百八十九条 人民检察院对强制医疗的决定和执行实行监督。

附 则

第二百九十条 军队保卫部门对军队内部发生的刑事案件行使侦查权。对罪犯在监狱内犯罪的案件由监狱进行侦查。

军队保卫部门、监狱办理刑事案件,适用本法的有关规定。

图书在版编目（CIP）数据

检察机关贯彻新刑事诉讼法学习纲要/孙谦，童建明主编.—北京：中国检察出版社，2012.4
（新刑事诉讼法适用指导丛书/孙谦，童建明总主编）
ISBN 978-7-5102-0637-5

Ⅰ.①检⋯　Ⅱ.①孙⋯　②童⋯　Ⅲ.①刑事诉讼法-法律适用-中国
Ⅳ.①D925.205

中国版本图书馆 CIP 数据核字（2012）第 050138 号

检察机关贯彻新刑事诉讼法学习纲要

孙　谦　童建明/主编

出版发行：	中国检察出版社
社　　址：	北京市石景山区鲁谷东街 5 号（100040）
网　　址：	中国检察出版社（www.zgjccbs.com）
电　　话：	（010）68630384（编辑）　68650015（发行）　68636518（门市）
经　　销：	新华书店
印　　刷：	保定市中画美凯印刷有限公司
开　　本：	720mm×960mm　16 开
印　　张：	18.75 印张　插页 4
字　　数：	298 千字
版　　次：	2012 年 4 月第一版　2012 年 11 月第八次印刷
书　　号：	ISBN 978-7-5102-0637-5
定　　价：	40.00 元

检察版图书，版权所有，侵权必究
如遇图书印装质量问题本社负责调换